SO SCHAFFEN WIR DAS

Othmar Karas,
Judith Kohlenberger:
So schaffen wir das

Alle Rechte vorbehalten
© 2023 edition a, Wien
www.edition-a.at

Cover: Valeriya Gridneva
Satz: Bastian Welzer

Gesetzt in der Premiera
Gedruckt in Deutschland

1   2   3   4   5   —   26   25   24   23

ISBN: 978-3-99001-640-4

Othmar Karas
Judith Kohlenberger

SO SCHAFFEN WIR DAS

Wie wir das Thema Asyl und Migration
dem linken und rechten Rand abnehmen
und die Krise überwinden

edition a

INHALT

AUTORINNEN UND AUTOREN

Doro Blancke
Menschenrechts-Aktivistin und Geschäftsführerin des Vereins »Flücht-lingshilfe / refugee assistance - doro blancke«

Lukas Gahleitner-Gertz
Asylrechtsexperte und Sprecher / asylkoordination österreich

Corinna Geißler
Leiterin Advocacy & Kinderrechte / UNICEF Österreich

Hermann Glettler
Diözesanbischof / Diözese Innsbruck

Irmgard Griss
Präsidentin des Obersten Gerichtshofes a. D.

Dominik Hangartner
Professor für Politikanalyse / ETH Zürich

Dominik Heinrich
Director of Innovation / UN World Food Programme

Arif Husain
Chief Economist und Director of Research, Assessment and Monitoring / UN World Food Programme

Ralph Janik
Universitätsassistent für Völkerrecht und Menschenrechte / Sigmund Freud PrivatUniversität in Wien

Harald Jauk
Hochschullektor, Projektleiter Vienna Law Clinics / Asylrechtssparte

Othmar Karas
Erster Vizepräsident Europäisches Parlament, Präsident Hilfswerk Österreich, Obmann BürgerInnen Forum Europa

Gerald Knaus
Gründer und Leiter / Europäische Stabilitätsinitiative

Judith Kohlenberger

Migrationsforscherin / Wirtschaftsuniversität Wien

Stephanie Krisper

Abgeordnete zum österreichischen Nationalrat

Erika Kudweis

Gründerin und Obfrau / PatInnen für alle

Rainer Münz

Migrationsexperte / Central European University, Diplomatische Akademie Wien

Ariane Olschak

Rechtsanwaltsanwärterin, Juristin mit Fokus Asyl- und Fremdenrecht, ehem. Allianz Menschen.Würde.Österreich

Christoph Riedl

Asyl-, Integrations- und Menschenrechtsexperte / Diakonie Österreich

Margaritis Schinas

Vizepräsident der Europäischen Kommission

Judith Spirig

Assistenzprofessorin für Politikwissenschaften / University College London / Assoziierte Forschende Universität Zürich

Andreas Steinmayr

Professor für empirische Wirtschaftsforschung / Universität Innsbruck

Katharina Stemberger

Schauspielerin, Mitinitiatorin Initiative Courage – Mut zur Menschlichkeit

Bettina Vollath

Mitglied des Europäischen Parlaments a. D.

Beate Winkler

ehem. Direktorin der Europäischen Stelle zur Beobachtung von Rassismus und Fremdenfeindlichkeit und später der EU-Grundrechteagentur (FRA)

Ruth Wodak

ehem. Professorin (Diskursforschung) und Wittgenstein-Preisträgerin / Lancaster University, Universität Wien

VORWORT DER HERAUSGEBER

Dr. Othmar Karas, M.B.L-HSG

Dr.[in] Judith Kohlenberger

Am Beginn der 2015 eingetretenen »Flüchtlingskrise« herrschte jene empathische Stimmung, die die Österreicherinnen und Österreicher immer ausgezeichnet hat, wenn Menschen in Not waren. Als 1956 zehntausende Ungarinnen und Ungarn die Grenze passierten, weil russische Panzer den Freiheitswillen der »Gulaschkommunisten« niederwalzten, nahmen wir ÖsterreicherInnen sie mit offenen Armen auf. Das gleiche Bild war zu sehen, als die Sowjets 1968 dem »Prager Frühling« in der damaligen Tschechoslowakei den Garaus machten. Und auch ab 1992, als Österreich tat, was zu tun war, und 75.000 Menschen, die aufgrund des Jugoslawien-Kriegs flüchten mussten, aufnahm und erfolgreich integrierte.

Ebendiese spontane Hilfsbereitschaft dominierte auch, als im Sommer 2015 die ersten Flüchtlinge die ungarisch-burgenländische Grenze passierten. Das blieb so, als ganze Züge mit Flüchtlingen am Wiener Westbahnhof Station machten. Es gab eine breite Welle der Solidarität, getragen von vielen freiwilligen HelferInnen aus der Mitte der Gesellschaft, moralisch unterstützt durch RepräsentantInnen der Zivilgesellschaft bis hin zu amtierenden MinisterInnen fast aller politischen Lager.

Selbst, als sich immer mehr Flüchtlinge auf den Weg machten und bald täglich zu Zehntausenden Österreich passierten, um sich mehrheitlich Richtung Deutschland aufzumachen, blieben diejenigen in der Minderheit, die die vielen freiwilligen HelferInnen als »Willkommensklatscher« zu denunzieren suchten.

Die Stimmung kippte erst, als im Spätsommer 2015 Bilder von verzweifelten, oft monatelang unterwegs gewesenen Menschen, die ungeordnet und unkontrolliert die Grenze überschritten, medial wie auch politisch instrumentalisiert wurden. Diese Bilder brannten sich nachhaltig im kollektiven Gedächtnis ein: Polizisten, die zur Steuerung der Fluchtbewegung vor Ort waren, konnten nichts anderes tun, als zuzusehen, wie große Menschengruppen ohne Registrierung oder Identitätsfeststellung über die Grenze kamen. Wenn die Angst vor Kontrollverlust mit der menschlichen Empathie in Widerstreit gerät, droht die gesellschaftliche Balance zu kippen.

Populisten hatten danach ein leichtes Spiel. Erst denunzierten sie Kriegsflüchtlinge als Menschen, die »nur ein besseres Leben wollen« – als ob an diesem grundlegenden und für uns alle nachvollziehbaren Wunsch etwas verwerflich sei. Zerrbilder des vermeintlichen »Wirtschaftsflüchtlings« oder gar des radikalisierten Dschihadisten mobilisierten verdrängte Ängste vor Zugewanderten, die schon seit Jahrzehnten bei uns leben und zu produktiven Mitgliedern der Gesellschaft geworden waren. Versäumnisse bei der Integrationspolitik, die besonders in Ballungszentren und anhand der hohen Bildungsvererbung hierzulande offenkundig wurden, gerieten plötzlich ins grelle Scheinwerfer-Licht. Und damit war es komplett, das Amalgam, aus dem Populisten schöpfen: Flüchtlinge, MigrantInnen und selbst Zugewanderten in dritter Generation seien eine Bedrohung. Grenzen dicht, für wen auch immer.

Seit 2015 wurden fast überall in Europa wieder vermehrt Überfremdungsängste geschürt, die skrupellosen Vereinfacher und hemmungslosen Nationalisten haben seitdem Hochkonjunktur.

Angst ist kein guter Ratgeber. Fremdenangst schon gar nicht. Und trotzdem versagte die politische Mitte im Umgang mit dieser hochemotionalen Krise. Die Thematiken Zuwanderung, Flucht, Asyl und Migration den politischen Rändern – links und rechts – zu überlassen, ist unserer Ansicht nach ein bis heute vorherrschender Fehler.

Das inhaltliche und politische Versagen in dieser größten humanitären Krise unserer Zeit erleben wir mittlerweile seit über sieben Jahren. Die Europäische Kommission hat zwar bereits im Herbst 2020 ein neues Migrations- und Asylpaket präsentiert. Bisher sind die EU-Mitgliedstaaten nur leider nach wie vor nicht vom Reden ins Handeln gekommen.

Zu wenig weit gehen ExpertInnen viele der Vorschläge, zu kurz kämen Grundrechte und zu klein bliebe die Tür für legale Migration in die EU. Wenn von der Fachwelt derart viel Kritik kommt, verwundert es nicht, dass die Politik weiter zaudert und zögert. Trotz der Dringlichkeit aufgrund zunehmender weltweiter Fluchtbewegungen und der starken direkten Betroffenheit Europas sind die Auffassungen der EU-Mitgliedstaaten in dieser Sache zu unterschiedlich. Zu oft stehen Angst und politische Feigheit im Vordergrund. Zu selten die Ehrlichkeit und politische Verantwortung.

Angesichts dieser Pattsituation haben wir in den vergangenen Monaten zahlreiche Gespräche mit Expertinnen und Experten aus unterschiedlichen Fachbereichen jeglicher Couleur geführt, um aus dieser politischen Sackgasse einen Ausweg zu suchen. Der Succus dieser Gespräche wurde zur Grundlage des vorliegenden Werkes. Die ExpertInnen wollen mit ihren Reformvorschlägen einen inhaltlichen Beitrag bei der Suche nach einer tragfähigen politischen Lösung leisten.

Dieses Buch dient somit als wertvoller inhaltlicher Leitfaden, um nicht alte Ängste zu befeuern, sondern gemeinsam neue Lösungen für die europaweit offenen Fragen rund um Flucht, Vertreibung, Asyl, Migration und Integration zu finden. »So schaffen wir das« bietet zudem Erfahrungsberichte, um den gerade in diesen Bereichen so entscheidenden persönlichen Erlebnissen gebührend Gewicht zu geben.

Thematisch ist der vorliegende Band bewusst breit angelegt, um möglichst viele wesentliche Teilbereiche der komplexen Materie Flucht abzudecken: Fluchtursachen und die Hilfe vor Ort, Grenzschutz und die Aufnahme von Flüchtenden, die Schaffung von legalen Migrationswegen, die Verteilung und die Kooperation innerhalb der EU, der Integrationsprozess bis hin zur Sprache und Rhetorik. Allen voran steht aber der ehrliche Ansatz einer ganzheitlichen Migrations- und Asylpolitik, die auf unserem Recht und unseren Werten fußt und einen Beitrag zur Problemlösung liefert – für alle Beteiligten.

Eines dürfen wir bei aller Expertise und allen politischen Debatten aber nicht aus dem Blick verlieren: Eine gemeinsame europäische Migrations- und Asylpolitik ist nicht eine Frage des Könnens oder des Wollens, sie ist mehr denn je eine humanitäre, politische, wirtschaftliche und rechtliche Notwendigkeit. Sie ist eine Frage des politischen Willens und der Verantwortung für die Zukunft.

EINLEITUNG

Dr. Othmar Karas, M.B.L-HSG,

Erster Vizepräsident des Europäischen Parlaments

Die durch den russischen Angriffskrieg auf die Ukraine ausgelöste Fluchtbewegung ist die größte, die die Europäische Union je erlebt hat. Über acht Millionen Menschen mussten ihr Land, die Ukraine, verlassen, Millionen weitere sind Flüchtlinge im eigenen Land. In den Jahren zuvor schufen die Machtübernahme der Taliban in Afghanistan und der Syrienkrieg ebenso die Notwendigkeit für viele Millionen Menschen, aus ihrem Heimatland zu flüchten. All das erschütterte und erschüttert Europa – Flüchtlingsunterkünfte platzten regelrecht aus ihren Nähten, rechte Populismen florierten wie lang zuvor nicht und seit dem Fluchtjahr 2015 sind mittlerweile fast 20.000 Hilfesuchende im Mittelmeer ertrunken.

Die Situation im Iran, in Syrien, dem Irak und Afghanistan hat keine kurzfristige Aussicht auf nachhaltige Stabilisierung. Dem nicht genug, sorgen Klimawandel und Umweltzerstörung für die Unbewohnbarkeit mancher Weltregionen und verursachen überdies weitere Konflikte und Unruhen. Im Jemen herrscht seit Jahren einer der blutigsten Kriege der Welt und in der Sahelzone in Afrika tobt ein Kampf um die letzten Ressourcen, Millionen von Menschen droht der Hungertod.

Umweltzerstörung, Klimawandel, explodierendes Bevölkerungswachstum, Gewalt, Unterdrückung, Diskriminierung sowie daraus hervorgehende Konflikte und wiederum daraus resultierende Hunger- und Elendssituationen werden immer bedeutsamer. Auch internationale Konflikte und Kriegssituationen nehmen nicht ab, sondern werden aktuell sogar dramatischer.

Wären die EU und Europa nur sekundär oder am Rande betroffen, könnte man – wie manche meinen – »ein Auge zudrücken«, abwarten, hoffen und vielleicht Zäune bauen. Doch nicht einmal jene, die davon kaum betroffen sind, können es sich leisten, passive ZuschauerInnen zu sein. Flucht wird immer mehr zu einem globalen Phänomen. Umso mehr darf Europa nicht tatenlos zusehen.

Europa ist doppelt unmittelbar betroffen – sowohl als weltweit der Ort, an dem internationaler Schutz beantragt und gewährt wird, als auch, aufgrund des Ukrainekriegs, als derzeit eine der Herkunftsregionen, aus denen die meisten Vertriebenen stammen. Wir – Europa und die Europäische Union – müssen also handeln.

Die sogenannte »Flüchtlingskrise« hatte folgenreiche Auswirkungen auf den politischen Stil und die Debattenkultur in unserem Land. Asyl, Migration und »die Ausländer« wurden zu den bewusst gewählten strategischen Kampfthemen der Populisten und Extreme. Aus der anfänglichen Solidarität und Hilfsbereitschaft und der gemeinsamen Suche nach der politisch besten Lösung wurde ein Kampf der Emotionen und Angst – geprägt von Naivität, Hass und (sprachlicher) Gewalt.

Die Spaltung der Gesellschaft geht quer durch viele Familien, Freundschaften und Parteien. Es ist nicht nur eine Frage von Links oder Rechts; »Willkommensklatscher« oder »Fremdenfeind«. Es ist auch ein Versagen des politischen Willens »das Problem« gemeinsam zu lösen und die öffentlichen Debatten transparent, auf dem Boden unserer rechtlichen und moralischen Verpflichtungen, Daten und Fakten zu führen. Die Krisen – oder besser Herausforderungen – unserer Zeit benötigen einen neuen Stil des Miteinanders. Nur gemeinsam werden wir es schaffen.

Verantwortungsvolle Politik darf deshalb vor dieser Gemengelage nicht davonlaufen, sondern muss nach gemeinsamen europäischen Lösungen suchen. Wenn dies nicht erfolgreich gelingt, sind nicht die asylsuchenden Menschen schuld, sondern der mangelnde politische Wille der in Verantwortung stehenden Politiker. Das bestehende europäische und internationale Recht, viele positive Initiativen der Zivilgesellschaft sowie Best-Practice-Modelle in den EU-Mitgliedstaaten können uns den »So schaffen wir das«-Weg aus der Krise zeigen.

Diese Analyse soll von einem aber nicht ablenken: Ja, wir haben ein Problem. Die Europäische Union und ihre Mitgliedstaaten haben in der Asyl- und Migrationspolitik klar versagt. Das liegt vor allem am fehlenden politischen Willen und an einigen Ländern, die geltendes Recht brechen und damit auch uns schaden. Die Antwort auf diese aktuelle Krise ist es daher nicht, neue Sündenböcke zu schaffen – wie es in Österreich viel zu oft passiert. Die Antwort ist, endlich eine gemeinsame EU-Asyl- und Migrationspolitik umzusetzen und damit den Weg zu einem EU-Außengrenzschutz, fairer Verteilung und einem gemeinsamen EU-Asylverfahren freizumachen.

Um einen Beitrag zu dieser Lösung zu leisten, habe ich verschiedene Expertinnen und Experten zu mehreren Gesprächen eingeladen, ihnen zugehört und Fragen gestellt. Ich habe sie gebeten, ihre Erfahrungen, Gedanken und Lösungsansätze zu Papier zu bringen. Jeder und jedem Einzelnen bin ich sehr dankbar. Daraus ist dieses Buch entstanden, das ich gemeinsam mit Judith Kohlenberger, Migrationsforscherin an der Wirtschaftsuniversität Wien, herausgeben darf.

Meine persönliche Motivation hierbei ist klar: Oft werde ich gefragt, warum ich 2015 das Flüchtlingslager in der Votivkirche und am Westbahnhof besucht habe. Oder warum ich gegen die Entlastung der Grenzschutzagentur Frontex stimmte und gegen die Morias auf europäischem Boden, die rechtswidrige Indexierung der Familienbeihilfe sowie die illegalen Abschiebungen meine Stimme erhoben habe. Ja, warum? Weil es immer um Menschen geht, die

die gleiche Würde besitzen wie Sie und ich. Weil es immer um die Einhaltung gemeinsamen Rechts und gegenseitiger Verpflichtungen und die Verteidigung unserer gemeinsamen Werte geht.

Für mich bedeutet die Besinnung auf die Charta der Vereinten Nationen, die Charta der Grundrechte der Europäischen Union, die Genfer Flüchtlingskonvention die Europäische Menschenrechtskonvention, und viele andere Verträge keine ideologisch einseitige Moralisierung der Politik. Sie sind Verpflichtungen, die die Grundlage unseres politischen Handelns darstellen. Die im Verfassungsrang aller Mitgliedstaaten der EU stehende Charta der Grundrechte der Europäischen Union unterstreicht in ihrer Präambel, dass sich »die Union auf die unteilbaren und universellen Werte der Würde des Menschen, der Freiheit, der Gleichheit und der Solidarität (gründet). Sie beruht auf den Grundsätzen der Demokratie und der Rechtsstaatlichkeit. Sie stellt die Person in den Mittelpunkt ihres Handelns [...].« (Charta der Grundrechte der Europäischen Union: C 364/8)

Ich zitiere dies deshalb so ausführlich, weil viele Probleme unserer Zeit auch deshalb unlösbar erscheinen, weil zu viele die Grundlagen unseres gemeinsamen Handelns infrage stellen beziehungsweise lautstark ignorieren. In einer Vielzahl an folgenden Beiträgen wird daher darauf verwiesen, dass ein wesentlicher Teil der Problemlösung die Einhaltung bestehenden Rechts ist – dafür brauchen wir nichts Neues schaffen.

Daher wollen wir in diesem Buch die Fakten, Expertisen und Erfahrungen sprechen lassen. Gemeinsame Lösungen können nur auf dem Boden des Rechts und des Kompromisses gefunden werden. Das ist das Wesen der Europäischen Union, auf das wir uns alle wieder besinnen sollten. In diesem Buch wollen wir Brücken bauen, Bewusstsein schaffen, die Debatte versachlichen und neue Lösungsansätze liefern.

GEMEINSAME MIGRATIONSPOLITIK ZUM GREIFEN NAH

Margaritis Schinas, Vizepräsident der Europäischen Kommission

Europa war und wird ein Anziehungspunkt für Migration bleiben. Die Herausforderungen durch Fluchtbewegungen sind für keine zwei Staaten in der EU gleich. Die Chance für gemeinsames Agieren ist dennoch so groß wie nie, denn die rasche und effiziente Aufnahme von rund fünf Millionen Flüchtlingen aus der Ukraine hat gezeigt, wie kraftvoll die EU gemeinsam agieren kann. Noch vor der nächsten EU-Wahl 2024 soll es eine einheitliche Asyl- und Migrationspolitik geben.

Margaritis Schinas war EU-Abgeordneter und Chefsprecher der EU-Kommission. Seit 2019 ist er Vizepräsident der Europäischen Kommission und als Kommissar für die Förderung des europäischen Lebensstils zuständig für Migration, Gleichheit und Diversität.

Die Anthologie von Othmar Karas, Erster Vizepräsident des Europäischen Parlaments, und Migrationsforscherin Judith Kohlenberger der Wirtschaftsuniversität Wien ist ein äußerst wertvoller Beitrag zum Thema »Asyl und Migration in der Europäischen Union« – ein Thema, das im Mittelpunkt unserer Anliegen und politischen Prioritäten steht.

Migration ist für Europa ein Thema, das es schon immer gegeben hat. In den vergangenen Jahren hat die Debatte um Migration jedoch dramatische Ausmaße angenommen. Bis heute wird der öffentliche Diskurs über das Thema zum großen Teil auf hitzige und toxische Weise geführt. Bis zu einem gewissen Grad war dies nach den Krisenjahren 2015 und 2016 und angesichts der Art, wie durch sie die Mängel unserer Asylsysteme offenkundig wurden, zu erwarten. Dennoch besteht nach wie vor die Notwendigkeit, das Narrativ über die Migration zu versachlichen und so zu gestalten, dass von der falschen Vorstellung einer einzigen, magischen und allgemeingültigen Lösung abgerückt wird.

Ich fand es stets interessant, dass gerade Migration eines der emotionalsten politischen Themen und zugleich eines der technisch kompliziertesten politischen Angelegenheiten ist, die Aufnahmeländer zu bewältigen haben. Dabei muss betont werden, dass die Zusammenarbeit der EU in den Bereichen Migration und Asyl verhältnismäßig jung ist. Die Zuständigkeit für Asyl- und Migrationsangelegenheiten wurde der EU erst im Jahr 1999 durch den Vertrag von Amsterdam übertragen. Die erste Generation des gemeinsamen Europäischen Asylsystems gibt es erst seit dem Jahr 2000. Wir haben es also mit lediglich zwanzig Jahren Politikentwicklung zu tun.

Darüber hinaus sind Asyl und Migration Themenkomplexe, die traditionell und überwiegend aus einem nationalen Blickwinkel betrachtet werden, gilt doch die Auffassung, dass sie zentrale Fragen der nationalen Souveränität beträfen. In den letzten beiden Jahrzehnten hat sich diese Wahrnehmung zwar allmählich verändert, jedoch nur schrittweise.

So, wie die Pandemie die Notwendigkeit eines europäischen Ansatzes für Gesundheitspolitik deutlich gemacht hat, wurde durch eine Reihe von Krisen verdeutlicht, dass ein europäischer Ansatz für Migrationssteuerung erforderlich ist.

Doch wie es in der Geschichte Europas oft der Fall war, nahm dieser europäische Ansatz, der innerhalb der EU-27 Gegenstand langer Debatten und zahlreicher Streitigkeiten war und ist, bereits lange bevor er geltendes Recht wurde, still und leise Gestalt an.

Wir haben das etwa in den Jahren 2015 und 2016 erlebt, als wir, selbst wenn sich die Mitgliedstaaten nicht auf ein neues Paket von Rechtsvorschriften einigen konnten, eine Reihe von Ad-hoc-Maßnahmen festlegen konnten, um die Krise zu bewältigen: Wir verdreifachten die Zahl der Seenotrettungsschiffe, riefen eine Operation im Rahmen der Gemeinsamen Sicherheits- und Verteidigungspolitik zur Bekämpfung von Schleppern ins Leben, stärkten die Grenzschutzagentur Frontex und die Asylagentur der EU und beschafften Finanzmittel zur Bewältigung des Bürgerkriegs in Syrien sowie der Fluchtursachen in Afrika.

Zuletzt zeigte sich die Wirksamkeit des europäischen Ansatzes anhand der Ereignisse in Evros und Ceuta sowie an Lettland und Litauen. In diesem Zusammenhang gilt es gegenüber autoritären Machthabern unmissverständlich zu zeigen, dass Migration nicht als Waffe instrumentalisiert werden darf. Angesicht der Geschlossenheit der EU ist jeder Versuch einer solchen Spaltung durch die Ankunft Schutzsuchender bedeutungslos.

Zuletzt zeigt sich das anhand Europas beispielloser Aufnahme der vielen Menschen, die vor Putins Angriffskrieg gegen die Ukraine flohen. Zum ersten Mal in der Geschichte wurde die EU-Richtlinie zur Gewährung vorübergehenden Schutzes, die sogenannte »Massenzustrom-Richtlinie«, angewandt. Hierbei handelt es sich um ein Instrument, das es uns ermöglicht, den Millionen von Menschen, die vor dem Krieg fliehen, einen sofortigen Schutzstatus zu gewähren. Ich war sehr stolz darauf, dass ich am 4. März 2022, weniger als zehn Tage nach dem Ausbruch des Kriegs, im Rat der InnenministerInnen eine einstimmige Vereinbarung unserer Mitgliedstaaten vermitteln konnte. Die Gewährung dieses umfassenden Schutzes für alle Ukrainer und Ukrainerinnen, die vor dem Krieg fliehen, ermöglichte Millionen von ukrainischen Flüchtlingen den sofortigen und bedingungslosen Zugang zu unseren Arbeitsmärkten, Aufenthaltsgenehmigungen, Gesundheits- und Bildungssystemen.

Nach vielen Jahren in der europäischen Politik kann ich mit gutem Gewissen sagen, dass dies wahrscheinlich einer der größten Momente europäischer Solidarität war. Das war »Europe at its best«.

Heute sind 17,7 Millionen Menschen in der Ukraine auf dringende humanitäre Hilfe angewiesen (OCHA, 2022). Auch wenn die Zahl der Binnenflüchtlinge innerhalb der Ukraine mittlerweile etwas zurückgegangen ist, sind es immer noch 6,5 Millionen Menschen (UNHCR, 2022a: Stand Dezember 2022). Und zum ersten Mal kehren nun auch immer mehr Menschen in ihr Land zurück: UNHCR beziffert die Zahl auf sechs Millionen Rückkehrende (IOM, 2022b). Unsere humanitäre Hilfe muss also multidimensional und flexibel genug sein, um auf die unterschiedlichen Bedürfnisse der Bevölkerung einzugehen. Die Zahlen zeigen uns, was wir bisher erreicht haben: Mehr als 13,5 Millionen Menschen haben bis zum 29. November in der gesamten Ukraine Hilfe erhalten (European Commission, 2022a; OCHA, 2022). Mehr als neun Millionen Menschen erhielten Nahrungsmittelversorgung, 8,6 Millionen Menschen gesundheitsbezogene Unterstützung und 3,9 Millionen Menschen Bargeldleistungen. Und mehr als sechs Millionen Menschen wurden kritische Schutzmaßnahmen zuteil (European Commission, 2022a). In Europa wurden 7,9 Millionen Flüchtlinge aus der Ukraine registriert, von denen 4,8 Millionen vorübergehenden Schutz oder ähnliche, nationale Aufenthaltstitel erhielten (Operational Data Portal, 2022).

In diesem Zusammenhang halte ich es für wichtig, darauf hinzuweisen, dass die Prioritäten der EU nicht für Kiew entschieden werden, sondern voll und ganz mit den Prioritäten der ukrainischen Regierung übereinstimmen: insbesondere in Schlüsselbereichen wie Unterbringung, Gasversorgung, Nahrungsmittelhilfe, Schutzgewährung und Bildung.

Eine der wichtigsten Forderungen unserer humanitären PartnerInnen vor Ort ist die Verstärkung unserer Präsenz in der Ostukraine, einschließlich der Lieferung von Hilfsgütern in die befreiten Gebiete, in denen der Bedarf an humanitärer Hilfe immer noch sehr hoch ist. Und wir tun dies nicht allein: Unsere PartnerInnen leisten nach Angaben humanitärer ExpertInnen ebenfalls Hilfe vor Ort. Die Zahl der humanitären PartnerInnen der EU, die an der Seite unserer Agenturen agieren, nimmt weiter zu. Um ihre Arbeit zu unterstützen, hat die Europäische Kommission 22 humanitäre PartnerInnen über eine Plattform, die wir »Europäische Kapazität für Humanitäre Hilfe« (EHRC) nennen, mit europäischen Logistikdiensten unterstützt.

Unparteilichkeit und Neutralität stehen im Mittelpunkt der humanitären Hilfe der EU. Die gesamte humanitäre Hilfe in der Ukraine beläuft sich seit Beginn des Konflikts auf 1,5 Milliarden Euro (European Commission, 2022a). Am 21. Oktober hat die Europäische Kommission ein beispielloses Hilfspaket für die Ukraine in Höhe von bis zu 18 Milliarden Euro für das Jahr 2023 vorgeschlagen (European Commission, 2022b). Während der Krieg weiter wütet, wird unsere humanitäre Hilfe wichtiger denn je. In diesem Zusammenhang sollten wir nicht nur die Bedürfnisse der Ukraine, sondern auch jene der Republik Moldau im Auge behalten, dem ärmsten Land Europas, das infolge dieses Krieges eine unverhältnismäßig große Last zu tragen hat. Die gemeinsame Reaktion Europas hat die europäische Zusammenarbeit im Bereich der Migration neu gestartet. Nun muss sie auch in Form von Rechtsvorschriften kodifiziert werden.

Die Parameter der Migrationspolitik, die unser Kontinent benötigt, wurden bereits festgelegt. Sie beginnen jenseits unserer

Grenzen. Die Kommission tritt für einen behördenübergreifenden Ansatz ein, um für unsere Partnerschaften mit wichtigen Herkunfts- und Transitdrittstaaten eine neue Grundlage bei größerer Gleichberechtigung zu schaffen, wobei die Gesamtheit unserer politischen Instrumente – von Handel und Entwicklungshilfe über Visumpolitik bis hin zur freiwilligen regulären Migration – kombiniert wird. Dies erfordert einen grundlegenden Wandel in der Art, wie wir in Bezug auf unsere Partnerschaften mit Herkunfts- und Transitstaaten vorgehen. Dieser Wandel ist jedoch unbedingt erforderlich.

Eine weitere Notwendigkeit ist ein inklusiver Ansatz für Kompetenzen, Bildung und Integration, der dadurch erreicht wird, dass die Arbeitskräftemigration besser in die Arbeits- und Beschäftigungsstrategien und -instrumente eingebettet wird. Dies strebt die Kommission im Rahmen der europäischen Kompetenzagenda, der Schaffung eines EU-Talentpools und des Abschlusses von Fachkräftepartnerschaften mit wichtigen Drittstaaten an.

Im Rahmen eines umfassenden Migrationskonzeptes ist es auch erforderlich, unsere Außengrenzen im Einklang mit Grundrechten derart zu stärken, dass dadurch die für die EU so symbolträchtige Freizügigkeit weiter ermöglicht wird. Das umfassende Migrationskonzept erfordert auch ein wirksames Rückkehrsystem für Personen, die kein Aufenthaltsrecht erhalten. Darüber hinaus erfordert es Asylverfahren, die effizienter und solider sind und durch die das Problem der Sekundärmigration in Angriff genommen wird.

Am wichtigsten ist vielleicht die Erkenntnis, dass ein europäischer Ansatz im Bereich der Migration weder top down geregelt noch pauschal gelöst werden kann. Keine zwei Mitgliedstaaten sind mit genau den gleichen Herausforderungen konfrontiert. Das weitere Vorgehen muss von allen getragen werden.

Dies war mein Ausgangspunkt bei der Ausarbeitung des neuen Migrations- und Asylpakets (»New Pact on Migration and Asylum«) – eines umfassenden Pakets von Reformvorschlägen, das die Kommission im Anschluss an umfassende Konsultationen mit allen Beteiligten am 23. September 2020 vorgelegt hat.

»Pact« ist ein sehr nobles Wort. In Wirklichkeit wurde mit dem Paket jedoch lediglich aufgeschrieben, was ohnehin schon immer unser Instinkt war. Immer wieder haben die EuropäerInnen unter Beweis gestellt, dass sie in der Lage sind, sich zusammenzutun, wenn die Zeiten ungewiss sind. Die Einigung über die Vorschläge des Pakets wird der größte Beweis für unsere Solidarität in Migrationsfragen sein, wie sich in der Praxis bereits vielfach gezeigt hat.

In diesen instabilen Zeiten, in denen Europa eine Reihe von Krisen erlebt, besteht unser übergreifender Kompass darin, dass Europa immer ein Zufluchtsort für Asylsuchende bleiben wird, die vor Krieg, Diktaturen und Verfolgung fliehen.

Das ist es, was Europa ausmacht. Das ist die europäische Lebensweise.

Es gibt so viel in der EU, worauf wir stolz sein können. Die EU ist der größte und am besten regulierte Markt der Welt, sie verfügt über die weltweit zweitstärkste Währung und sie ist Verfechter der Menschenrechte. In der Pandemie haben wir uns zusammengetan, um Impfstoffe zu beschaffen. Es ist uns gelungen, einen enormen Aufbaufonds zur Unterstützung unserer Volkswirtschaften und Gesellschaften zu schaffen.

Wir haben viel erreicht, allerdings noch keine gemeinsame Migrations- und Asylpolitik. Jetzt bietet sich die Chance für eine große europäische Einigung in diesem Bereich.

Ich bin der festen Überzeugung, dass die EU sich vor dem Ende dieser Wahlperiode im Hinblick auf eine einheitliche Migrationspolitik einigen wird, die an die Werte, die unsere Union mit derartiger Leichtigkeit verkörpert, und das Gesellschaftsmodell, für das wir stehen, angelehnt ist.

ASYL IN DER EU, EIN GLÜCKSSPIEL?

Dr. Harald J. Jauk, LL.M., MA

Flüchtlinge, Zuwanderer, »Asylanten«, »Wirtschaftsmigranten«
– wenn es um jene zehntausende Menschen geht, die Jahr für
Jahr regulär oder irregulär die Grenzen passieren, wird nach
der ordnenden Hand des Staates verlangt. Mehr Ordnung
beim Reizthema »Asyl« beginnt damit, Auslöser und Ziele der
weltweiten Fluchtbewegungen präzise zu benennen.

*Harald Jauk, Mitarbeiter in einschlägigen Wissenschaftsprojekten und
ehemaliger Policy Advisor im Kabinett des Ersten Vizepräsidenten des
Europäischen Parlaments, ordnet die wichtigsten Daten und Fakten
in Sachen Flucht.*

Jede Analyse, will sie zumindest einen gewissen Anspruch an
wissenschaftliche Seriosität stellen, sollte von der Faktenlage
getragen werden. Das gilt auch und – wenn man die oftmalige
Tragweite politischen Handelns betrachtet – insbesondere in der
Politik. Daher ist in einem ersten Schritt ein Blick auf Zahlen[1]
und Daten betreffend der Fluchtsituation weltweit zu werfen
und anschließend jene in Europa ins Blickfeld zu nehmen, um
dann in angemessener Weise über weitere Fragen zu reflektie-
ren. Wenngleich die in der Folge genannten Daten ExpertInnen
der Materie weniger überraschen mögen, beinhalten sie jedoch
sicherlich für den »interessierten Laien« ein gewisses Informa-
tions- und Überraschungspotenzial.[2]

Flucht weltweit [3]

Laut dem letzten Halbjahresglobalbericht vom United Nations High Commissioner for Refugees (UNHCR) vom Oktober 2022 ist die Zahl der weltweit vertriebenen Personen (»forcibly displaced persons«) keine geringere als 103 Millionen[4]. Die Mehrzahl dieser sind – anders als in Medienberichten häufig der Anschein gegeben wird – Binnenvertriebene. Die vom UNHCR genannte Schätzung der Anzahl dieser beläuft sich auf über 60 Millionen[5]. Anders gesagt sind also über 58 Prozent aller Flüchtlinge[6] Binnenvertriebene.

Im Gegensatz dazu gab es Mitte 2022 »lediglich« knapp 43 Millionen *extern* vertriebene Flüchtlinge[7] (gut 41 Prozent aller forcibly displaced persons). Dabei gilt es, die Gruppe der AsylwerberInnen – also jene Personen, die sich in einem Asylverfahren befinden – hervorzuheben. Dies aus dem einfachen Grund, dass diese, anders als oft in der öffentlichen Wahrnehmung verankert, nur 4,9 Millionen – also nicht einmal fünf Prozent der weltweit vertriebenen Personen insgesamt – ausmachen. Die große Mehrheit aller Flüchtlinge weltweit sind also keine »Asylanten«. Dieser despektierliche Begriff ist schon allein aus dem Grund, dass er der Realität nicht entspricht, strikt abzulehnen[8].

Von den Anträgen auf internationalen Schutz werden im Übrigen mehr als die Hälfte (57 Prozent)[9] positiv entschieden. Wenn man davon ausgeht, dass die Staaten, in denen diese Anträge gestellt werden, die Schutzwürdigkeit gemäß der Genfer Flüchtlingskonvention (GFK) ordnungsgemäß prüfen und die dortigen Behörden dem Resultat dieser Prüfung entsprechend entscheiden (was aufgrund einer teils ausdrücklich restriktiven nationalen Asylpolitik nicht einmal immer der Fall ist), können diese 57 Prozent positive Entscheidungen als Indiz gegen die Annahme,

Vertriebene weltweit

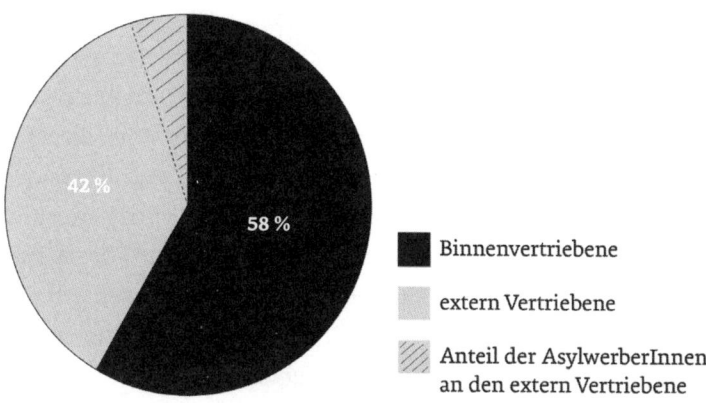

Binnenvertriebene

extern Vertriebene

Anteil der AsylwerberInnen
an den extern Vertriebene

Quelle: UNHCR (United Nations High Commissioner for Refugees), Oktober 2022

es handle sich bei den Flüchtenden fast ausschließlich um »Wirtschaftsflüchtlinge«[10], gesehen werden.

Eine weitere verbreitete, irrige Annahme ist jene, dass die Mehrzahl der weltweiten Flüchtlinge nach Europa und in Industriestaaten flüchten würden. Das ist schon allein aufgrund der bereits erwähnten Tatsache, dass über 58 Prozent aller Flüchtenden Binnenvertriebene sind und im Heimatland bleiben, unrichtig. Jedoch auch unter den extern Vertriebenen, also jenen, die nicht im eigenen Heimatland Zuflucht finden, kommen etwa drei Viertel (74 Prozent) in Entwicklungsländern[11] unter (gut zwei Drittel in Nachbarstaaten).

Eine erschreckende Tatsache ist zudem, dass in den letzten Jahren über vierzig Prozent der Flüchtenden Minderjährige waren (unter 18 Jahren). Angesichts dieses Faktums erscheint eine Unterstützung der flüchtenden Personen – als Gruppe mit einem überdurchschnittlich hohen Anteil an besonders schützenswerten Personen (Kinder und Jugendliche) – von einem menschlich-humanitären Standpunkt aus besonders dringend (UNHCR, 2022a).

Eine interessant erscheinende demografische Realität ist zudem die, dass der genannte Prozentsatz an Minderjährigen unter den Flüchtlingen um ein Vielfaches höher ist als jener unter den internationalen MigrantInnen (ca. zehn Prozent), während der Prozentsatz an über 50-Jährigen unter den Flüchtlingen (ca. acht Prozent) deutlich kleiner ist als unter den internationalen MigrantInnen (ca. dreißig Prozent).[12] In anderen Worten lässt sich also feststellen, dass Flüchtlinge in Summe tendenziell jünger sind als internationale (nicht flüchtende) MigrantInnen (UNHCR, 2020; UNHCR, 2022a; UNHCR, 2022c).

Womöglich weniger überraschend erscheinen die Erstgereihten in der weltweiten Liste der Herkunftsstaaten der internationalen Flüchtlinge. So kommen derzeit mit Abstand die meisten Flüchtlinge weltweit aus Syrien (6,8 Mio.), gefolgt von Venezuela (5,6 Mio.[13]) und der Ukraine (5,4 Mio.). Besonderes Augenmerk verdient letztere Anzahl, denn die Zahl der ukrainischen Flüchtlinge verzweihundertfachte sich zwischen Ende 2021 (ca. 27.000) und Mitte 2022 (ca. 5,4 Mio.), was somit als der schnellste »Fluchtexodus« aus einem bestimmten Staat seit dem Zweiten Weltkrieg bezeichnet werden kann.

Bei den Aufnahmestaaten sind es entgegen möglicher Annahmen in diese Richtung nicht die »klassischen« westlichen Industriestaaten, die jeweils am meisten Flüchtlinge aufnehmen. Im Gegenteil – unter den »Top 5« der Aufnahmestaaten (Türkei, Kolumbien, Deutschland, Pakistan, Uganda[14]) befindet sich mit Deutschland schon seit Jahren nur einer dieser Staaten. Während quantitativ die Türkei die größte Anzahl an Flüchtlingen aufgenommen hat (knapp 4 Mio.), hat der Libanon im Verhältnis zur Bevölkerung die meisten Flüchtenden aufgenommen (0,9 Mio. + 0,5

Mio. UNRWA-Flüchtlinge 2021). Somit ist bei einer Bevölkerung von 6,7 Mio. (UNFPA, 2022a) fast jede fünfte Person im Libanon Flüchtling, während in Deutschland (Platz 3 der Aufnahmestaaten mit 2,2 Mio. Flüchtlingen) bei einer Bevölkerung von knapp 84 Mio. (UNFPA, 2022b) nur etwas mehr als jeder vierzigste Flüchtling ist (2,6 Prozent)[15] (UNHCR, 2022a; UNHCR, 2022c). Nichtsdestotrotz hat Europa – wenn man die Türkei hinzurechnet – aufgrund der durch den russischen Angriffskrieg auf die Ukraine initiierten erheblichen Vertreibungsbewegung laut UNHCR fast vierzig Prozent der weltweiten (externen) Flüchtlinge aufgenommen.

Von diesen Gesamtzahlen gilt es, die Flüchtlinge, die tatsächlich Anträge auf internationalen Schutz stellen, zu unterscheiden. Wie erwähnt, machen diese nur einen Bruchteil der weltweit vertriebenen Personen insgesamt aus (knapp fünf Prozent). Die »Top 5« der Staaten, in denen am meisten Asylanträge gestellt wurden, sind wohlgemerkt fast gänzlich andere als jene fünf genannten Staaten, die am meisten Flüchtlinge aufnehmen. In anderen Worten: In den Staaten, die die meisten Flüchtlinge aufnehmen, werden nicht auch eo ipso die meisten Asylanträge gestellt. Es wurden also weltweit allgemein verhältnismäßig wenige Anträge gestellt, auch wenn die Anzahl dieser zuletzt mehr geworden ist.

Die meisten und damit verhältnismäßig[16] deutlich mehr Anträge auf internationalen Schutz wurden 2021 in den USA (189.000 neue Asylanträge), Deutschland (148.000) und Mexiko (133.000) gestellt. In Europa wurde in den letzten Jahren, insbesondere auch in Frankreich und Spanien, eine konstant höhere Anzahl von Asylanträgen gestellt. Hierbei ist jedoch anzumerken, dass sich diese Antragsanzahlen im ersten Halbjahr 2022 in den USA und in Europa deutlich erhöht hat: Im Vergleich zum selben Vorjahreszeitraum verzeichneten die USA mehr als eine Verdreifachung (436.000) und

Europa mehr als eine Verdoppelung (503.000[17]) der Asylantrags-zahl (UNHCR, 2020; UNHCRb, 2021a; UNHCR, 2022c).

Was längere Entwicklungen betrifft, kann zudem gesagt wer-den, dass die gesamte Anzahl der weltweit vertriebenen Perso-nen seit 2011 stetig steigt. Die UNHCR-Zahlen bescheinigen etwa, dass 2011 die Anzahl deutlich weniger als halb so hoch war wie derzeit (38,5 Mio. vs. 2022 103 Mio.) (UNHCR, 2022a; UNHCR, 2022b; UNHCR, 2022c). Es handelt sich somit um eine eindeu-tige Tendenz, gegenüber welcher es – auch im Hinblick auf neue Fluchtursachen wie erzwungene Landflucht, explodierendes Bevölkerungswachstum, Umweltzerstörung, Klimawandel und Pandemien sowie sich in die Länge ziehende bewaffnete Konflik-te – gelten wird, Wege des Entgegenwirkens zu finden.

Besonderes Augenmerk verdient weiters die Tatsache, dass nur eine äußerst geringe Anzahl der extern Vertriebenen, nämlich 3,9 Millionen Personen, in der Dekade 2010-2019 in ihr Heimatland zurückkehrte[18] (UNHCR, 2020). Nicht nur für sich allein genom-men, sondern ebenso verglichen mit den beiden Dekaden davor (1990-1999: 15,3 Mio.; 2000-2009: 9,6 Mio.) (UNHCR, 2020) er-scheint diese Zahl alarmierend niedrig und legt sowohl eine in-tensivierte Arbeit an einer Stabilisierung der weltweiten Sicher-heitslage zur Verringerung der Notwendigkeit von Flucht und der Ermöglichung der Heimkehr als auch an einer verstärkten Integra-tion in den Aufnahmestaaten jener, die trotzdem flüchten müssen und denen eine Heimkehr verwehrt bleibt, nahe.

Aufgrund der dargelegten Informationen lässt sich somit in besonderem Maße hervorheben, dass die Mehrzahl der weltweit flüchtenden Personen im Heimatland und in (angrenzenden) Entwicklungsländern unterkommt und dass nur ein jeweils ge-ringer Prozentsatz der externen Flüchtlinge in ihren Heimatstaat zurückkehrt.

Flucht in die EU

Diametral entgegengesetzt zur Flucht weltweit – wie erwähnt stellen nicht einmal fünf Prozent der weltweit vertriebenen Personen auch effektiv einen Antrag auf internationalen Schutz – sind es in der EU deutlich mehr, sodass der Anteil an Flüchtlingen, die auch einen Asylantrag stellen, der Gesamtflüchtlingszahl nahekommt. Ende 2021 betrug die Gesamtflüchtlingsanzahl in der EU gemäß auf UNHCR-Daten basierenden Angaben der Europäischen Kommission 0,6 Prozent der Gesamtbevölkerung, was in etwa knapp 2,9 Millionen Personen ausmacht (Europäische Kommission, 2022a). Nach dem »Pandemiejahr«[19] 2020 mit lediglich rund 472.000 Asylanträgen waren es 2021 mit circa 632.000 Anträgen wieder ähnlich viele wie in den Jahren vor 2020. Dass die Anzahl der Asylanträge im letzten Jahr also fast ein Viertel (22 Prozent) der Gesamtflüchtlingszahl in der EU ausmachte, veranschaulicht die im Vergleich zum weltweiten Verhältnis Vertriebener zu AsylantragstellerInnen komplett unterschiedliche Lage in Europa (Eurostat, 2022a). Die Tatsache, dass im ersten Halbjahr 2022 bereits ca. 406.000 Asylanträge gestellt wurden, deutet darauf hin, dass die Gesamtasylantragszahl 2022 wohl jene aus dem Jahr 2021 deutlich übersteigen wird (Eurostat, 2022b).

Was die Entwicklung der Zahlen über das letzte Jahrzehnt hinweg betrifft, gibt es – wenig überraschend – zwei hervorstechende Momente: das Jahr 2015, in dem die Asylantragszahlen im Vergleich zum Vorjahr vehement anstiegen (2014: 594.000; 2015: 1,28 Mio.), und das Jahr 2017, in dem die Zahlen wieder abrupt, jedoch nicht in gleichem Ausmaß wie der Anstieg 2014-15, fielen (2016: 1,22 Mio.; 2017: 677.000). Das aktuelle Niveau (2021) ist also, verglichen mit den ersten Jahren der zweiten Dekade dieses Jahrhunderts (2010: 235.000; 2011: 282.000; 2012: 307.000), ein hohes und, verglichen

mit den Jahren 2015 und 2016, ein niedriges. Seit 2017 hält sich –
mit Ausnahme des Jahres 2020 als gewissermaßen statistischem
»Ausreißer« – die Flüchtlings- und Asylantragstellerzahl konstant
auf diesem mittleren Niveau (Eurostat, 2022a; Eurostat, 2022c). Für
das Jahr 2022 ist jedoch wie erwähnt erneut eine signifikant höhere
Anzahl an AsylantragstellerInnen in der EU zu erwarten.

Ein für manche wohl überraschendes Faktum ist, dass laut auf
der Website der Europäischen Kommission veröffentlichten Daten 2020 mehr als ein Viertel der AsylerstantragstellerInnen (26
Prozent der Erstanträge[20]) visumfrei und legal in die EU einreise
(Europäische Kommission, 2022a). In anderen Worten kann *nicht*
davon ausgegangen werden, dass – wie häufig medial und politisch kolportiert beziehungsweise insinuiert – so gut wie alle AsylwerberInnen irregulär nach Europa gelangen (Europäische Kommission, 2022a).

Asylantragszahlen in der EU von 2010 bis 2021

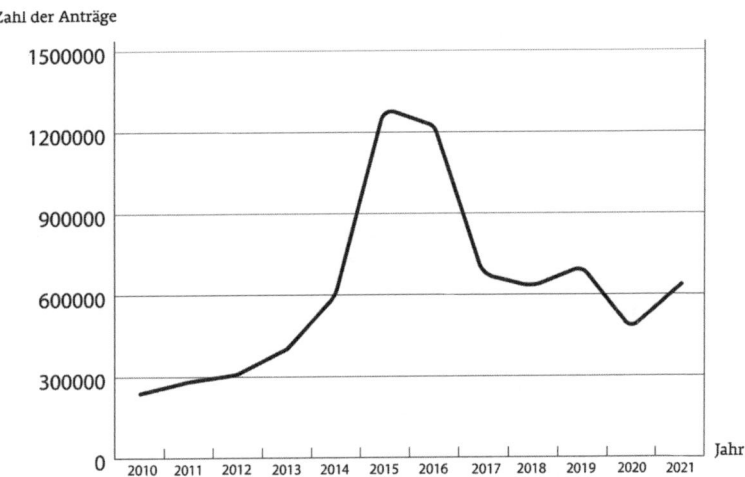

Quelle: Eurostat, 2022

Betreffend diejenigen, die tatsächlich nicht legal in die EU eingereist sind, lässt sich sagen, dass die irregulären Grenzübertritte 2021 (knapp 200.000[21]) mehrheitlich (56 Prozent) über den Seeweg (ca. 113.000) stattfanden – die Routen über das Festland sind also nicht mehr der primäre Ursprung der Flüchtlinge in der EU. Einen interessanten Umschwung und allgemein eine relativ große Fluktuation gab es weiters im Bereich der gewählten Seeroute: Während 2019 die östliche Mittelmeerroute die mit Abstand am häufigsten gewählte Route war, war es 2020 die westliche und 2021 (sowie ebenso im ersten Halbjahr 2022) die zentrale Mittelmeerroute. Es lässt sich also bei den Seeüberquerungen in den letzten Jahren eine gewisse Verlagerung von Osten in Richtung Zentrum feststellen (Europäische Kommission, 2022a).

Während wie erwähnt weltweit knapp die Hälfte aller Vertriebenen minderjährig ist, sind in der EU nur knapp ein Drittel (2021: 29 Prozent[22]) aller AsylantragstellerInnen nicht volljährig. Auch wenn dieser Anteil geringer ist als jener der Minderjährigen an der weltweiten Vertriebenenzahl, kann er als beträchtlich gesehen werden, zumal die AsylantragstellerInnen in der EU auch generell sehr jung sind (51 Prozent zwischen 18 und 34 Jahren im Jahr 2021). Angesichts dieses hohen Anteils an Personen im arbeitsfähigen Alter ist im Hinblick eines akuten Arbeitskräftemangels in manchen Branchen in Europa das diesbezügliche Potenzial geflüchteter Personen tunlichst zu nutzen[23] (Eurostat, 2022d).

Was die behördliche Beurteilung der Asylanträge betrifft, wurde 2021 ca. 275.000 AsylwerberInnen internationaler Schutz[24] gewährt. In erster Instanz wurden 2021 39 Prozent[25] aller Anträge auf internationalen Schutz[26] positiv entschieden (ca. 113.000 Asyl, ca. 61.000 subsidiärer Schutz, ca. 28.000 humanitäres Bleiberecht)[27]. Ein hierbei besonders interessantes Faktum ist, dass es in der EU je nach Mitgliedstaat eklatante Unterschiede bei den Prozentsätzen positiver Entscheidungen gibt. Wurden 2020 in Irland 74 Prozent der erstinstanzlichen Verfahren positiv beschieden, waren es in der Tschechischen Republik gerade einmal zehn Prozent. Ein noch größerer Graben tut sich zwischen einzelnen EU-Staaten bei den Anerkennungsraten bestimmter Herkunftsländer entstammender Personen auf. So lag etwa die erstinstanzliche Anerkennungsquote von AfghanInnen 2020 in Italien bei 94 Prozent, während sie in Bulgarien und Kroatien bei einem beziehungsweise null Prozent lag[28] (Eurostat, 2022c; Eurostat, 2022e; Eurostat, 2022e; Europäische Kommission, 2022a).

Diese Daten sprechen für sich und werfen aufgrund ihrer einzelstaatlichen Unterschiedlichkeit Fragen nach der Rechtmäßigkeit der Verfahren in manchen Mitgliedstaaten auf. Zweifelsohne legen sie zumindest ein Auf-den-Grund-Gehen nahe, wenn nicht eine EU-weite verstärkte Harmonisierung der Verfahrensbedingungen sowie ein Eingreifen in Fällen unangemessener Umsetzung dieser. Eine gleiche beziehungsweise gleichwertige Behandlung von gleichgelagerten Fällen über nationalstaatliche Grenzen hinweg wäre bei einer auf gemeinsamen humanitären Werten[29] fußenden Union jedenfalls von sich aus naheliegend und angebracht.

Was das Rechtsmittelverfahren betrifft, wurde in gut einem Drittel der Fälle (knapp 35 Prozent) – also etwas seltener als im erstinstanzlichen Verfahren – positiv entschieden, was einerseits die große Bedeutung weiterer (auf die erste folgende) Instanzen im Asylverfahren aufzeigt. Andererseits spricht diese hohe Anzahl nicht unbedingt für die Qualität und Standhaftigkeit der erstinstanzlichen Entscheidungen der letzten Zeit. Auch im Rechtsmittelverfahren zeigen sich eklatante Unterschiede bzgl. der Anerkennungsquoten: Während 2020 in Bulgarien und in Österreich neunzig Prozent beziehungsweise 62 Prozent dieser

Verfahren positiv ausgingen, war in Lettland, Ungarn und Portugal im genannten Jahr keine einzige Entscheidung positiv (Eurostat, 2022a; Eurostat, 2022c; Eurostat, 2022f; Europäische Kommission, 2022a).

Die Haupt-Herkunftsländer der in der EU ankommenden Flüchtenden decken sich in etwa mit jenen weltweit. So kamen 2021 auch die AsylerstantragstellerInnen in der EU zum Großteil aus Syrien (22 Prozent) und Afghanistan (18 Prozent), wenngleich VenezolanerInnen einen im Vergleich zur globalen Quote geringeren Prozentsatz ausmachen (drei Prozent) (Europäische Kommission, 2022a).

Die große Anzahl an UkrainerInnen, die aus ihrem Heimatland aufgrund des russischen Angriffskriegs vertrieben wurden, hatte bis dato nur einen geringen Einfluss auf die EU-Asylantragsteller-Herkunftsstatistik. Denn obwohl sich die Anzahl von ukrainischen AsylantragstellerInnen in der EU im März 2022 drastisch erhöhte (von ca. 2.500 im Februar auf ca. 13.500), sank sie in den Monaten darauf wieder ähnlich rapide (ca. 1.800, 1.500 und 1.100 im April, Mai und Juni). Das hat mit der geschichtlich erstmaligen Aktivierung der *EU-Richtlinie Vorübergehender Schutz*[30] zu tun, mit der sie – anders als häufig AsylwerberInnen – sofort (nach Erhalt eines Vertriebenenausweises) freien Arbeitsmarktzugang in den jeweiligen EU-Mitgliedstaaten genießen.

Die »Top 5« der EU-Mitgliedstaaten, in denen 2021[31] Erstanträge auf internationalen Schutz gestellt wurden (Deutschland: 28 Prozent, Frankreich: 19 Prozent, Spanien: 12 Prozent, Italien: 8 Prozent, Österreich: 7 Prozent), erscheinen nicht sonderlich überraschend mit der Ausnahme, dass Österreich – anders als in den Jahren davor – nun Teil dieser ist (Europäische Kommission, 2022a; Eurostat, 2022a). Davon zu unterscheiden sind jene EU-Mitgliedstaaten, in denen 2021 im Verhältnis zur Einwohnerzahl die Mehrzahl der erstmaligen Asylanträge gestellt wurde. Die am meisten betroffenen Staaten sind hier teils andere, nämlich Zypern (1,5 je 100 Einwohner), Österreich (0,4) und Slowenien (0,2).[32] Österreich hat damit im Vergleich zum Jahr davor (2020), in dem 0,15 Anträge pro 100 Einwohner gestellt wurden, einen deutlichen verhältnismäßigen Zuwachs an Asylerstanträgen erfahren (Eurostat, 2022c, Europäische Kommission, 2022a).

Betrachtet man nun die Prozentsätze der *Schutzgewährungen* des letzten Jahrzehnts, ergibt sich erneut ein anderes Bild. Laut den diesbezüglichen Daten des UNHCR (Stand Mitte 2019) war EU-weit der Anteil an Schutzgewährungen[33] in Schweden mit rund 250.000 anerkannten Flüchtlingen (= 2,5 Prozent der Bevölkerung) der höchste. In Malta war die Zahl zwar eine niedrigere (8.700), der Prozentsatz an der Bevölkerung aber ebenfalls sehr hoch (zwei Prozent) im Vergleich zum EU-Durchschnitt von 0,6 Prozent der Gesamtbevölkerung (= knapp 2,7 Mio.[34] aufgenommene Flüchtlinge). Österreich gehört ebenfalls mit über 130.000 anerkannten Flüchtlingen zwischen 2010 und 2019 (= 1,5 Prozent der Bevölkerung) noch vor Deutschland (1,1 Mio. = 1,3 Prozent der Bevölkerung) zu den EU-Mitgliedstaaten, die pro Einwohner im letzten Jahrzehnt die meisten Flüchtlinge aufgenommen haben (UNHCR in APA, 2020).

Die genannten Zahlen zeigen somit die stark unterschiedliche Betroffenheit der EU-Mitgliedstaaten was die Anteile von Asyl- und subsidiär Schutzberechtigten an der jeweiligen staatlichen Bevölkerung auf. Nichtsdestotrotz sind die Prozentsätze auch in den am meisten betroffenen Staaten grundsätzlich niedrige, da sie kaum über ein Fünfzigstel derer Gesamtbevölkerung hinausgehen.

Was die Neuansiedelungen (»Resettlement«) in der EU betrifft, die als wichtiger Teil eines sinnvollen Umgangs mit der

Herausforderung weltweit steigender Flüchtlingszahlen zu sehen wären,[35] sind die Zahlen ebenso niedrig. Laut Angaben der Europäischen Kommission waren es nach einem starken Rückgang der Resettlement-Zahlen im Jahr 2020 (ca. 9.100 Personen) im Vergleich zum Jahr davor (rund 21.000), 2021 mit knapp 23.000[36] neuangesiedelten Personen (ca. acht Prozent der gesamten Schutzgewährungen 2021) erneut etwas mehr. (Europäische Kommission, 2022a) Da der Großteil der neuangesiedelten Personen in einige wenige EU-Mitgliedstaaten fließt[37], ist diese von sich aus schon geringe Anzahl in den meisten EU-Mitgliedstaaten eine noch reduziertere, die eindeutig ausbaufähig wäre.

Es lässt sich somit feststellen, dass in der EU traditionellerweise ein vergleichsweise großer Anteil der Flüchtlinge auch einen Asylantrag stellt, der 2021 in über einem Drittel der Fälle auch positiv beschieden wurde. Es herrschen jedoch bedeutende Unterschiede innerhalb der EU, was die nationalstaatlichen Anerkennungsquoten betrifft, die 2020 erstinstanzlich von einem Zehntel bis drei Viertel und im Rechtsmittelverfahren von Null bis neun Zehntel reichen. Die Einreise in die EU erfolgte zu einem nicht unbeachtlichen Teil legal, die irregulären Einreisen erfolgten zumeist auf dem Seeweg. Während die meisten Erstanträge 2021 in Deutschland und Frankreich erfolgten, sind die Schutzgewährungen des letzten Jahrzehnts im Verhältnis zur nationalen Bevölkerung in Schweden und Malta die höchsten, wenngleich der Anteil der Schutzberechtigten an der Gesamtbevölkerung der EU ein nach wie vor sehr geringer ist.

FORDERUNGEN:

- Verstärkte regelmäßige sowie verständliche öffentliche und mediale Übermittlung wahrheitsgetreuer, faktenbasierter Informationen über Flucht.

- Das junge Alter der Mehrzahl der Flüchtlinge in Europa nutzen, um den **Arbeitskräftemangel zu adressieren**.

- Die im Durchschnitt noch immer (zu) langen **Asylverfahren beschleunigen**, um eine rasche Integration der Geflüchteten in den Arbeitsmarkt zu ermöglichen.

- Sorgfältigere Prüfung von Asylanträgen und Verbesserung der Qualität von Asylverfahren, insbesondere in erster Instanz.

- Schaffung und Kontrolle **gleichwertiger Entscheidungsstandards in allen EU-Mitgliedstaaten** im Hinblick auf die Wahrscheinlichkeit internationalen Schutz zu erhalten.

- **Anzahl der Neuansiedelungen erhöhen**.

WER KOMMT? WER BLEIBT? ZUWANDERUNG NACH EUROPA UND IHRE FOLGEN

Univ.-Prof. Dr. Rainer Münz

2022 wanderten so viele Menschen wie nie zuvor in die 27
EU-Staaten ein. Erstmals gab es mehr neu Zugewanderte als
Geburten. Der Artikel analysiert die Zuwanderung der letzten
Jahre, ihre Zusammensetzung und ihre Relevanz für den
Arbeitsmarkt. Zugleich wird die Frage aufgeworfen, wie die
Staaten der EU als Ziel attraktiver für gut qualifizierte mobile
Personen werden könnten.

Rainer Münz, Bevölkerungs-Wissenschaftler und Ex-Berater des ehem.
EU-Kommissionspräsident Jean-Claude Juncker, erweitert den Blick in
einer eingefahrenen Debatte.

Migration: Der reduzierte Blick

Zuwanderung ist spätestens seit 2015 ein Thema, zu dem fast
alle eine Meinung haben. Weder die Wissenschaft noch die zuständige Politik verfügen über irgendein Deutungsmonopol.
Dabei steht vor allem das Thema Asylzuwanderung im Zentrum
der Debatte. Auslöser waren über zwei Millionen Personen aus
Syrien, Afghanistan und dem Irak sowie (in kleinerer Zahl) aus
dem Sub-Sahara-Afrika, die 2014-2016 binnen kurzer Zeit nach
Europa kamen. Mehrere Jahre lag der Fokus auf der irregulären
Zuwanderung über das Mittelmeer und die (angeblich seit Jahren
geschlossene) Balkanroute. Im Herbst 2021 ging es um ein paar

tausend Personen, die von Polen an der Grenze zu Belarus abgewiesen wurden. Ab Ende Februar 2022 ging es vor allem um eine
große Zahl von Personen, die aus der Ukraine nach Westen flüch-
teten. Durch eine wachsende Zahl von Asylanträgen verschob
sich der Schwerpunkt der politischen Debatte 2022-23 allerdings
wieder zu jenen, die aus Nordafrika, dem Mittleren Osten und
aus Südasien irregulär nach Europa kamen.

Am Ende reduziert sich Migrationspolitik für viele politische
Akteure auf den Versuch, Land- und Seegrenzen »in den Griff« zu
bekommen. Dieser Fokus von Politik und Exekutive auf die Verhinderung von irregulären Grenzübertritten hat ganz wesentlich
mit folgendem Umstand zu tun: Asylsuchende, deren Antrag abgelehnt wird (aber auch andere Personen ohne Aufenthaltsrecht)
können mehrheitlich nicht aus der EU in ihr Herkunftsland zurückgebracht werden, weil viele dieser Länder keinerlei Interesse an der Rückkehr ihrer Landsleute haben und bei versuchten
Repatriierungen nicht mit den Behörden europäischer Länder
kooperieren.

Die quantitativ und administrativ bislang größte Herausforderung entstand durch die aus der Ukraine geflüchteten Menschen.
Binnen weniger Monate kamen zwischen Februar und Juni 2022
fast 8 Millionen Menschen aus dem vom russischen Angriffskrieg betroffenen Land in die EU: überwiegend Frauen und Kinder. Weitere sechs Millionen wurden innerhalb der Ukraine vertrieben. Es handelt sich um die größte Flüchtlingsbewegung in
Europa seit 1945-1948. Und es handelt sich – neben den Geflüchteten aus und Vertriebenen in Syrien und den durch schiere Not
ins Ausland gezwungenen Menschen aus Venezuela – um eine
der größten Flüchtlingspopulationen weltweit.

Quasi über Nacht änderten sich 2022 eine Zeit lang die Ton-
lage und der offizielle Zugang. Statt von illegaler Zuwanderung

sprachen Politik und Behörden nun von Solidarität und Nachbarschaftshilfe. Europaweit erhielten ukrainische Staatsangehörige und bislang permanent dort lebende Angehörige von Drittstaaten ohne Asylverfahren ein befristetes Aufenthaltsrecht (für ein bis maximal drei Jahre), Zugang zu Sozial- und Gesundheitseinrichtungen, Schulbildung und (zumindest im Prinzip) das Recht zu arbeiten (Europäische Kommission, 2022b). Darauf einigten sich auf Vorschlag der Europäischen Kommission – überraschend schnell – die Innenministerinnen und Innenminister der EU-Staaten schon Anfang März 2022. Norwegen und die Schweiz erließen analoge Regelungen (SEM, 2022).

Ein Teil der Geflüchteten kehrte nach wenigen Wochen wieder in die Ukraine zurück. Schon länger in der EU lebende Ukrainer kehrten ebenfalls heim und schlossen sich den Streitkräften an. In Summe übersiedelten 2022 fast 5 Millionen Personen aus einem EU-Staat in die Ukraine (Bloomberg, 2022). Manche wechselten mehrfach das Land. Im Winter 2022/23 nahm der Zustrom in die EU aufgrund der stark zerstörten Infrastruktur erneut deutlich zu.

Angesichts des manchmal größeren, manchmal kleineren, zuletzt enorm großen Zustroms von – je nach Lesart und Herkunft – hilfsbedürftigen Flüchtlingen beziehungsweise weniger erwünschten Asylsuchenden und gar nicht erwünschten irregulär Zugewanderten ohne Aufenthaltsrecht geraten große Teile des sonstigen Migrationsgeschehens in und nach Europa aus dem Blick.

Wo leben Menschen mit Migrationshintergrund?

Anfang 2021 lebten in den Staaten von EU und EFTA sowie in Großbritannien insgesamt 29 Millionen Menschen (Statista,

2022; United Nations, 2020; Eurostat, 2022g). Von ihnen hatten 69 Millionen ihren Geburtsort in einem anderen Land (European Commission, 2021a; Eurostat, o. J.). Das waren 13 Prozent der Bevölkerung Europas; darunter zu einem Drittel Personen, die innerhalb von EU und EFTA übersiedelt waren. Jene, die aus einem Staat von außerhalb der EU/EFTA kamen, machten zwei Drittel der zugewanderten Bevölkerung aus.

Innerhalb Europas waren und sind die Zugewanderten ganz unterschiedlich verteilt (IOM, 2021). In absoluten Zahlen lag Deutschland 2021 mit 15 Millionen im Ausland geborenen Einwohnerinnen und Einwohnern an erster Stelle; gefolgt von Großbritannien (10 Mio.), Frankreich (9 Mio.), Spanien (7 Mio.) und Italien (6 Mio.) (Eurostat, 2022h).

Gemessen an der Gesamtbevölkerung lagen (und liegen bis heute) die Kleinstaaten Liechtenstein und Luxemburg an erster Stelle. Dort hatten 2021 mehr als 40 Prozent der Wohnbevölkerung ihren Geburtsort außerhalb des Landes. Unter den etwas größeren Flächenstaaten Europas lag die Schweiz mit 29 Prozent an der Spitze, gefolgt von Österreich, Schweden, Deutschland, Irland und Belgien, wo die Anteile zwischen 15 und 20 Prozent lagen (EMN, o. J.). Gleichzeitig gab es EU-Staaten, in denen vor Ankunft ukrainischer Flüchtlinge kaum Zugewanderte lebten. Dies gilt bis 2021 insbesondere für Rumänien und die Slowakei.

Durch die Zuwanderung mehrerer Millionen ukrainischer Flüchtlinge – überwiegend Frauen und Kinder – verschoben sich in einigen Staaten Europas Zahl und Anteil der im Ausland geborenen Bevölkerung deutlich nach oben. Dies galt insbesondere für Polen, Tschechien und Rumänien, aber auch für Deutschland und Österreich.

Prozentueller Anteil der im Ausland geborenen Bevölkerung

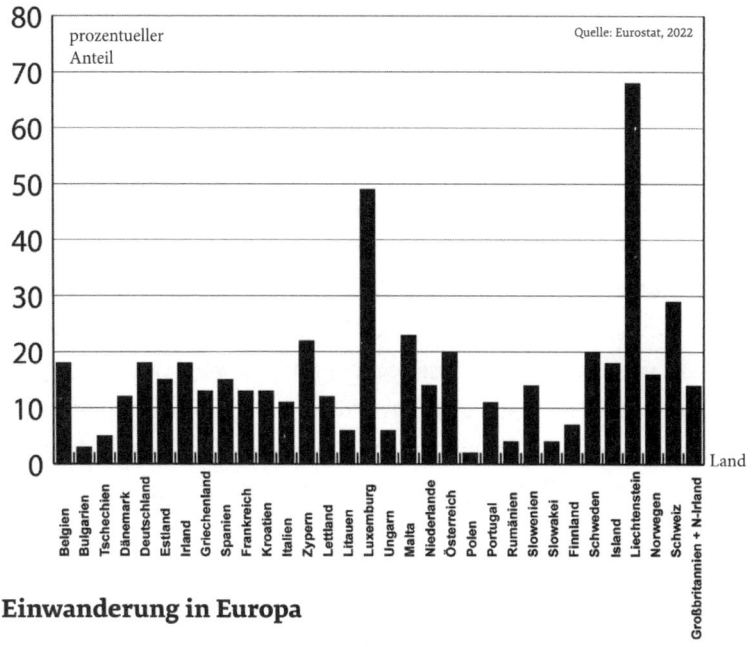

Einwanderung in Europa

Jedes Jahr – die Corona-Pandemiejahre 2020 und 2021 ausgenommen – übersiedeln etwa 1,3 Millionen Menschen von einem EU-Staat in einen anderen. Und – von Jahren mit großer Flüchtlingswelle (2015, 2016, 2022) oder starken Reisebeschränkungen (2020) abgesehen – wandern im Schnitt etwa 2 Millionen Menschen von außerhalb der EU für länger als 12 Monate in einen EU-Mitgliedstaat ein (Eurostat, 2022i). Davon bleibt etwa die Hälfte für länger oder für immer in der EU. Hinzu kommt etwa eine Million Personen, die für einen kürzeren Zeitraum (= weniger als 12 Monate) aus einem Drittstaat in ein EU-Land kommen und wieder heimkehren.[38] Unterm Strich bedeutet dies in »normalen Jahren« (ohne große Fluchtbewegung) einen demografischen »Gewinn« von zirka einer Million Menschen durch mehr Zuwanderung als Abwanderung (= positiver Wanderungssaldo). Seit etwa 15 Jahren dominiert in solchen »normalen Jahren« ein Mix aus Heiratsmigration und klassischer Familienzusammenführung die Zuwanderung in die EU. 2019 kamen auf diesem Weg fast 0,7 Millionen (689.000); 2020 waren es immer noch eine halbe Million (494.000) und 2021 wieder fast so viele wie vor Beginn der Pandemie (630.000) (Eurostat, 2022i) Hauptziel dieser Zuwanderung waren Spanien, Deutschland und Frankreich, gefolgt von Italien, Schweden und Portugal (Eurostat, 2022i). Mit Ausnahme Portugals sind dies Länder, in denen es als Folge früherer Arbeitskräfte-Anwerbung und länger zurückliegender Asylzuwanderung große Diaspora gibt (Tölölyan, 2012), wodurch sich der überwiegende Teil der Heiratsmigration erklärt. Zuwanderung über klassische Familienzusammenführung (also durch Zusammenführung bereits bestehender Familien) erfolgte in jüngerer Zeit hingegen vor allem zu Personen, die seit 2014 als Flüchtlinge anerkannt wurden. Hauptziel dieser Familienwanderung sind somit Länder mit einer großen Zahl in jüngerer Zeit positiv abgeschlossener Asylverfahren.

Etwas geringer war und ist in den letzten Jahren die Arbeitsmigration. Sie reduzierte sich nach 2010 stark, denn damals bewirkten die Banken- und die Staatsschuldenkrise in vielen Ländern der EU hohe Arbeitslosigkeit und damit eine stark verringerte Nachfrage nach zusätzlichen Arbeitskräften (Eurostat, o.J.). Zugleich erhielten Millionen Bürgerinnen und Bürger Ostmitteleuropas freien Zugang zu westlichen Arbeitsmärkten (Europäische Kommission, o. J.). Für sie endete die vereinbarte siebenjährige Übergangsfrist nach dem EU-Beitritt ihrer Staaten (EU-Info Deutschland, o.J.; Deutscher Bundestag, 2020). Konkret bedeutete dies: EU-Bürgerinnen und Bürger aus Polen, Rumänien und Bulgarien verdrängten Arbeitsmigrantinnen und

Migranten aus Marokko, Tunesien oder Serbien. Erst ab 2016 nahm die Arbeitskräfte-Zuwanderung von außerhalb der EU wieder etwas zu. Aber auch 2019, im letzten Jahr vor Ausbruch der COVID-19-Epidemie, erhielten weniger als eine halbe Million Personen aus Drittstaaten eine Arbeitserlaubnis für mehr als 12 Monate (473.000). 2020 waren es trotz Rekordarbeitslosigkeit in allen EU-Staaten immerhin über 0,3 Millionen (338.000). 2021 lag die Zahl bei einer halben Million (493.000) (Eurostat, 2022i).

Wichtigste EU-Zielländer von Arbeitsmigration aus Nicht-EU-Ländern sind Tschechien, Polen und Spanien, gefolgt von Deutschland, Frankreich, Portugal und Ungarn (Eurostat, 2022i). Dass schon vor dem Zustrom mehrerer Millionen ukrainischer Kriegsflüchtlinge ausgerechnet Polen, Tschechien und Ungarn zu den wichtigsten Zielländern regulärer ausländischer Zuwanderung in die EU gehörten, mag erstaunen. Die dortigen Regierungen ließen in der jüngeren Vergangenheit kaum eine Gelegenheit aus, um sich öffentlich gegen jede Zuwanderung auszusprechen, gegen den mühsam ausgehandelten UN-Migrationspakt Stellung zu beziehen und gesamteuropäische Lösungen in der Asylpolitik zu blockieren (IOM, o. J.).

In Ostmitteleuropa war und ist es die Abwanderung der eigenen Staatsangehörigen Richtung Westeuropa in Verbindung mit einem über dem EU-Durchschnitt liegenden Wirtschaftswachstum (Eurostat, 2022j) und extrem niedrigen Geburtenzahlen (Eurostat, o. J.). die einen erheblichen Bedarf an zusätzlichen Arbeitskräften auslöste. Dadurch änderte sich zuerst stillschweigend die Praxis der Anwerbung ausländischer Arbeitskräfte und schließlich – insbesondere in Polen, Tschechien und der Slowakei – auch die Rhetorik. Gerade Polen gilt nun als Musterbeispiel für eine zügige Aufnahme, Unterbringung und Arbeitsmarktintegration ukrainischer Flüchtlinge (European Commission, 2022a). Kritische Stimmen weisen allerdings darauf hin, dass die staatliche finanzielle Unterstützung sehr gering ist und geflüchtete ukrainische Frauen und Kinder vor allem auf Hilfe aus der inzwischen großen ukrainischen Diaspora in Polen sowie aus der polnischen Zivilgesellschaft angewiesen sind (Jacoby, 2022).

Neben der Arbeitsmigration spielt die Bildungsmigration eine gewisse Rolle. 2019 kamen ca. 0,2 Millionen Studierende aus Drittstaaten für eine längere Ausbildung (210.000) nach Europa. 2020 waren es um ein Drittel weniger (146.000) (Eurostat, 2022i). Fast alle Universitäten hatten auf Fernunterricht umgestellt; und ausländische Studierende konnten aus ihrem Herkunftsland daran teilnehmen. Doch schon im Jahr darauf lag die Zahl wieder auf dem früheren Niveau (2021: 206.000).

Große Schwankungen gab es bei der Asylzuwanderung. Nach der Jahrtausendwende wurden in Europa in manchen Jahren weniger als 200.000 Asylanträge gestellt. Am Höhepunkt des Flüchtlingszustroms 2015/16 waren es über eine Million pro Jahr. Allerdings dürften in dieser Zahl etliche Doppelzählungen enthalten sein, weil manche auf dem Weg von Griechenland oder Italien in den Nordwesten Europas mehrere Anträge stellten. 2019 lag die Zahl der Erstanträge bei 631.000. Im Corona-Jahr 2020 bewirkten Lockdown, Reisebeschränkungen und vorübergehend eingestellte Flugverbindungen einen Rückgang um ein Drittel (417.000) (Eurostat, 2022k). 2021 gingen die Zahlen wieder in die Höhe und erreichten 537.000 (Eurostat, 2022l). Wichtigste Zielländer der Asylzuwanderung waren in den letzten Jahren Deutschland, Frankreich und Spanien gefolgt von Italien, Schweden und Österreich (Eurostat, 2022k). Gemessen an ihrer Bevölkerungszahl hatten allerdings in jüngster Zeit Österreich und Zypern die höchste Rate von Asylanträgen pro tausend EinwohnerInnen.

2022 lagen die Zahlen wegen des Massenzustroms aus der Ukraine bei einem Vielfachen. In Summe suchten über sieben Millionen Menschen aus der Ukraine in einem der EU-Staaten vorübergehend oder für längere Zeit Schutz. Hauptzielländer waren Deutschland, Polen, Rumänien und Tschechien. Allerdings genießen diese Kriegsflüchtlinge kollektiv temporären Schutz und mussten nicht individuell Asyl beantragen, weshalb sie in der Asylstatistik nicht aufscheinen (Europäische Kommission, 2022b).

Der Atlantik zwischen Westafrika und den Kanarischen Inseln, das Mittelmeer und die östlichen Landgrenzen der EU spielen als Transitrouten für das Wanderungsgeschehen in Europa eine gewisse Rolle. 2019 zählten die Behörden der europäischen Mittelmeerstaaten etwa 124.000 irreguläre Ankünfte. 2020 waren es nur 70.000. Im Jahr 2021 lag die Zahl wieder etwas über 110.000 (Operational Data Portal, o. J.). Die Asylstatistik zeigt allerdings: Etwa achtzig Prozent aller Asylsuchenden kommen nicht auf diesen Wegen nach Europa. 2022 war der Anteil irregulärer Ankünfte noch kleiner, weil mehrere Millionen Menschen aus der Ukraine legal die Grenze überschritten, visumfrei einreisten und in einem europäischen Land ihrer Wahl vorübergehenden Aufenthalt beantragen konnten.

Woher kommt der enorme Unterschied zwischen einer erheblichen Zahl von Asylanträgen und einer viel kleineren Zahl von irregulären Grenzübertritten?

Zum einen gibt es viele Asylsuchende, die regulär in die EU einreisen; entweder mit gültigem Schengen-Visum oder visumfrei (Schengenvisa, o. J.). Dies gilt nicht zuletzt für die Bürgerinnen und Bürger Lateinamerikas, die in Europa einen Asylantrag stellen. Ein beträchtlicher Teil dieser Asylsuchenden kommt per Flugzeug. Manche Asylsuchende leben bei der Antragstellung schon länger legal oder nach Ablauf ihres Aufenthaltstitels irregulär in einem EU-Land.

Zum anderen gibt es neben Mittelmeer und Atlantik auch noch andere Routen der irregulären Migration, die bislang kaum im Blickpunkt standen: zum Beispiel die »grüne Grenze« zwischen dem international nicht anerkannten türkischen Norden und dem von der zypriotischen Regierung kontrollierten Süd-Teil der Insel Zypern (Wallis, 2021).

Schließlich enthält die Asylstatistik auch Personen, die von sich aus gar kein Asyl beantragen würden. Mehrere europäische Länder zählen in der Asylstatistik auch Fälle von Familienzusammenführung – also Ehepartnerinnen und -partner sowie Kinder, die von anerkannten Flüchtlingen nachgeholt werden. In der Asylstatistik einiger Länder – darunter Österreich – finden sich überdies im Inland geborene Kinder, deren Eltern Flüchtlings- beziehungsweise Schutzstatus haben oder sich im laufenden Asylverfahren befinden.

Das bedeutet umgekehrt: Eine striktere Kontrolle unserer See- grenzen entlang des Mittelmeers, des angrenzenden Atlantiks und der östlichen EU-Landgrenzen würde die Zuwanderung über das Asylsystem zwar um etwa zwanzig bis 25 Prozent reduzieren, aber keineswegs verhindern. Dennoch drehte sich die Debatte um Migration und Asyl in Europa bis 2021 fast ausschließlich um jene, die irregulär über das Mittelmeer, den Atlantik oder Belarus in die EU kamen und kommen. Tatsächlich waren dies in den meisten Jahren nur fünf Prozent der gesamten Zuwanderung aus Drittstaaten in die EU; aber es war jener Teil der Zuwanderung, der bis 2021 die dramatischsten Bilder und die heftigsten poli- tischen Reaktionen produzierte. Zuletzt dominierten hingegen Flüchtende aus der Ukraine die Berichterstattung und zugleich die migrationspolitische Agenda.

Die asymmetrische Aufmerksamkeit gilt übrigens genauso für das Agieren jener NGOs, die sich der Rettung von Menschen entlang irregulärer Migrationsrouten verschrieben haben. Auch sie operieren vornehmlich im Mittelmeer, obwohl die Zahl der Opfer zwischen Westafrika und den Kanarischen Inseln erheblich ist. Gar keine Aufmerksamkeit gilt jenen, die beim Durchqueren der Sahara ihr Leben verlieren, obwohl deren Zahl um ein Vielfaches höher ist als im Mittelmeer.[39] Für alle gilt: Dort, wo keine Printmedien vertreten und keine TV-Kameras postiert sind, gibt es auf Seiten Europas viel weniger politische Aktivitäten, kaum martialische Statements, keine Solidaritätsaufrufe, aber zugleich auch kaum zivilgesellschaftliches Engagement und Interesse.

Konsequenzen für Arbeitsmarkt und Integration

Um zu verstehen, was Zuwanderung für Europa bedeutet, müssen wir das gesamte europäische Wanderungsgeschehen im Blick behalten. Dabei zeigt sich:

- Die Wanderungen innerhalb der EU sind im Großen und Ganzen ökonomisch funktional und stärken den Binnenmarkt. Jährlich wandern etwa 1,3 Millionen Menschen von einem EU-Land in ein anderes. EU-Bürgerinnen und Bürger wandern in der Regel in die Arbeitsmärkte reicherer EU-Staaten und Regionen ein oder beginnen dort zu studieren. Diese mobilen Personen haben in den Zielländern eine höhere Erwerbsquote als die Einheimischen. Sie verdienen mehr. Und sie haben im Schnitt ein höheres Bildungsniveau als die Einheimischen (European Commission, o. J.). Aus ökonomischer Sicht führen Wanderungen innerhalb Europas zu einer besseren »Allokation« von Arbeitskräften. Diese erwirtschaften mit ihren Qualifikationen im Zielland einen höheren Beitrag zum Brutto-Inlandsprodukt, als ihnen dies im Herkunftsland möglich gewesen wäre. Binnenmobilität stärkt daher die Produktivität der EU insgesamt, auch wenn dies wirtschaftlich und demografisch zulasten der Peripherien erfolgt.

- In Zukunft wird diese durch Niederlassungsfreiheit geprägte Wanderung innerhalb der EU an Bedeutung verlieren: einerseits, weil sich Lohnniveaus und Lebensverhältnisse weiter angleichen; und andererseits, weil das Potenzial an verfügbaren einheimischen Arbeitskräften in peripheren EU-Regionen insgesamt kleiner wird. Denn nicht nur die Zielländer, sondern auch die wichtigsten Herkunftsländer der innereuropäischen Wanderung haben alternde und schrumpfende einheimische Bevölkerungen. Dies ist ein Preis, den Europas Peripherien für die Freizügigkeit zahlen. Die östliche Hälfte der EU – vom Baltikum bis Bulgarien – verlor im 21. Jahrhundert massiv an Bevölkerung; insbesondere durch Abwanderung von Personen im arbeitsfähigen Alter. Gleiches gilt für Teile Griechenlands, Süditaliens und der Iberischen Halbinsel sowie für andere periphere Regionen Europas (Eurostat, 2022m). Der Weggang junger Erwachsener reduziert klarerweise auch die Zahl der Geburten im Inland, weil die Abgewanderten ihre Kinder anderswo zur Welt bringen.

- Die Einwanderung aus Drittstaaten sieht im Schnitt ganz anders aus. Wie die Analyse der Zuwanderung nach Aufenthaltstiteln zeigt, erfolgt in normalen Jahren ohne massiven Zustrom von Flüchtlingen nur ein Viertel der Zuwanderung durch Anwerbung oder Zulassung aufgrund mitgebrachter Qualifikationen und Sprachkenntnisse oder durch Jobtransfers innerhalb transnational operierender Konzerne und Organisationen (Eurostat, 2022i).

- Bei der Bildungsmigration ist immerhin zu erwarten, dass sich ausländische Studierende im Zielland arbeitsmarktrelevante Kenntnisse aneignen. Davon profitieren die Zielländer allerdings nur, wenn ausländische Studierende nach Studienabschluss im Land bleiben.
- Zwei Drittel der Zuwanderung von außerhalb der EU erfolgt ohne Kriterien, die sich an Bedürfnissen europäischer Arbeitsmärkte orientieren. Es handelt sich dabei um Asylzuwanderung, Familienzusammenführung und Heiratsmigration (Eurostat, 2022i).
- Asylzuwanderung unterliegt zwar den Regeln von europäischem und nationalem Asylrecht. Mitgebrachte Qualifikationen oder Sprachkenntnisse spielen jedoch bei der Entscheidung, ob jemandem Schutz gewährt wird oder nicht, keine Rolle. Daher dauert bei Flüchtlingen die erfolgreiche Integration in den Arbeitsmarkt im Durchschnitt erheblich länger als bei jenen, die mittels Arbeitsvisum nach Europa kommen (European Commission, 2016a; Kernbeiss et al., 2019; Endel et al., 2022). Klarerweise gilt dies nicht für alle Asylsuchenden. Unter ihnen gibt es auch gut Qualifizierte, deren Integration sich allerdings zum Teil durch anfangs fehlende Sprachkenntnisse und Probleme bei der Anerkennung von im Ausland erworbenen Qualifikationen verzögert.
- Unter Asyl- und Schutzberechtigten in Österreich haben afghanische und syrische Männer über dem Schnitt aller Flüchtlinge liegende Erwerbsquoten, während Frauen afghanischer und syrischer Herkunft viel seltener erwerbstätig werden. Besonders niedrig sind die Erwerbsquoten tschetschenischer Flüchtlinge – bei Frauen wie bei Männern (Kernbeiss et al., 2019; Endel et al., 2022).

- Hinzu kommt, dass ein Teil der Asylsuchenden aus Ländern oder Regionen kommt, in denen es weder politische Verfolgung noch gewaltsame Auseinandersetzungen gibt. Da viele Herkunftsländer ihre irregulär ausgewanderten Staatsangehörigen nicht oder nur sehr zögerlich zurücknehmen, gibt es eine wachsende Zahl von Personen, die ohne Schutzstatus in einer rechtlichen Grauzone leben, weil sie nicht abgeschoben werden können.

- Familienbezogene Wanderung ist in normalen Jahren (Ausnahme: 2015, 2016, 2022) der wichtigste »Kanal« ausländischer Zuwanderung aus nicht zur EU gehörenden Staaten. Sie leitet sich aus dem Grundrecht auf Familienleben ab. Arbeitsmarktrelevante Qualifikationen spielen dabei jedenfalls keine Rolle. Zum kleineren Teil geht es um klassische Familienzusammenführungen. Dabei holen in der EU lebende Personen mit verfestigtem Aufenthaltsstatus ihre im Ausland lebenden Ehepartner sowie ihre minderjährigen Kinder nach.

- Dies bedeutet, dass die Zuerkennung des Flüchtlingsstatus an Asylsuchende mit kleiner zeitlicher Verzögerung mehr Familiennachzug bewirkt. Davon machten ab dem Jahr 2016 vor allem anerkannte Flüchtlinge Gebrauch, die in jüngerer Zeit nach Europa kamen: Nachgeholt wurden insbesondere afghanische, irakische und syrische Angehörige.

- Häufiger als die klassische Familienzusammenführung ist die Heiratsmigration.[40] Dabei schließen EU-Bürgerinnen und Bürger sowie ausländische Staatsangehörige mit Daueraufenthaltsstatus eine Ehe Partnerinnen beziehungsweise Partner aus dem Ausland und bringen diese dann in den EU/EFTA-Staat mit, in dem sie leben (Charsley, 2012; Mohn, 2019). Dabei handelt es sich überwiegend nicht um

Urlaubsbekanntschaften oder um Kontakte, die über Partnerbörsen im Internet vermittelt wurden. Viel häufiger handelt es sich um Ehen, bei denen in den EU-Staaten geborene und aufgewachsene junge Erwachsene mit Migrationshintergrund mit Partnerinnen und Partnern aus der Herkunftsregion oder der erweiterten Herkunftsfamilie von Eltern und Großeltern verheiratet werden (Carol et al., 2014; Lievens, 1999; Shawn, 2006; EIGE, 2016).

- Die Folgen sind offensichtlich: Zuwanderung durch Heirat, durch Familiennachzug oder nach einem Asylantrag führt seltener zu einer geregelten Erwerbstätigkeit. Erst nach einer Aufenthaltsdauer von 15 bis 20 Jahren erreichen durch Heirat oder Familiennachzug nach Europa geholte oder über ein Asylverfahren eingewanderte Personen ähnlich hohe Erwerbsquoten wie die Einheimischen (European Commission, 2016b; Endel et al., 2022; Eurostat, 2021; European Commission, o. J.). Diese verzögerte Integration in den Arbeitsmarkt hat nicht nur mit fehlenden Sprachkenntnissen und mangelnden beruflichen Qualifikationen zu tun. Für einen Teil der nachziehenden Ehepartner ist Erwerbsarbeit im Zielland kein zentrales Motiv für die Zuwanderung. Aber es gibt auch nicht wenige Fälle, in denen die nachholende Familie keine Erwerbsaufnahme wünscht. Dies gilt insbesondere für einen Teil der nach der Heirat einreisenden oder später nachgeholten Ehefrauen, sofern familiäre Aufgaben, Haushaltsführung und Kinderbetreuung deren Rollenverständnis dominieren (Brekke, 2013). Kinder, die in solchen Familien aufwachsen, lernen vielfach zuerst die Herkunftssprache des nachziehenden Ehepartners und nicht die des Landes, in dem sie leben.

Zuwanderung und demographische Entwicklung

Aus demographischer Sicht markierten die Jahre 2012/13 einen Wendepunkt. Erstmals seit Ende des Zweiten Weltkriegs starben damals in den Staaten der EU in Summe mehr Menschen, als hier Kinder zur Welt kamen. Seither wächst die Lücke zwischen langsam schrumpfender, geringerer Geburtenzahl und einer wachsenden Zahl von Sterbefällen.

2020 verstarben in der EU 5,2 Millionen Menschen. Im selben Jahr kamen nur 4,1 Millionen Kinder zur Welt. Die Differenz betrug 1,1 Millionen Personen (Eurostat, 2020; Eurostatm 2022). 2021 lag die Zahl der Geburten gleich hoch (4,1 Mio.), während die Zahl der Todesfälle auf 5,3 Millionen stieg (Differenz 1,2 Mio.). Diese Differenz wird in den kommenden Jahren noch beträchtlich wachsen, weil durch die Alterung der Babyboom-Generation immer mehr Menschen ins Sterbealter kommen. Gleichzeitig wird die Zahl der in den Ländern der EU neugeborenen Kinder weiter sinken.

Zugleich verlassen mehr Menschen den Arbeitsmarkt in Richtung Rente/Pension, als aus den Bildungssystemen der EU-Staaten neu in den Arbeitsmarkt eintreten. Hier spielen die Pensionierung der Babyboom-Generation und das im Schnitt zu niedrige Pensionsantrittsalter eine große Rolle. Arbeitskräftemangel und unbesetzte Stellen sind die Folge, obwohl es dafür je nach Region und Branche auch andere Gründe gibt.

In einigen Ländern und Regionen Europas ist diese Entwicklung schon länger zu beobachten. Die Wohnbevölkerung und das Potenzial an einheimischen Arbeitskräften schrumpfen schon seit Jahrzehnten: zum Beispiel im Baltikum, in Polen, in Ungarn, in Rumänien und Bulgarien, aber auch im Norden Frankreichs, in weiten Teilen Griechenlands, in Süditalien und in Zentralspanien (European Commission, o. J.).

Nun gilt die Diagnose für die EU als Ganzes. Im Corona-Jahr 2020 sank erstmals die Gesamtbevölkerung aller EU-Staaten; (Eurostat, 2022h), weil die durch COVID-19-Restriktionen verringerte Zuwanderung und der dadurch kleinere Wanderungssaldo (Zuwanderung minus Abwanderung) die Lücke zwischen Geburten und Todesfällen (-1,1 Mio.) nicht vollständig kompensierte. Auch 2021 nahm die Bevölkerung der EU in kleinem Umfang ab (-0,2 Mio.), weil der Wanderungssaldo jene Lücke (2021: -1,2 Mio.) ebenfalls nicht voll kompensierte. Im Gegensatz dazu gab es 2022 durch die starke Zuwanderung ukrainischer Flüchtlinge sowie durch eine gegenüber 2020 und 2021 deutlich gewachsene Zahl an Asylsuchenden einen beträchtlichen Bevölkerungszuwachs. Erstmals war die Zahl der neu Zugewanderten eines Jahres in der EU in Summe größer als die Zahl der Geburten desselben Jahres.

Europäische Migrationspolitik?

Wie es weitergeht, hängt ganz wesentlich von Ausmaß und Struktur der zukünftigen Zuwanderung ab. Denn die entscheidet im Europa des 21. Jahrhunderts über demografisches Wachstum oder Schrumpfung. Es ist allerdings aus ökonomischer Perspektive weder nötig noch sinnvoll, die »demografische Lücke« zwischen Geburten und Todesfällen umstandslos durch Zuwanderung zu schließen.

Europa muss nicht »bevölkert« werden, sondern braucht in einigen Branchen und Regionen schon kurzfristig Zuwanderinnen und Zuwanderer mit spezifischer Qualifikation, mittel- und langfristig aber generell zusätzliche Arbeitskräfte, insbesondere Fachkräfte und Talente, die Güter produzieren oder Dienstleistungen erbringen, Steuern zahlen und Beiträge zur Sozialversicherung leisten: vom Koch bis zur Physiotherapeutin, vom IT-Techniker bis zur Finanzanalystin.

Das gegenwärtige Übergewicht an Zuwanderung durch Heirat, Familienzusammenführung und Asyl bietet dafür keine Garantie. Im Gegenteil: Weder bei Flüchtlingen noch bei zukünftigen Ehepartnern ist die Qualifikation für das Aufenthaltsrecht entscheidend. Allerdings gibt es auch unter Asylsuchenden sowie unter abgelehnten Personen einen gewissen Anteil qualifizierter Erwachsener, bei denen ein »Spurwechsel« heraus aus dem Asylverfahren oder heraus aus dem Status der temporären Duldung sinnvoll sein kann.[41] Und es gibt begabte Jugendliche ohne Asylanspruch, denen ein Zugang zu weiterführender Bildung oder zu einer Berufsausbildung im dualen System ermöglicht werden könnte. Jene, die einen solchen Zugang ablehnen, weisen darauf hin, dass die Aussicht auf einen »Spurwechsel« in der Praxis zusätzliche Anreize schaffen könnte, irregulär in die EU einzureisen.

In der globalen Konkurrenz um mobile Talente müssen sich die EU-Staaten besser aufstellen. Attraktiv wäre daher eine Regelung, die es gut qualifizierten ausländischen Arbeitskräften ermöglicht, bei Einwanderung in einen EU-Staat die Zusicherung für einen längeren Aufenthalt sowie Zugang zu den Arbeitsmärkten anderer EU-Staaten zu bekommen. Dazu müssten erstmals ausgestellte Arbeitserlaubnisse länger als ein Jahr gelten. Und alle EU-Staaten müssten akzeptieren, dass eine von einem Land ausgestellte EU-Blue-Card europaweit als Arbeitserlaubnis gilt. Das Problem dabei ist allerdings, dass attraktivere EU-Länder mit höherem Lohnniveau, besserer Lebensqualität und/oder niedrigeren Steuersätzen davon wohl überproportional profitieren würden. Denn viele, die von Lettland, Ungarn oder Bulgarien eine Blue-Card ausgestellt bekämen, wären wohl bald in Westeuropa berufstätig.

Im Kleinen sieht man dies heute schon. Seit etlichen Jahren wirbt Polen in großer Zahl ukrainische Arbeitskräfte an. Damit hatten sie legalen Zugang zum polnischen Arbeitsmarkt. Doch tatsächlich arbeiteten Zehntausende von ihnen irregulär in Deutschland, Frankreich und den Benelux-Staaten. Hätten sie dort mit ihrer polnischen Arbeitserlaubnis auch legale Beschäftigungsmöglichkeiten, wäre die Zahl derer, die aus Polen weiterwandern, wohl noch um ein Vielfaches größer.

Das Dilemma dabei ist: Ohne EU-weit geltende Blue Card (die zurzeit noch nicht existiert) gibt es weniger gute Gründe, damit sich gut Qualifizierte eher für Europa als für Australien, Kanada oder die USA entscheiden. Mit einer solchen EU-weit gültigen Blue Card gäbe es hingegen weniger gute Gründe, nach der Zuwanderung im Baltikum oder in Ostmitteleuropa zu bleiben. Denn bislang gelten neu ausgestellte Aufenthalts- und Arbeitserlaubnisse jeweils nur für das Land, das sie erteilt. Der Versuch, die EU als ganze durch solche Maßnahmen als Wanderungsziel für talentierte und gut ausgebildete Personen attraktiver zu machen, vergrößert bereits bestehende Unterschiede zwischen EU-Ländern und Regionen. Denn beim Wettlauf um die besten »Köpfe« (auf den sich etliche Teile Europas noch gar nicht eingelassen haben), sind die Länder und Regionen Europas nicht Kooperationspartner, sondern Konkurrenten.

Ähnliches gilt für die Möglichkeit der Einbürgerung und damit für den Zugang zur Unionsbürgerschaft. Auch da müssten sich die Staaten Europas wahrscheinlich etwas überlegen, wenn sie auf Dauer attraktiv bleiben wollen. Denn in klassischen Einwanderungsländern in Übersee bekommt ein Teil der legal zugewanderten Personen sofort eine lebenslang gültige Dauer-Aufenthaltsgenehmigung. Und eine Einbürgerung ist bereits nach drei bis fünf Jahren möglich. Fast überall in Europa sind die entsprechenden Regelungen restriktiver.

Fazit

Wir brauchen in den kommenden zehn Jahren wohl etwas mehr Zuwanderung als im Schnitt der letzten 15 Jahren. Zwei Millionen Personen pro Jahr wären für die Staaten der EU aus demografischer Sicht nur dann völlig ausreichend, falls sowohl die Zahl der Rückwanderungen als auch die Zahl der auf Dauer auswandernden Europäerinnen und Europäer geringer würden.

Das größere Problem ist, dass sich die Art von Zuwanderung, die wir bräuchten, recht deutlich von der Struktur der Zuwanderung der letzten Jahre unterscheidet. Zum einen bleiben etliche, die wir aus ökonomischen Gründen brauchen könnten, nicht für längere Zeit in der EU. Zum anderen kamen in jüngerer Zeit aus Ländern außerhalb der EU in größerer Zahl Personen in die EU, deren berufliche Qualifikationen nicht den Erfordernissen des österreichischen, des deutschen oder des französischen Arbeitsmarkts entsprechen. Eine wachsende Minderheit verfügt über keine ausreichenden oder über gar keine Lese- und Schreibkenntnisse in der eigenen Muttersprache sowie über bloß geringe Rechenkenntnisse (ÖIF, o. J.).

Zugleich benötigen wir mehr gesellschaftliche Akzeptanz für ökonomisch motivierte Zuwanderung. Beste Voraussetzung dafür wäre, dass vor allem Personen zu uns kommen, die möglichst vom ersten Tag an arbeiten können, arbeiten wollen und (soweit sie über einen entsprechenden Aufenthaltstitel verfügen) auch arbeiten dürfen; also Personen, die produktiv tätig sind, sich selbst erhalten können, Beiträge zur Sozialversicherung leisten und Steuern zahlen. Dafür brauchen wir sowohl eine gezieltere Auswahl als auch weniger bürokratische Hürden für jene, die wir aus ökonomischen Gründen zu uns holen und an Österreich binden wollen: Das geht von der Dauer des Aufenthaltstitels bis zur Anerkennung im Herkunftsland erworbener Qualifikationen.

Bei Personen, die ganz eindeutig Opfer von Krieg oder politischer Verfolgung sind, empfiehlt sich ein vereinfachter Arbeitsmarktzugang, wie dies im Fall der Flüchtlinge aus der Ukraine praktiziert wird. Bei Personen, die regulär Asyl beantragen, benötigen wir hingegen viel kürzere Verfahren, um rasch zu entscheiden, wer aus dieser Zuwanderergruppe bei uns bleiben darf und wer nicht. Deutlich kürzere Entscheidungen bedeuten nämlich auch, dass Personen mit Flüchtlingsstatus oder humanitärem Bleiberecht rascher beginnen können, sich ins Erwerbsleben zu integrieren und sich selbst zu erhalten. Wir müssen allerdings davon ausgehen, dass dies nicht bei allen Geflüchteten und deren Familienangehörigen gelingt. Zugleich muss uns klar sein: Das Problem, dass etliche Asylsuchende nicht schutzbedürftig sind, aber mangels Kooperation auch nicht ins Heimatland zurückgebracht werden können, lässt sich weder durch beschleunigte Asylverfahren noch durch vorgezogene Integrationsmaßnahmen lösen.

Zusammenfassend lässt sich sagen: Die demografische Zukunft Österreichs (Statistik Austria, o. J.) und anderer europäischer Länder (Europäische Kommission, 2021a) wird sehr stark vom Ausmaß der Zuwanderung abhängen. Nur durch Zuwanderung kann die Einwohnerzahl Europas stabil bleiben oder sogar noch etwas wachsen. Welchen Beitrag diese Zuwanderung zu Wirtschaftsleistung und Wettbewerbsfähigkeit leistet, hängt allerdings nicht ausschließlich von ihrer Größe, sondern vor allem von ihrer Struktur ab. Wenn wir das bestehende Angebot an Gütern und Dienstleistungen sowie unser Wohlstandsniveau aufrechterhalten wollen, müssen wir uns vor allem um die Zuwanderung von qualifizierten Erwachsenen bemühen, die sich rasch ökonomisch eingliedern lassen.

KERNBOTSCHAFTEN

- Im Schnitt wandern pro Jahr ca. **zwei Millionen Menschen aus Drittstaaten** in Länder der EU ein. 2015, 2016 und vor allem 2022 waren es deutlich mehr. In jedem dieser drei Jahre stellten jeweils **über eine Million Personen einen Asylantrag.** Zusätzlich wurde 2022 mehreren Millionen ukrainischer Staatsangehöriger außerhalb des Asylverfahrens temporärer Schutz gewährt.

- Zuwanderung aus Drittstaaten in ein EU-Land erfolgt überwiegend durch **Heirat, Familienzusammenführung oder über einen Asylantrag.** Nur etwa 25 Prozent der zuwandernden Personen aus Drittstaaten erhalten ihren Aufenthaltstitel aufgrund mitgebrachter Qualifikationen.

- In den meisten Staaten der EU gibt es mehr Sterbefälle als Geburten. Das Ausmaß zukünftiger **Zuwanderung entscheidet** daher im 21. Jahrhundert über **demografisches Wachstum oder Schrumpfung**.

- Welchen Beitrag diese Zuwanderung zu Wirtschaftsleistung und Wettbewerbsfähigkeit leistet, hängt allerdings nicht ausschließlich von ihrer Größe, sondern vor allem von ihrer Struktur ab. Europa benötigt vor allem **qualifizierte Zuwanderinnen und Zuwanderer.**

- In der globalen **Konkurrenz um mobile Talente** müssen sich die EU-Staaten daher besser aufstellen. Dafür braucht es sowohl eine **gezieltere Auswahl** als auch **weniger Hürden bei der Integration in den Arbeitsmarkt.**

- Bei Personen, die eindeutig Opfer von Krieg oder politischer Verfolgung sind, empfiehlt sich ein **vereinfachter Arbeitsmarktzugang,** wie dies im Fall der Flüchtlinge aus der Ukraine praktiziert wird.

FLUCHT UND RECHT: VON AFGHANISTAN BIS UKRAINE

MMag. Dr. Ralph Janik, LL.M.

In Österreich dominiert migrationskritische Rhetorik. Die Pro-Kopf-Rate bei der Aufnahme und Anerkennung von Flüchtlingen liegt aber nach wie vor im Spitzenfeld der EU. Warum Asylwerber aus Afghanistan weiter dominieren werden und wie diese nicht nur innerhalb der EU, sondern auch auf andere reichere Länder besser verteilt werden könnten.

Ralph Janik ist Universitätsassistent für Völkerrecht und Menschenrechte an der Sigmund Freud PrivatUniversität in Wien und als Völkerrechtsexperte in sozialen und klassischen Medien vielfach gefragt.

Flucht ist überall

Es gibt Situationen, in denen man Gespräche über Flucht weniger vermutet. In einem Gruppenchat mit ehemaligen StudienkollegInnen aus dem Auslandsstudium etwa. Wenn man plötzlich zaghaft einen ukrainischen Kollegen fragt, ob es ihm gut geht und ob man etwas für ihn tun kann. Sich jedes Mal, wenn man länger nichts von ihm hört, Sorgen macht. Und sich ärgert, dass man es nicht geschafft hat, einander bei einer spontanen Reise nach Kiew wenige Monate vor Russlands Angriffskrieg zu treffen. Es war zu kurzfristig, wir wollten uns »beim nächsten Mal dann« sehen. Wann das sein kann, bleibt während des Schreibens dieser Zeilen mehr als ungewiss.

Das Thema Flucht kann aber auch unerwartet im Rahmen einer Lehreinheit zur *Welthandelsorganisation* (WTO) aufkommen. Weil man über Afghanistan spricht, um ein bekanntes Beispiel für eines der »am wenigsten entwickelten Länder« (sogenannte least developed countries) im Sinne der Definition der Vereinten Nationen (konkret von der Konferenz für Handel und Entwicklung, kurz UNCTAD) zu nennen.

Was einen Studenten dazu veranlassen sollte, mit mir über die entsprechende Folie zu reden. Er stamme aus Afghanistan und finde es schade, dass sein Land einmal mehr, selbst bei einem Kurs zum Welthandelsrecht, in einem negativen Kontext erwähnt werde. Es entstand ein kurzes Gespräch darüber, was man sagen kann und soll, über Realität und Sensibilität, an das ich mich bis heute erinnern kann.

Einige Jahre später sollte ich in österreichischen Tageszeitungen von einem afghanischen Studenten der Betriebswirtschaftslehre lesen, dem kurz vor seinem Abschluss die Abschiebung in sein Herkunftsland drohte. Inmitten der Debatte, ob Österreich angesichts der bevorstehenden Taliban-Machtübernahme das überhaupt noch könne und dürfe, bekamen die Auswirkungen ein Gesicht: Es war besagter Student. Unsere Wege sollten sich noch einige Male kreuzen, bei einer Diskussionsveranstaltung oder einem zufälligen Zusammentreffen auf der Straße. Wie es ihm heute geht und wo er ist, weiß ich nicht.

Schlüsselland Afghanistan

Zwei Schicksale von vielen, die stark unterschiedlich behandelt werden. Sollte sich der Kollege aus der Ukraine für eine Flucht in die EU entscheiden, werden er und seine Familie keine mitunter langwierigen Asylverfahren durchlaufen müssen, um vorübergehend Schutz und auch Zugang zum Arbeitsmarkt zu bekommen. Abschiebungen sind für die Dauer des Krieges ohnehin undenkbar.

Bei Afghanistan gibt es wiederum weiterhin individuelle Überprüfungen – obwohl es neben Syrien schon lange das Haupt-Herkunftsland von Asylwerbenden in der EU ist. Gegen Ende 2021 haben AfghanInnen die Anträge von SyrerInnen sogar überholt, die Anerkennungsquote stieg auf neunzig Prozent (für das Gesamtjahr liegt sie bei 66 Prozent). Außerdem stellten sie die Hälfte aller unbegleiteten minderjährigen Flüchtlinge (euaa, 2021) dar.

Gleichzeitig stehen AfghanInnen an der Spitze der Drittstaatsangehörigen ohne regulären Aufenthaltstitel (Europäisches Parlament, 2021). Abschiebungen stellen die EU und ihre Mitglieder aufgrund der fehlenden staatlichen Strukturen in Afghanistan (siehe dazu den Fragile State Index 2021) seit jeher vor logistische und rechtliche Probleme. Die gemeinsame Erklärung zur Zusammenarbeit in Migrationsangelegenheiten – die unter anderem Abschiebungen erleichtern sollte – vom 26. April 2021 (Agence Europe, 2021) wurde durch die späteren Ereignisse vor Ort zu einem rechtsgeschichtlichen Dokument ohne Chancen auf Umsetzung. Auch die ältere Vereinbarung mit Afghanistan konnte die Rückführungsrate nicht nachhaltig steigern. Allgemein zeigen Rückführabkommen zwischen der Europäischen Union und den Herkunftsländern keine beziehungsweise allenfalls kurzfristig erhöhte Rückführungsraten (Stutz/Trauner, 2021).

Anerkennung der Taliban: Zwischen Recht und Fakten

Aus rechtlicher Sicht sind Vereinbarungen zwischen der EU und Afghanistan aus dreifacher Sicht heikel: So warfen die schnellen

Gebietsgewinne und die spätere Eroberung der Kontrolle über das gesamte Land durch die Taliban die Frage auf, wer (a) Afghanistan rechtlich verpflichten kann und (b) wie stabil derartige Vereinbarungen sind. Darüber hinaus blieb (c) offen, inwiefern es sich überhaupt um einen verbindlichen Vertrag oder eine bloße, primär politische Abmachung handelt.

Zur Beantwortung dieser Einwände hilft ein kurzer Ausflug in die Grundlagen des Völkerrechts: Zwar besteht an der Eigenschaft Afghanistans als Staat kein Zweifel, Staaten gehen auch durch Okkupation, verfassungswidrige Regierungswechsel oder einen Zusammenbruch der Zentralgewalt nicht unter. Verpflichtungen und Verträge gelten bei verfassungswidrigen Regierungs- und selbst Systemwechseln grundsätzlich weiter fort. Allerdings kann in derartigen Fällen die völkerrechtliche Handlungsfähigkeit fehlen, also die Vertretung durch eine nach innen – in Form des Gewaltmonopols – und nach außen – durch Unabhängigkeit von anderen Staaten – souveräne Regierung. Umgekehrt hat die Machtergreifung der Taliban gezeigt, dass aus effektiver Gebietskontrolle kein Anspruch auf Anerkennung im Sinne einer Aufnahme diplomatischer Beziehungen folgt. Es steht Regierungen grundsätzlich frei, ob sie mit anderen Regierungen zusammenarbeiten und wie. In Ausnahmefällen besteht die Möglichkeit, eine vertriebene (Exil-) Regierung ohne Präsenz vor Ort und folglich jedwede Effektivität weiter als einzige legitime Vertretung im rechtlichen Sinne anzusehen. Müßig zu sagen, dass die praktische Umsetzung von mit ihr geschlossenen Vereinbarungen scheitert, allenfalls können die effektiven (*de facto*) Machthaber und die legitime (*de iure*-) Vertretung zusammenarbeiten, um ein Mindestmaß an Handlungsfähigkeit sicherzustellen.

Die Taliban selbst sind trotz mehrfacher eindringlicher Aufforderungen, etwa im Rahmen des Antalya Diplomacy Forums im März 2022 (Aydogan, 2022), außenpolitisch bis auf Weiteres isoliert. Damit schließt sich ein völkerrechtlicher Kreis: Auch während ihrer früheren (*de facto*-)Regierungszeit von 1996-2001 unterhielten lediglich drei Staaten diplomatische Beziehungen mit ihnen. Gegenwärtig besteht eine diplomatische Pattsituation, in der Anspruch und tatsächliche Herrschaftsgewalt auseinanderdriften. So hat sich die personelle Zusammensetzung der afghanischen Vertretung in Wien auch nach der Machtübernahme durch die Taliban nicht geändert, ebenso stellt die Botschaft weiter Visa aus und vertritt die Anliegen Afghanistans beziehungsweise afghanischer Staatsangehöriger. Gleichzeitig könnte sie bei Abschiebungen rein faktisch nicht mit den österreichischen Behörden zusammenarbeiten, womit auch eine weitere Einbestellung der Botschafterin – wie im Sommer 2021 geschehen – sinnlos wäre.

Die Frage nach dem Umgang mit den Taliban vor Ort stellt sich damit primär bei der Lieferung von Hilfsgütern und Nahrungsmitteln. Dabei spielen Einrichtungen wie das World Food Programme und Nicht-Regierungsorganisationen eine Schlüsselrolle. Sie können direkte Unterstützung leisten, wodurch eine Zusammenarbeit mit den Taliban – die sie lediglich gewähren lassen und gegebenenfalls für ihre Sicherheit sorgen sollten – umgangen werden kann.

Abschiebungen und Menschenrechte

Seit September 2021 sind Abschiebungen nach Afghanistan faktisch ausgesetzt. Allfällige Gedankenspiele, diese wieder aufzunehmen, sind bloß politische Fiktion. So hat sich die Alternative für Deutschland (AfD) für eine Anerkennung der Taliban ausgesprochen, um Abschiebungen durchführen zu können (Spiegel, 2021). Eine derartige Zusammenarbeit mag in der völkerrechtlichen Theorie grundsätzlich möglich sein (Clemens/Schmidt-Radefelt, 2022), politisch ist jedoch aufgrund der Zusammensetzung der Taliban-Regierung – die teils aus gesuchten Terroristen und ehemaligen Insassen des Gefangenenlagers in Guantanomo besteht – höchst unrealistisch. So handelt es sich beim afghanischen »Amtskollegen« des österreichischen Innenministers um einen vom FBI aufgrund eines Anschlags auf ein Hotel in Kabul im Jahr 2008 und eines versuchten Mordanschlags auf den ehemaligen Präsidenten Hamid Karzai gesuchten Terroristen (FBI). Es gibt auf afghanischer Seite also niemanden, mit dem das österreichische, deutsche oder irgendein anderes europäisches Innenministerium zusammenarbeiten könnte. Ungeachtet der Rhetorik, die »Taliban an ihren Taten messen« zu wollen – die im Übrigen vielfach missverstanden wird, wurde diese Wortformel doch als Reaktion auf Taliban-Ankündigungen bezüglich kleiner Zugeständnisse gewählt – zeigen sich gegenwärtig keinerlei Anzeichen, dass die EU und die USA von ihrer gemeinsamen Isolationspolitik abweichen. Davon abgesehen bestünde angesichts ihrer radikalislamistischen Grundhaltung, die sich an willkürlichen Verfahren und Bestrafungen wie der Steinigung zeigt, selbst im hochtheoretischen Szenario einer Anerkennung ein ernsthaftes Risiko einer Verletzung von Artikel 3 der Europäischen Menschenrechtskonvention (EMRK).

So sind Abschiebungen aufgrund der lange etablierten Spruchpraxis des Europäischen Gerichtshofs für Menschenrechte (EGMR) im Hinblick auf Artikel 3 EMRK zufolge untersagt, wenn den Betroffenen im Zielland Folter oder unmenschliche und erniedrigende Behandlung ernsthaft drohen. Diese Verpflichtung gilt absolut, also sowohl während eines Ausnahmezustands als auch für potenzielle und tatsächliche Intensiv-Straftäter. Entscheidend ist einzig die Situation vor Ort.

Daher waren Abschiebungen bereits unter den früheren Regierungen hochproblematisch: Afghanistan gehörte auch in den Vorjahren stets zu den weltweit gefährlichsten und instabilsten Ländern (siehe dazu die Fragile-States-Index-Berichte der Jahre 2015-2020 oder auch den Global Peace Index, bei dem es den 163. und damit letzten Platz belegt hatte). Das von der EU und zahlreichen Regierungen ihrer Mitgliedstaaten vorgebrachte Argument der Möglichkeit einer »innerstaatlichen Fluchtalternative«, also der ausreichenden Sicherheit in einzelnen Regionen, ist menschenrechtlich allgemein (Ní Ghráinne, 2021) und insbesondere in Bezug auf Afghanistan seit jeher höchst umstritten. Darüber hinaus zeigen die unterschiedlich hohen Asylanerkennungsquoten[42] von afghanischen Staatsangehörigen in der EU einen »race to the bottom« (NOAS, 2018), also einen asylbehördlichen Wettbewerb nach unten. Die damit einhergehenden Anreize für Flüchtlinge, gewisse »abschiebungsfreudige« Länder, in denen sie kaum Chancen auf einen positiven Ausgang des Asylverfahrens hätten, zu meiden, sind allerdings nur von kurzfristiger Natur: So ging die Zahl afghanischer AsylwerberInnen in Österreich unter Innenminister Herbert Kickl (FPÖ) in der Tat zurück, um jedoch später durch Dublin-Überstellungen aus Frankreich – wohin sich viele afghanische Staatsangehörige begeben haben, um einer Abschiebung zu entgehen – wieder anzusteigen (Nehammer, 2021a).

Humanitärer Imperialismus?

Der Europäischen Union sind folglich die rechtlichen und diplomatischen Hände gebunden. Alternative Handlungsoptionen bestehen bloß in der Theorie: Sie müsste im Rahmen einer Militäroperation die Taliban stürzen und im Rahmen einer Friedensmission die Menschenrechtsstandards vor Ort anheben und gewährleisten, dass den Anforderungen von Artikel 3 EMRK Genüge getan wird. Das ist nicht per se denkunmöglich: Die Europäische Union betreibt mehrere Missionen zwecks »State Buildings«, also zwecks des Aufbaus funktionierender (rechts)staatlicher Strukturen, darunter bekannte Beispiele wie EULEX im Kosovo oder Operation Althea in Bosnien und Herzegowina. Hier besteht auch eine migrationspolitische Komponente, die EU-Grundrechteagentur hat beide Länder in einer Stellungnahme aus 2016 zu einer möglichen EU-weiten Liste sicherer Herkunftsstaaten ausdrücklich genannt (FRA, 2016: 8), sie befinden sich auch auf den einzelstaatlichen Listen sicherer Herkunftsstaaten von Ländern wie Österreich (BFA, 2019) oder Deutschland (BAMF, 2019).

Im Falle Afghanistans bestehen freilich weder der politische Wille noch die militärischen Kapazitäten, um die Taliban ohne die USA – die sich bekanntlich erst im September 2021 vollständig zurückgezogen hatten – zu stürzen und eine potenziell Jahrzehnte andauernde und personell wie finanziell enorm kostenintensive Mission zu unterhalten.

(Über-)Regionale Verteilung

Afghanistan wird damit bis auf Weiteres zu den Haupt-Herkunftsländern von Flüchtlingen in der Europäischen Union gehören. Davon ist ein Land wie Österreich, das überproportional viele AfghanInnen aufgenommen hat und mittlerweile eine der weltweit größten Diaspora-Communities beherbergt, stark betroffen. Auch die bereits seit geraumer Zeit hohe Anerkennungsquote wird aufgrund der veränderten politischen Lage weiter ansteigen und auf einem konstant hohen Niveau bleiben. Die Europäische Union kann und sollte daher versuchen, afghanische Flüchtlinge verstärkt in den Nachbarländern Afghanistans und anderen Staaten in der Region unterzubringen.

Allerdings birgt dieser Ansatz seinerseits enorme Probleme und Gefahren: Zum einen hat der 2015 mit der Türkei geschlossene Flüchtlingsdeal gezeigt, dass vermeintlich verlässliche Partner nicht davor zurückschrecken, Flüchtlinge in Verhandlungen als »menschliche Pokerchips« einzusetzen. Die migrationspolitische Abhängigkeit der Europäischen Union von der Türkei hat beispielsweise ihren Handlungsspielraum nach den zahlreichen Menschenrechtsverletzungen infolge des gescheiterten Putschversuchs 2016 stark eingeschränkt. Umgekehrt hat die Türkei zu Beginn des Jahres 2020 die Europäische Union durch den Transport von AsylwerberInnen an die griechische Außengrenze aktiv unter Druck gesetzt, um höhere Zahlungen zu erzwingen. Die langfristige Beurteilung des EU-Türkei-Deals fällt dementsprechend gemischt aus: nicht vollends gescheitert, aber gewiss keine Erfolgsgeschichte (Kirişci, 2021).

Davon abgesehen bleibt das Risiko regionaler Destabilisierung: So kursierte anlässlich der Instrumentalisierung von AsylwerberInnen durch die belarussische Regierung an der Grenze zur EU im Herbst 2021 der Vorschlag, die Betroffenen nicht in der Europäischen Union, sondern in Nachbarländern wie der Ukraine aufzunehmen (Knaus, 2021). Angesichts des russischen Angriffskrieges wäre das migrationspolitische Dilemma im Umgang mit dem Druck aus Belarus letztlich nicht behoben, sondern lediglich verschoben worden. Die Auslagerung der Flüchtlingsaufnahme hängt von der politischen Lage in den Partnerländern ab, die dadurch ihrerseits destabilisiert werden können (Binder/Dzihic/Stachowitsch, 2018). Wie die ablehnende Haltung potenzieller – und ihrerseits mit Problemen im Inneren kämpfender – Gaststaaten für sogenannte Anlandeplattformen gezeigt hat, stoßen die EU-internen und -externen Möglichkeiten, derartige Partnerschaften mit finanziellen und anderen Anreizen einzuleiten, allein deswegen an ihre Grenzen.

Die Europäische Union sollte sich dementsprechend bemühen, die Verteilung von afghanischen Flüchtlingen nicht nur innerhalb ihrer Mitgliedstaaten, sondern auch auf andere – reichere – Länder zu erwirken. Dabei können schon simple Gegenüberstellungen Bewusstsein schaffen: So haben die USA nach ihrem Truppenabzug zwar rund 65.000 AfghanInnen evakuiert und aufgenommen (The Conversation, 2022). Diese vermeintlich hohe Zahl muss allerdings in Kontext gesetzt werden: Im Fiskaljahr 2019 haben lediglich 10.140 AfghanInnen eine Aufenthaltsbewilligung bekommen, zwischen Oktober 2020 und Juli wurden lediglich 4.500 AfghanInnen zusätzlich über ein spezielles »Special Immigrant Visa for Afghans«, kurz SIV, aufgenommen (MPI, 2021). Zum Vergleich: Im ungleich kleineren Österreich wurden 2021 8.739 Asylanträge von Afghaninnen gestellt (BMI, 2022a).

Fluchtland Ukraine

Mit Russlands völkerrechtswidrigem Angriffskrieg gegen die Ukraine kam zu den jahrelang bestehenden Haupt-Herkunftsländern ein weiteres, neues und unerwartetes hinzu. Wie oben angemerkt, hätte die Ukraine eigentlich als regionaler Partner bei der Bewältigung von Flucht und Migration eine wesentliche Rolle spielen können. Mit dem 24. Februar 2022 wurde allerdings ein Massen-Exodus in Gang gesetzt, wie es ihn in Europa in dieser Form seit Ende des Zweiten Weltkriegs nicht gegeben hatte. Die Europäische Union jedenfalls handelte umgehend und aktivierte zum ersten Mal in ihrer Geschichte die nach den Jugoslawienkriegen geschaffene Massenzustrom-Richtlinie. Damit bekommen Vertriebene aus der Ukraine – sowohl Staatsangehörige als auch dort anerkannte Flüchtlinge, andere Schutzberechtigte und Staatenlose, nicht aber Menschen mit sonstigen Aufenthaltstiteln – umgehend und ohne individualisierte Überprüfungen der Fluchtgründe vorübergehende Aufenthaltstitel, Zugang zum Arbeitsmarkt, Grundversorgung und Schulbildung für ihre Kinder (Rat der EU, 2022). Die langfristige Perspektive bleibt ungewiss. Fest steht jedenfalls, dass die Wahrscheinlichkeit einer Rückkehr mit Fortdauer des Krieges zunehmend abnimmt und der vorübergehende Schutz für viele mit einem dauerhaften Aufenthalt enden wird.

Hier zeigt sich ein merklicher Unterschied zum Umgang mit Afghanistan oder auch Syrien. So hatte der damalige Vizepräsident des Europäischen Parlaments Fabio Castaldo die Massenzustrom-Richtlinie bereits hier ins Spiel gebracht. Politisch bestand daran allerdings kein allzu großes Interesse. Außerdem besteht bei der Ukraine schon aufgrund der geographischen Lage keine Option zur Externalisierung des Fluchtmanagements – im Gegenteil, langfristig sollten die EU-Mitglieder einmal mehr einen vernünftigen Verteilungsschlüssel[43] finden, der die ukrainischen Nachbarstaaten, allen voran Polen, das sprunghaft zu einem der weltweit die meisten Flüchtlinge beherbergenden Länder geworden ist, zu entlasten. Polen und andere Visegrád-Staaten sprachen sich bislang allerdings konsequent gegen eine Aufteilung von Flüchtlingen innerhalb der EU aus, da sie dadurch mehr AsylwerberInnen hätten aufnehmen müssen. Die gegenwärtige Lage wird von den dortigen Regierungen dahingehend kommentiert, sich niemals gegen die Aufnahme von Flüchtlingen vor Ort beziehungsweise aus der Region ausgesprochen zu haben.

Ausblick

Österreich leistet aller migrationskritischen Rhetorik zum Trotz einen hohen Beitrag bei der Aufnahme von Flüchtlingen. Die Pro-Kopf-Rate von Anträgen liegt seit Langem jährlich im Spitzenfeld der Europäischen Union, selbiges gilt für die Anerkennungsquote (aufgrund des hohen Anteils von Flüchtlingen aus Afghanistan und Syrien). Spätestens in zweiter – und damit gerichtlicher – Instanz werden viele Asylanträge positiv beschieden.

Österreich würde von EU-weiten Quoten profitieren und hat daher ein fundamentales Interesse an einer derartigen und auch überregionalen Verteilung von Flüchtlingen. Bemühungen, Flucht und Migration nach Europa einzudämmen, waren bislang allerdings ebenso wenig von Erfolg gekrönt wie jene um Rückführungsabkommen. Verträge und sonstige Vereinbarungen haben keine nennenswerten Auswirkungen auf die effektive Zusammenarbeit bei Abschiebungen oder freiwilligen Rückkehren und sind insofern primär symbolischer Natur. Überhaupt steht die Frage im Raum, inwiefern die Externalisierungsstrategie Zukunft hat oder ob die EU-Mitgliedsländer nicht vielmehr das Faktum fortgesetzter und steigender Migration und Flucht offen akzeptieren und entsprechende – konstruktive – Schritte setzen sollten, etwa gezielte Fortbildung oder das frühere Öffnen des Arbeitsmarkts. Die demografischen Herausforderungen sind ebenso hinlänglich bekannt wie der Bedarf von Arbeitskräften in Schlüsselsektoren.

Zuletzt noch eine Warnung: Im Zuge der russischen Aggression ist schließlich ein Aufflammen weiterer Konfliktherde zu befürchten. Die Flucht von Menschen aus der Ukraine könnte daher als Anlass dienen, die Aktivierung der Massenzustrom-Richtlinie an eindeutige Kriterien, etwa die Anzahl von Asylanträgen aus einem bestimmten Land innerhalb eines gewissen Zeitraums, zu knüpfen. Daneben kann Österreich auf einer internationalen Ebene auch beziehungsweise gerade als neutrales Land viel tun: zum einen durch eine schon lange überfällige Erhöhung der teils grotesk-geringen österreichischen finanziellen Beiträge bei zentralen internationalen Institutionen wie dem Welternährungsprogramm, dem Hohen Flüchtlingskommissar der Vereinten Nationen oder auch der Weltgesundheitsorganisation (Janik, 2020). Zum anderen können und sollten Österreich und die EU weiterhin an Bemühungen teilnehmen, durch die Entsendung von SoldatInnen bei Friedensmissionen, um die weitere regionale Destabilisierung in Ländern aus der Region – allen voran Kosovo und Bosnien-Herzegowina – zu verhindern. Manchmal ist schon viel erreicht, wenn man die Lage nicht noch schlechter werden lässt.

FORDERUNGEN:

- Österreich sollte seine ablehnende Haltung gegenüber einer **EU-weiten Verteilung** überdenken, zumal es zu den Haupt-Zielländern von AsylwerberInnen gehört. Eine »Abschottung« scheint allein aufgrund der geographischen Lage Europas unrealistisch.
- Viele ukrainische Flüchtlinge werden auch nach Ende des Krieges in Österreich bleiben. Umso wichtiger ist es, das vermeintliche Provisorium ihres Schutzes zu überdenken und **Maßnahmen zur langfristigen Integration in den Arbeitsmarkt** zu ergreifen.
- Die **Massenzustrom-Richtlinie** hat sich bewährt. Umso wichtiger ist es, sie nicht nur an politische Rahmenbe-

dingungen, sondern an **eindeutige und objektiv nach-vollziehbare Kriterien** zu knüpfen.

- Österreich kann als neutrales Land eine entscheidende Rolle bei der regionalen Friedenssicherung spielen: Neben der Beibehaltung der Teilnahme an Friedenseinsätzen der Vereinten Nationen oder der Europäischen Union betrifft das auch die überfällige **Erhöhung der (geringen) finanziellen Beiträge bei internationalen Organisationen.**

TATENLOSES ZUSCHAUEN KOMMT TEUER

Dr. Dominik Heinrich und Dr. Arif Husain,
World Food Programme

2020 lebten weltweit drei von vier Vertriebenen in Ländern, die an ihre Heimatländer grenzen. Für Menschen auf der Flucht sind die Nachbarländer oftmals die erste Anlaufstelle. Ob Flüchtlinge dort eine nachhaltige Lebensgrundlage aufbauen können oder gezwungen sind, sich auf beschwerliche und gefährliche Weiterreisen zu begeben, hängt von der Unterstützung ab, die sie vor Ort erhalten. Humanitäre Hilfe für Menschen auf der Flucht zu leisten kostet. Diese Hilfe nicht zu leisten, ist jedoch mit weitaus höheren Kosten verbunden.

Dominik Heinrich arbeitet seit mehr als 25 Jahren für das UN World Food Programme (WFP). Er organisierte unter anderem die Nahrungshilfe während der größten Flüchtlingskrise im Libanon und ist nunmehr Direktor für Innovation. Arif Husain ist seit 20 Jahren für WFP tätig. Seine aktuellen Arbeitsschwerpunkte sind die globale Ernährungssicherheit und die Zusammenhänge zwischen Armut, Konflikten und Migration.

Als Repräsentant und Landesdirektor des Welternährungsprogramms der Vereinten Nationen im Libanon erlebte ich, Dominik Heinrich, hautnah die Auswirkungen des Syrienkonflikts, der zu Vertreibungen in die Nachbarländer führte, und die Folgen der Finanzierungslücken von 2015, sowohl für Flüchtlinge als auch für Libanesen.

Anhaltende Unruhen und Konflikte, die globale Klimakrise und die wirtschaftlichen Folgen der COVID-19-Pandemie machen unsere Welt zunehmend komplex und instabil – der Krieg in der Ukraine führt uns dies aktuell dramatisch vor Augen. Konflikte, extreme Wetterereignisse und wirtschaftliche Probleme stellen eine existenzielle Bedrohung für etliche Menschen dar. Humanitäre Bedürfnisse steigen und Menschen bleibt oft keine andere Wahl als aus ihrer Heimat zu fliehen.

Nach Schätzungen des Welternährungsprogramms der Vereinten Nationen (WFP) benötigen derzeit 349 Millionen Menschen weltweit dringende Ernährungshilfe. Die Zahl der Vertriebenen – zu denen Binnenvertriebene, Flüchtlinge, Asylsuchende und ins Ausland vertriebene Venezolaner gehören – hat sich in den letzten zehn Jahren fast verdreifacht. Mitte 2022 waren weltweit 106 Millionen Menschen auf der Flucht (UNHCR, 2022f).

Zahl der weltweit Vertriebenen zwischen 2010 und 2022

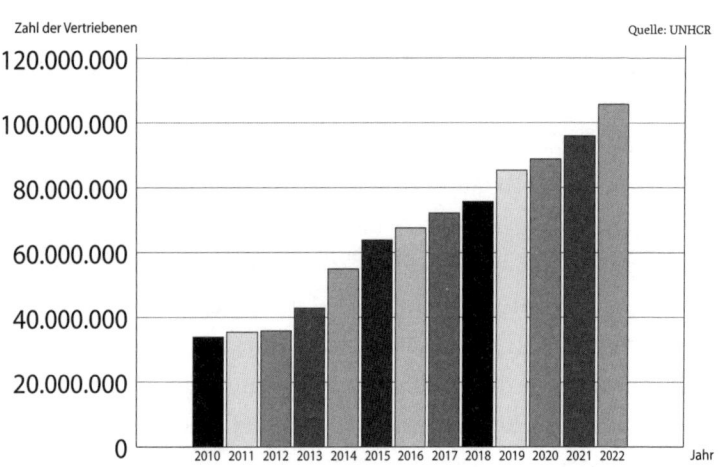

Zahl der Vertriebenen

Quelle: UNHCR

Die indirekten Vorteile der humanitären Hilfe

Humanitäre Hilfe verbessert das Leben von Flüchtlingen nicht nur kurzfristig, sondern kann auch einen längerfristigen Einfluss haben. WFPs Erfahrungen im Libanon machen dies deutlich. Dort ist jede fünfte Person ein Flüchtling oder vertrieben (UNHCR, 2021a) – der höchste relative Anteil weltweit. Ob Flüchtlinge jedoch dort, wo sie sich befinden, eine nachhaltige Lebensgrundlage aufbauen können oder gezwungen sind, sich auf beschwerliche Weiterreisen zu begeben und ihr Leben zu riskieren, hängt von der Unterstützung ab, die sie vor Ort erhalten.

Die positiven Effekte der humanitären Hilfe gehen über die direkte Hilfe für Flüchtlinge hinaus. Die Erfahrungen des WFP vor Ort zeigen, wie eine angemessene Unterstützung es gefährdeten Bevölkerungsgruppen und Flüchtlingen ermöglicht, ihre Lebensgrundlagen zu verbessern. WFP-Bargeldtransfers für Flüchtlinge sichern deren Grundbedürfnisse und stellen zugleich eine Finanzspritze für die lokale Wirtschaft dar. Kombiniert mit rechtlichen Strukturen und Schulungen für Kleinst-, kleine und mittlere Unternehmen verringert dies auch den Drang um Ressourcen oder Arbeitsplätze. Dies wiederum entschärft lokale Spannungen oder sogar gewalttätige Konflikte und trägt so zu mehr Stabilität bei.

Die finanziellen und politischen Kosten der Untätigkeit

Humanitäre Hilfe für Menschen auf der Flucht, wie beispielsweise die Bargeldtransfers des WFP für syrische Flüchtlinge im Libanon, ist mit Kosten verbunden. Diese Hilfe nicht zu leisten, ist jedoch mit entschieden höheren Kosten verbunden.

Aus der Sicht eines Geldgebers ist Unterstützung für gewaltsam Vertriebene anderswo in der Welt leicht mit zusätzlichen

Kosten gleichzusetzen. Die Kosten humanitärer Untätigkeit stellen jedoch die des Handelns weit in den Schatten – selbst wenn man alle moralischen Erwägungen beiseiteläset. In einer vernetzten Welt fallen für GeberInnen nicht nur die Kosten humanitärer Maßnahmen an, sondern auch Kosten bei Untätigkeit, welche in jedem Fall auch von den Menschen in Not bezahlt werden, im schlimmsten Fall mit ihrem Leben.

Für Menschen auf der Flucht sind die Nachbarländer oftmals der erste Ort, an dem sie versuchen Zuflucht zu finden. 2022 lebten weltweit mehr als zwei von drei Vertriebenen in Ländern, die an ihre Heimatländer grenzen. Mehr als die Hälfte von ihnen kam aus nur fünf Ländern – Syrien, Venezuela, Ukraine, Afghanistan und Südsudan – und neben Deutschland waren es die vier Nachbarländer Türkei, Kolumbien, Pakistan und Uganda, die die meisten Vertriebenen aufnahmen (UNHCR, 2022f).

Ohne ausreichende Unterstützung können Flüchtlinge keine Lebensgrundlage aufbauen. Ein Mangel an Hilfe – vor Ort, für Flüchtlinge und Binnenvertriebene – bewirkt oftmals, dass die Betroffenen erneut aufbrechen und in weiter entfernten Ländern Sicherheit suchen, wie dem globalen Norden (Erlanger/ de Freytas-Tamura, 2015; Lindborg, 2015). *Die Kosten humanitärer Untätigkeit sind grenzüberschreitend. Sobald Flüchtlinge an den Grenzen der Geberländer ankommen, beginnen diese buchstäblich, für ihre eigene Untätigkeit zu bezahlen.*

Während spätes Handeln einen immens hohen finanziellen Preis hat – für jeden US-Dollar, der für eine gewaltsam vertriebene Person in Entwicklungsländern ausgegeben wird, gehen siebzig US-Dollar an eine/n AsylbewerberIn in einem Geberland – gehen die Auswirkungen weit über das hinaus, was monetär gemessen werden kann. In den vergangenen Jahren haben traditionelle Geberländer mehr Hilfsgelder für Asylsuchende innerhalb ihres eigenen Landes aufgebracht als für humanitäre Hilfe insgesamt (OECD, 2021).

Beispielsweise beliefen sich Deutschlands Kosten für Flüchtlinge in den Jahren 2016 bis 2020 bundesweit auf 125 Milliarden US-Dollar. Dies beinhaltet zwar Mittel für die Bekämpfung von Fluchtursachen, allerdings wurden achtzig Milliarden US-Dollar für Sozialhilfe, Integration, die Unterstützung der Bundesländer und Kommunen und die Ankunft und Registrierung von Asylsuchenden verbucht (BMF, 2017, 2018, 2019, 2020). Diese Zahlen stehen im Vergleich zu nur 3,4 Milliarden US-Dollar, die 2015 für die UN-Nothilfe für Syrien und die Nachbarländer fehlten (Lattimer et al., 2016).

Der politische Preis für die Tatenlosigkeit ist ebenfalls hoch. Seit der Fluchtbewegung nach Europa im Jahr 2015 hat sich der politische Diskurs[44] gewendet und Parteien mit stark polarisierender Rhetorik gewinnen an Zuspruch Steinmayr (2021). Das Thema Migration hatte beispielsweise nachweislich Auswirkungen auf die knappe Entscheidung des Vereinigten Königreichs von Großbritannien, die Europäische Union zu verlassen (Outhwaite, 2018).

Gesellschaftliche Auswirkungen

Humanitäre Untätigkeit in Entwicklungsländern kann Geberländer auch beeinflussen, ohne dass Flüchtlinge aufgenommen werden müssen – etwa durch den Warenfluss. Afghanistan ist hierbei ein anschauliches Beispiel. Seit die Taliban im August letzten Jahres die Regierung übernommen haben, befindet sich das Land in einer humanitären Krise. Viele Afghanen stehen vor der Entscheidung, Mohn anzubauen, um ihre Lebensgrundlage zu sichern – anstelle von traditionellem Nahrungsmittelanbau. Opium benötigt eine geringere Bewässerung und aufgrund eines Schmuggler-Netzwerks bietet es mehr finanzielle Sicherheit bei geschlossenen Grenzen (Gibbons-Neff/Shah, 2021; Mansfield, 2021). Im Jahr 2022 stieg die Anbaufläche von Mohn bereits gegenüber dem Vorjahr um 32 Prozent, aufgrund einer Dürre war die Ernte allerdings geringer (UNODC, 2022). Da Afghanistan den Löwenanteil der globalen Opium-Produktion ausmacht – 83 Prozent von 2015 bis 2020 – und unter anderem den europäischen Markt bedient, könnte ein Drogenanstieg in den nächsten Jahren in Afghanistan auch europäische Gesellschaften beeinflussen (UNODC, 2021).

Eine verpasste Gelegenheit für Stabilität und Frieden

Jenseits der unmittelbaren finanziellen, politischen und gesellschaftlichen Kosten bedeutet humanitäre Tatenlosigkeit auch eine verpasste Gelegenheit, um die Grundlage für Stabilität und Frieden herzustellen, wie uns die Situation im Libanon lehrt. *Zunehmend mehr Studien weisen auf die positive Wirkung hin, die Flüchtlinge auf friedensbildende Maßnahmen haben, wenn Geberländer investieren und die nationale Gesetzgebung dies fördert* (Hammar, 2014; Milner, 2019; Purkey, 2019). Mit den richtigen Qualifikationen – Sprachunterricht, praktischer Ausbildung, beruflicher Weiterbildung und Friedenspädagogik – ist die Wahrscheinlichkeit höher, dass Flüchtlinge in ihre Heimatländer zurückkehren, sich dort leichter wieder integrieren und einen positiven Einfluss in Post-Konflikt-Situationen haben (Milner, 2009; Omata, 2013).

Ohne adäquate Unterstützung jedoch können langwierige Flüchtlingssituationen Instabilität verursachen (Loescher/Milner, 2005; Salehyan, 2018). Vertriebene Bevölkerungsgruppen bergen ein hohes Risiko zunehmender sozialer Spannungen, wie Konflikte um Land und begrenzte Ressourcen, und ein breiteres Risiko einer nationalen und regionalen Destabilisierung aufgrund von

Spill-Over-Konflikten (Lischer, 2017). In langwierigen Situationen ohne Aussicht auf Rückkehr, Neuansiedlung oder ein nachhaltiges Leben außerhalb eines Lagers können Flüchtlinge einem höheren Risiko ausgesetzt sein, von militanten und extremistischen Gruppen ins Ziel genommen und rekrutiert zu werden, was regionale oder sogar internationale Konflikte anheizt (Haer/ Hecker, 2018). In einigen Fällen kann dies sogar zum Bürgerkrieg beitragen, indem Netzwerke der Rebellen ausgebaut, Waffen- und Kombattantenströme erleichtert und der wirtschaftliche Wettstreit erhöht wird (Salehyan/Gleditsch, 2006).

Ein Mangel an angemessener finanzieller Hilfe für Vertriebene in der Nähe ihrer Heimat bedeutet nicht nur den Verlust einer Friedensdividende, sondern möglicherweise auch den einer finanziellen Rendite. Ökonomische Simulationen für Flüchtlingslager in Ruanda zeigen, dass ein zusätzlicher Flüchtling, der mit Bargeld in Höhe von 120-126 US-Dollar versorgt wird, das gesamte Realeinkommen in der Umgebung der Lager um 205-253 US-Dollar erhöht, das heißt bis zu 96 Prozent des durchschnittlichen Pro-Kopf-Einkommens in der Region (Taylor et al., 2016). Studien aus Tansania zeigen, dass wenn Flüchtlingslager lokale Investitionen stimulieren, positive Effekte weit über einen vorübergehenden Flüchtlingszustrom hinaus andauern können (Maystadt/Duranton, 2019). Unterdessen haben syrische Flüchtlinge im Nachbarland Türkei schätzungsweise 10.000 neue Unternehmen gegründet und 100.000 neue Arbeitsplätze geschaffen (Zobu Consulting, 2019).

Ausblick

Eine Zunahme an Flüchtlingsströmen in Zukunft scheint wahrscheinlich – der Krieg in der Ukraine führt uns dies aktuell dramatisch vor Augen. Die Zahl der Menschen, die in fragilen und von Konflikten betroffenen Situationen leben – eine der Hauptursachen für Vertreibung – ist von 2012 bis 2021 um mehr als 170 Millionen gestiegen und übertrifft damit kontinuierlich das globale Bevölkerungswachstum (World Bank, 2022). Der Klimawandel wiederum könnte bis 2050 216 Millionen Menschen dazu zwingen, innerhalb ihres eigenen Landes zu fliehen (Clement et al., 2021). Während die Auswirkungen signifikanter Temperaturanomalien und Dürren auf die Zahl der Asylanträge in der Europäischen Union Gegenstand einer anhaltenden Debatte ist, wird sich diese nach einigen Schätzungen bis zum Ende dieses Jahrhunderts unter einem Szenario mit starker Erderwärmung fast verdreifachen (Missirian/Schlenker, 2017; Schutte et al., 2021).

Gleichzeitig wird die Flucht tendenziell einfacher werden. Die Welt wird immer vernetzter, sowohl in Bezug auf Transitrouten als auch auf Technologie. Im Laufe von etwa 20 Jahren hat sich die Zahl der Mobilfunkverträge in Ländern mit niedrigem Einkommen um den Faktor 35 vervielfacht, von weniger als zwei im Jahr 2003 auf etwa 60 pro 100 Einwohner im Jahr 2020 (World Bank, 2022). Dies macht es für potenzielle Flüchtlinge und MigrantInnen einfacher, sich die notwendigen Informationen für ihre Reise zu beschaffen, und für Menschenschmuggler, ihre Netzwerke zu erweitern. Studien bestätigen weiterhin, dass die Nutzung sozialer Medien und des Internets Migration stark erleichtern (Jaspars/Buchanan-Smith, 2018; Kirwin/Anderson, 2018). Mit der Diaspora verbunden zu sein, ist eine weitere wichtige Variable in der Gleichung, die entscheidet, ob jemand bleiben oder gehen möchte (Hatton, 2020).

Die Analyse neuester Flüchtlingsdaten bestätigt, dass tendenziell weniger Menschen in den unmittelbar angrenzenden Ländern Zuflucht suchen, dass Menschen auf der Flucht längere Entfernungen als in der Vergangenheit zurücklegen und dass die durch einen Konflikt vertriebenen Menschen inzwischen über wesentlich mehr Aufnahmeländer verstreut sind als früher. *OECD-Länder beherbergen einen wachsenden Anteil und nehmen heute weltweit 15 Prozent der Flüchtlinge auf, verglichen mit fünf Prozent vor dreißig Jahren* (Devictor et al., 2021).

Mobilfunkverträge in Ländern mit niedrigem Einkommen

Anzahl der Mobilverträge
auf hundert Einwohner

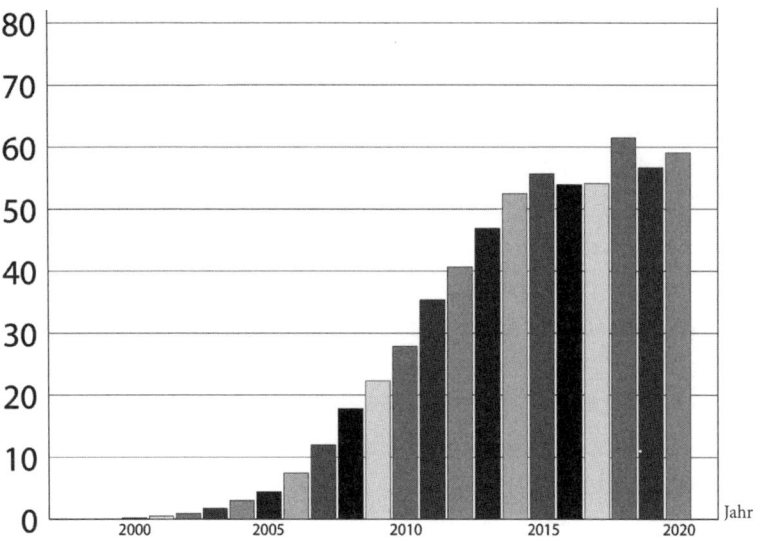

Quelle: World Development Indicators, 2022

Zusammenfassung

In einer vernetzten Welt, in der sich Menschen, Informationen und Güter problemlos um den Globus bewegen, werden die Kosten humanitärer Untätigkeit umverteilt. Eine unzureichende Unterstützung von zwangsvertriebenen Menschen im globalen Süden führt immer häufiger dazu, dass die Zahl der Asylsuchenden ansteigt –

mit massiven Auswirkungen. Dies geschieht nicht nur, wenn Menschen in extremer Armut fliehen, um zu überleben, sondern auch, wenn Stabilität bedroht ist. Eine passive humanitäre Politik bietet deshalb auch den Nährböden für zukünftige Abwanderungen. Während spätes Handeln einen immensen Preis mit sich bringt, gehen die Kosten der Untätigkeit, selbst wenn man die moralischen Konsequenzen außer Acht lässt, weit über das hinaus, was monetär gemessen werden kann. Ein großer Flüchtlingszustrom kann die Innenpolitik in Geberländern beeinflussen, und einen Wandel in Richtung politischer Extreme auslösen.

Da die Triebkräfte der Vertreibung zunehmen, scheint humanitäre Untätigkeit keine Option mehr zu sein. Ohne politische Schlagkraft und ohne Druck zur Beendigung von Konflikten sowie eine frühere und angemessenere Unterstützung von Vertriebenen in den Entwicklungsländern wird die europäische Flüchtlingskrise kaum ein Einzelfall bleiben.

Die gute Nachricht ist, dass die Entscheidung dazu, wie, wann und wo Hilfsgelder eingesetzt werden, weitgehend in der Hand der Geberländer liegt. Hilfsgelder können besser geografisch verteilt und früher gezahlt werden – all dies liegt oft im ureigenen Interesse des Geberlandes.

FORDERUNGEN:

- **Erhöhung der Summen,** die von Geberländern für humanitäre Unterstützung vorgesehen sind, da dies eine positive Wirkung auf friedensbildende Maßnahmen und Entschärfung lokaler Spannungen sowie geringeres Risiko der Radikalisierung hat.

- Dies würde einen geringeren finanziellen Aufwand als eine Aufnahme von Flüchtlingen im eigenen Land bedeuten.
- In weiterer Folge würden dadurch **Migrationsbewegungen nach Europa reduziert**, wodurch weniger Flüchtlinge zu versorgen wären.

VON DER FESTUNG EUROPA ZUM SCHWER BEWACHTEN HAUS

Dr.[in] *Judith Kohlenberger*

Mehr Geld und Hilfe für die Herkunftsländer, verstärkter Grenzschutz an den EU-Außengrenzen, solidarische Lastenverteilung zwischen den EU-Staaten bei der Aufnahme und dem Abschieben von Asylwerbern: Wie der EU-Asyl- und Migrationspakt 2020 einen Ausweg aus dem Asylkrisen-Narrativ weisen sollte, seine Umsetzung in der Praxis aber bisher scheiterte und wie der Neustart einer gemeinsamen EU-Flüchtlingspolitik gelingen könnte.

Judith Kohlenberger forscht und lehrt am Institut für Sozialpolitik der WU Wien zu Fluchtmigration, Integration und Zugehörigkeit. Neben ihrer wissenschaftlichen Tätigkeit ist sie Mitglied des Integrationsrats der Stadt Wien.

Als die EU-Kommission im September 2020 das lange angekündigte Paket für Migration und Asyl vorstellte, konnten die Kommissionspräsidentin von der Leyen und die zuständigen Kommissare ihren Enthusiasmus kaum verhehlen: Einen »Neustart« würde man schaffen und der Tatsache gerecht werden, dass Migration eben ein *fact of life* und Normalität sei. Für die Zielländer bedeute sie zwar Herausforderungen, aber auch zahlreiche Vorteile. Beides wolle man mittels eines »humanen« Ansatzes fair auf alle EU-Mitgliedstaaten verteilen.

Präsentiert wurde schlussendlich aber viel Altbekanntes und oft Diskutiertes in neuem Gewand, mit einem klaren Fokus auf Grenz- statt Menschenschutz. Ob sich damit eine gemeinsame europäische Linie in der Asylpolitik findet, bleibt fraglich, lässt das Paket doch einige wesentliche Aspekte offen. Nachstehend ein Versuch, diese Lücken human, zukunftsweisend und in Anbetracht kommender Herausforderungen für internationalen Schutz zu füllen.[45]

Von der Festung Europa zum schwer bewachten Haus

Doch beginnen wir mit den Inhalten des Paktes, die sich anhand einer mittlerweile geflügelten Metapher zusammenfassen lassen: der des dreistöckigen Hauses.

Der erste Stock, außerhalb Europas angesiedelt, beinhaltet Abkommen mit Herkunfts- und Transitländern, die Menschen durch das Schaffen besserer Lebensbedingungen davon abhalten sollen, ihre Heimat zu verlassen oder sich auf die Weiterreise zu begeben. Teil des Konzepts sind Investitionen vor Ort ebenso wie »Re-Integrationsmaßnahmen« bei Rückführungen. Mit welchen Ländern solche Abkommen geplant sind, konkretisiert der Vorschlag bis dato nicht. Indirekt soll durch Kooperationen dieser Art das Schlepperwesen weitestgehend unterbunden werden, ein erklärtes Ziel des Paktes.

Eine Aufstockung des Außengrenzschutzes und der Küstenwache in Form von Frontex stellt den zweiten Stock dar. Er beinhaltet neben Seenotrettung auch ein verpflichtendes Screening aller neuen Ankünfte über den Land- oder Seeweg. Darunter fällt Identitätsfeststellung durch das Fingerabdrucksystem EURODAC genauso wie Gesundheitsscreenings. Zusätzlich soll ein Fast-Track-Asylverfahren für all jene Staatsangehörigen eingeführt werden, deren Anerkennungschancen im europäischen Durchschnitt bei unter zwanzig Prozent liegen. In diesen Fällen soll innerhalb von zwölf Wochen über den Asylantrag entschieden werden. Unklar bleibt, an wen sich Antragstellende im Falle einer Ablehnung wenden können – denn dass es bei Vorverfahren zu übereilten, gebiasten Entscheidungen zu Ungunsten Schutzsuchender kommen kann, zeigt die bisherige Erfahrung: Die Anerkennungsquoten in Grenzverfahren sind bis zu fünfmal niedriger als bei regulären Asylverfahren am Festland (Rasche, 2020). Neben Zeitdruck trägt ein deutlich eingeschränkter Zugang zur Rechtsberatung zu dieser Schieflage bei.

Sollten Ankommende trotz dieser Hürden den dritten und letzten Stock des Hauses erreichen, so erwartet sie ein System »permanenter, effektiver Solidarität«. Mitgliedstaaten dürfen zwischen drei Varianten wählen: Aufnahme von Geflüchteten aus Erstaufnahmestaaten wie Malta, Griechenland und Italien, Übernahme einer sogenannten »Rückkehrpatenschaft« (im englischen Original *return sponsorship*) oder operative Hilfe für ebendiese Staaten in der Aufnahme, Versorgung und gegebenenfalls Rückführung von MigrantInnen. Sollte es zu einer ähnlichen Krise wie 2015 kommen, stehen aber nur die ersten beiden Optionen zur Disposition. Dass sich jeder Mitgliedstaat an der Lastenverteilung beteiligen muss, wird somit außer Frage gestellt.

Dennoch bleibt der konkrete Ablauf dieses Mechanismus in der Praxis unklar. Es ist zu befürchten, dass Mitgliedstaaten, die eine Rückkehrpatenschaft übernehmen, alles daran setzen werden, diese in den dafür vorgesehenen acht Monaten erfolgreich durchzuführen – mitunter auch mit menschenrechtswidrigen Mitteln. Gelingt die Abschiebung dennoch nicht, muss der Mitgliedstaat den Schutzsuchenden aufnehmen. Auch die Schaffung von Aufbewahrungslagern wird wie in Moria dadurch nicht unterbunden, im Gegenteil: Für die Dauer des Abschiebungsversuches bleibt der abgelehnte Antragstellende wohl aus Mangel an Alternativen in Erstaufnahmezentren untergebracht, weil er keinen Anspruch auf Verteilung aufs europäische Festland hat. Je nach Dauer und Erfolgsaussichten der Rückkehrpartnerschaften ist es somit vorstellbar, dass diese Zentren ob der schieren Anzahl der Ankommenden schnell wieder überfüllt sein werden und menschenwürdige Unterbringungsstandards nicht eingehalten werden können.

Diese drei grob skizzierten Stockwerke lassen bereits erahnen, dass die hehren Absichtsbekundungen der Kommission im deutlichen Kontrast zum Inhalt des Paktes stehen. Es vermittelt weiterhin das Bild von Migration als chronische Krise, die es zu managen, zu kontrollieren und zu bewältigen gilt (Haas, 2014). Der Fokus auf Management des Asylwesens schlägt sich auch in den mitunter sehr kreativen Begrifflichkeiten für die neuen Instrumente zur Grenzsicherung und Abschottung nieder. »Rückkehrpatenschaften«, »flexible Solidarität« und unterschiedliche Formen des »Sponsoring« sind nur einige so kreative wie zynische Wortschöpfungen. Die blumige Sprache verschleiert, was hinter den viel zitierten »Abschiebepartnerschaften« steht, nämlich die finanzielle wie tatsächliche Beteiligung an Deportationen. Es dürfte die (nachvollziehbare) Strategie der Kommission gewesen sein, durch minimale Verpflichtung und Konzentration auf rein logistische Aspekte die Konsensfindung unter den 27 Mitgliedstaaten, deren Positionen in Fragen von Einwanderung und humanitärer Aufnahme höchst unterschiedlich gelagert sind, zu erleichtern.

Tatsächlich schien aber selbst dieser bescheidene Versuch, den kleinsten gemeinsamen Nenner in der Migrationsfrage zu finden, bereits unmittelbar nach Vorstellung des Pakets gescheitert: Ungarn, Polen, die Slowakei und Tschechien lehnten die Vorschläge postwendend ab, Österreich äußerte sich schon vor der offiziellen Präsentation ablehnend gegenüber einem verpflichtenden

Verteilungsmechanismus. Solange dieser aber rechtlich nicht bindend ist, wird die angestrebte nachhaltige Entlastung der EU-Grenzstaaten rein vom humanitären Willen und Wohlwollen anderer Länder – allen voran der ›Koalition der Willigen‹ mit Deutschland und Frankreich an der Spitze – abhängen.

Nach mehr als zweijährigen Verhandlungen über das Paket muss ein ernüchterndes Resümee gezogen werden. Auf der einen Seite pochen Mitgliedstaaten mit Außengrenzen weiter auf Entlastung, während Binnenländer wie die Beneluxstaaten oder Schweden die Weiterreise von Geflüchteten begrenzen wollen. Und dann wäre da noch der dritte Block, unter anderem die Visegrád-Staaten, aber auch Österreich, die dem intendierten Umverteilungsmechanismus ablehnend gegenüberstehen, zugleich aber für eine Auslagerung der Asylverfahren an Drittstaaten eintreten. Der politische Verhandlungsprozess wird nicht zuletzt dadurch erschwert, dass alle Teile des Vorschlags als Paket verabschiedet werden sollen. Zwar wäre dies mit qualifizierter Mehrheit möglich, doch die Erfahrungen aus der Vergangenheit, nicht zuletzt aus dem Krisenjahr 2015, legen eine Einigung im Konsens nahe (Rasche et al., 2022), sodass sich keines der Mitgliedsländer übervorteilt fühlt.

Doch selbst im Fall einer (derzeit unwahrscheinlichen) Einigung bleibt fraglich, ob diese auch tatsächlich zu einer Verbesserung des europäischen Flüchtlingsschutzes und der Situation an den EU-Außengrenzen (Stichwort Pushbacks)[46] führen würde. Dabei könnten die in diesem Zusammenhang erkennbaren Leerstellen des Pakets rasch gefüllt werden, so sich die EU nur an menschen- und grundrechtlichen Verpflichtungen orientiere. Im Folgenden werden dazu vier konkrete Forderungen vorgestellt, die im EU-Migrationspaket bis dato nicht oder nur unzureichend enthalten sind, deren Umsetzung aber maßgeblich wäre, um Europa auf aktuelle wie zukünftige Herausforderungen durch globale Migrationsbewegungen vorzubereiten und die Positionierung des Pakets für internationalen Flüchtlingsschutz zu schärfen.

Ehrliche und nachhaltige Entlastung der EU-Mitgliedstaaten mit Außengrenzen

Erklärtes Ziel des Pakets ist es, das Gewicht der europäischen Asylpolitik fairer auf alle Mitgliedstaaten zu verteilen. Länder wie Italien, Griechenland und Spanien traten in den letzten Jahren immer wieder eindringlich für eine Umverteilung von Geflüchteten und in weiterer Folge eine Reform des Dublin-Systems ein. Durch das Modell der »flexiblen Solidarität« trägt das Migrationspaket diesem Wunsch aber nur teilweise Rechnung: Es besteht die reale Gefahr, dass aufnahmeskeptische Länder wie die Visegrád-Staaten vorrangig auf die Option der sogenannten »Abschiebepartnerschaften« ausweichen würden, also bei der Rückführung abgelehnter Asylwerbender mitwirken, anstatt Geflüchtete aufzunehmen. Erst im Fall eines akuten Ausnahmezustands ist dieser Solidaritätsmechanismus tatsächlich »verpflichtend«. Gleichzeitig müssen Außengrenzstaaten weiterhin das Gros des Grenzschutzes, von Screenings bis zu Asylvorverfahren, schultern.

Eine echte Entlastung müsste also einerseits klare Vorgaben und Ressourcen enthalten, um Erstaufnahme und Abschiebungen menschenrechtskonform zu gestalten. Das benötigt entsprechende Mittel und Kompetenzen, nicht zuletzt um den Rückstau von Schutzsuchenden zu verhindern, der derzeit in Griechenland und anderen Hotspots für katastrophale Zustände für Ankommende und Aufnahmeländer sorgt. Ebenso wäre die schon lang diskutierte Harmonisierung der Verfahren auf europäischer Ebene nun endlich zu konkretisieren.

Andererseits braucht es klare Instrumente, um Mitgliedstaaten, die sich auch nicht »flexibel solidarisch« beteiligen möchten, sanktionieren zu können. Eine faire Lastenverteilung kann nur durch eine wesentlich stärkere Einforderung, bis hin zur Verpflichtung der Beteiligung aller Mitgliedstaaten gelingen.

Bisher gelungen ist ein zeitlich begrenzter Minimalkonsens: 18 Mitgliedstaaten haben sich auf einen Solidaritätsmechanismus für ein Jahr lang verständigt, im Rahmen dessen 10.000 Schutzsuchende verteilt werden sollen (Rasche et al., 2022). Angesichts der 90.000 Menschen, die bis September 2022 über den Seeweg nach Europa gekommen sind (UNHCR, 2022g), ein bescheidener Erfolg – auch weil nur 13 der 18 Unterzeichner tatsächlich Geflüchtete aufnehmen wollen, der Rest beteiligt sich »logistisch« oder finanziell an der Umverteilung. Österreich nimmt weder in der einen noch der anderen Form am vorläufigen Solidaritätsmechanismus teil, lamentiert aber weiterhin gerne und wortgewaltig das »Scheitern« der europäischen Asylpolitik. Als »Lösungsansatz« wird unter anderem verstärkter Außengrenzschutz in Kooperation mit Ungarn und Serbien durch Entsenden österreichischer PolizistInnen präsentiert.

Nun haben Abschottung und Abschreckung aber leidlich wenig mit echter Solidarität zu tun – weder mit jenen Mitgliedstaaten, die sehr wohl Geflüchtete aufnehmen, noch mit den Schutzsuchenden selbst. Ganz offenkundig schafft es die Kommission hier nicht, der Wahrnehmung vieler EuropäerInnen, aber auch den Lebensrealitäten geflüchteter Menschen ausreichend Rechnung zu tragen, sind Asyl und Migration doch hochemotionalisierende Themen.[47] Der Diskurs über diese Themen, aber auch die Meinungs- und Willensbildung darüber wird großteils den

Mitgliedstaaten überlassen. Deren nationale Regierungen wissen mittlerweile sehr genau, wie sich damit Wählerstimmen generieren lassen. Die Arbeit an einer tatsächlichen Lösung scheint da sekundär.

Eine Möglichkeit, die öffentliche Debatte zu Migration und Asyl ressourcenbetonter zu gestalten, bestünde darin, die Vorteile von Migration und geordneter, humanitärer Aufnahme für die Bevölkerung der Zielländer klar zu benennen und damit die Negativspirale des derzeitigen Migrationsdiskurses zu durchbrechen.[48] Ähnlich sieht dies übrigens ein anderer Migrationspakt, nämlich der Global Compact on Migration der Vereinten Nationen (dt. »Globaler Pakt für eine sichere, geordnete und reguläre Migration«), dem Österreich unter der damaligen türkisblauen Regierung nicht beitreten wollte (Janik, 2018). Eines seiner 23 Ziele ist die »Förderung eines auf nachweisbaren Fakten beruhenden öffentlichen Diskurses zur Gestaltung der Wahrnehmung von Migration,« unter anderem durch Aufklärungskampagnen, Förderung von objektiver und hochwertiger Medienberichterstattung und Einstellung der finanziellen Unterstützung für solche Medien, die Rassismus und Hassrede gegen Geflüchtete schüren. All dies wären wertvolle Instrumente für einen konstruktiven, ressourcenorientierten Migrationsdiskurs auf europäischer Ebene.

Schutz und die Durchsetzung menschenrechtlicher Grundlagen

Damit solch ein Diskurs mehrheitsfähig wird, ist auch dem Sicherheitsbedürfnis der EuropäerInnen durch Grenzschutz, Kontrolle und Registrierung von Neuankommen Rechnung zu tragen. Das ist tatsächlich der einzige Punkt im gesamten Paket, auf den man sich bereits einigen konnte: Noch unter Kommissionspräsident Juncker wurde der Ausbau der europäischen Grenzschutzagentur Frontex beschlossen. Im Sinne eines funktionierenden und humanitären Migrationsmanagements ist es aber wesentlich, dass Grenzsicherung immer mit der Wahrung menschenrechtlicher Verpflichtungen einhergeht, um eben auch für MigrantInnen genau jene Sicherheit zu schaffen, die sich EU-BürgerInnen für sich selbst wünschen.

Ein konstruktiv angelegtes Paket müsste sich nämlich dessen annehmen, wofür Asylrecht überhaupt geschaffen wurde: dem Schutz verfolgter und vertriebener Menschen. Unter anderem braucht es klare Vorgaben, wie mit besonders vulnerablen Gruppen umgegangen wird. Derzeit besteht etwa in Griechenland keine Möglichkeit, Folteropfer, Menschen mit psychischer Beeinträchtigung, alleinstehende Frauen oder LGBTQI-Personen, die dorthin geflüchtet sind, adäquat zu versorgen beziehungsweise ihre Sicherheit zu gewährleisten. All das wird von NGOs vor Ort spontan und mit unzureichenden Ressourcen geschultert, sodass die EU gerade den Kern jeglicher Asylpolitik, nämlich die Gewährung von Schutz, auslagert.

Zum Schutz von Menschen gehört Rechtsschutz, und auch in diesem Aspekt bleibt das Paket Details schuldig. Es ist nicht klar, an wen sich abgelehnte Asylwerbende im Falle eines negativen Bescheids (im Rahmen des Vorverfahrens) wenden können, die »entsprechenden Autoritäten« werden nicht näher spezifiziert. Dies wird noch von der »Fiktion der Nicht-Einreise« erschwert – wiederum einer der wenigen Aspekte, in denen bis dato zumindest eine Einigung für ein gemeinsames Verhandlungsmandat gelungen ist: Während des Schnellverfahrens an der Grenze sollen MigrantInnen als »nicht eingereist« gelten, obwohl sie sich auf europäischem Territorium befinden. Dies könnte zu

Einschränkungen der Bewegungsfreiheit bis hin zur »standard-mäßigen Anwendung von Haft« (Matthes et al., 2022) führen, da Mitgliedstaaten Maßnahmen ergreifen dürfen, die verhindern, dass im Screening befindliche Personen auf ihr Hoheitsgebiet gelangen, solange ebendieses Screening nicht abgeschlossen ist. In der konkreten Umsetzung bedeutet das Lager, Anhaltezentren oder zumindest fix zugewiesene Unterkünfte für die Zeit des Verfahrens. Somit bleibt nicht nur fraglich, von wem, sondern ganz konkret wie sich Schutzsuchende rechtliche Beratung und anwaltliche Unterstützung holen sollen, wenn sie auf diese Art festgehalten werden.

Ebenso fehlen Vorgaben, wie Rechtsbrüche in diesen Zentren und Lagern künftig geahndet werden: »Es ist klar, dass es die Europäische Menschenrechtskonvention verletzt, wenn Asylsuchende auf der Straße leben müssen, ohne Zugang zu sauberem Trinkwasser und sanitären Anlagen«, so die Völkerrechtsexpertin Dana Schmalz mit Blick auf Moria (Schmalz, 2020). Für dieses wie für zahlreiche andere Lager auf europäischem Boden gilt es also weniger, neue Verordnungen und Richtlinien zu schaffen, als vielmehr bestehendes Recht umzusetzen.[49]

Entschlossenes Vorgehen gegen Gewalt an Europas Grenzen

Im Umgang mit Schutzbedürftigen und Marginalisierten zeigt sich erst, wie stark und wehrhaft unsere Demokratie ist. Deshalb geht es bei menschenunwürdigen Zuständen in griechischen Lagern, bei gewaltsamen Pushbacks an der kroatisch-bosnischen Grenze, bei Treibjagden mit Hunden (Fotiadis, 2020) nicht nur um Geflüchtete, sondern auch um uns selbst: Können wir uns auf die Wahrung unserer Menschenrechte verlassen, wenn es hart auf hart kommt, wenn heftig an ihnen gezogen und gerüttelt wird?

Der Politikwissenschaftler J. Olaf Kleist, Vorsitzender des deutschen Netzwerks Fluchtforschung, bezeichnete Schutzsuchende als die sprichwörtlichen »Kanarienvögel in der Kohlemine«: An ihnen könne man messen, wie es um den Zustand einer Demokratie bestellt sei, ob in Österreich, in Ungarn oder in der EU. Nimmt man ihnen die Luft zum Atmen, so besteht die Gefahr, dass sie auch uns bald wegbleiben wird (Kleist, 2020).

Was ein zukunftsweisendes Paket deshalb braucht, ist ein ernsthaftes, verpflichtendes, unabhängiges Grenzmonitoring mit dem Ziel, Menschenrechtsverletzungen durch Grenzpolizei oder private Milizen mit voller Härte zur Anzeige zu bringen. Diese Form der Kontrolle muss von bestehenden Organisationen wie Frontex entkoppelt sein, um vollständige Unabhängigkeit zu gewährleisten. Sinnvoll wäre ein tatsächlich unabhängiger Monitoringmechanismus, der an Institutionen wie die Europäische Grundrechteagentur (Fundamental Rights Agency, FRA) gebunden ist, und nicht, wie in der aktuellen Version vorgesehen, allein den Mitgliedstaaten überantwortet wird (Bendel, 2020). Denkbar sind jedoch Kooperationen mit nationalstaatlichen Ombudsstellen gegen Folter, Gewalt und Misshandlung, die den nationalen Parlamenten, nicht aber der jeweiligen Regierung verantwortlich sind. Sie können wesentlich dazu beitragen, Menschenrechtsverletzungen an Europas Grenzen aufzudecken.

Wiederum zeigt der bisherige »Fortschritt« der Verhandlungen in die gegenteilige Richtung: Statt die Wahrung der geltenden Grund- und Menschenrechte einzufordern, stellte sich die Kommission zuletzt auf die Seite jener Mitgliedstaaten, die das Asylrecht (teils) aussetzten oder untergruben. Auf die Instrumentalisierung Schutzsuchender im polnisch-belarussischen Grenzgebiet im Winter 2021/22 reagierte man mit einer Verordnung, die »auf eine Legalisierung der polnischen Abschottungspolitik« abzielte (Rasche et al., 2022). Somit werden Grundrechtsverletzungen nicht geahndet, sondern hingenommen, was in weiterer Folge mehr Grenzgewalt bedeuten kann. Dass völkerrechtswidrige Pushbacks, wie sie auch in Griechenland auf dem Land- und Seeweg geschehen, von der Kommission stillschweigend hingenommen werden, ist ein weiteres Indiz dafür.

Dabei würde ein echtes, faires und ernstgemeintes Grundrechtemonitoring nicht nur geflüchtete Menschen, sondern auch die europäische Demokratie schützen. Ländern wie Ungarn, Griechenland und Polen würden klare Schranken im Umgang und damit auch in der politischen Instrumentalisierung von MigrantInnen gesetzt. Das hätte einen unmittelbaren Mehrwert für die EU, über die Wahrung ihrer Werte und rechtlichen Grundlagen hinaus: Als es im Herbst 2022 wieder zu mehr Aufgriffen auf der nur vermeintlich geschlossenen Westbalkanroute kam, lag das nicht nur an neuen Einreisen nach Europa. Zunehmend waren Menschen, die bereits Asyl in Griechenland erhalten hatten, mit Ende der corona-bedingten Reisebeschränkungen über die Balkanstaaten in Richtung nördliche EU aufgebrochen, weil sie nach griechischer Gesetzesänderung weder Wohnraum noch Lebensmittelversorgung erhielten (Düvell, 2022). Das steht im klaren Widerspruch zur EU-Aufnahmerichtlinie, wurde aber von der EU nicht geahndet, um die Reform-Verhandlungen nicht zu gefährden. Genau hier aber hätte die Kommission präventiv in die Entwicklung neuer Wanderbewegungen und irregulärer Ankünfte an den Außengrenzen eingreifen können, nämlich indem man dem »race to the bottom«, der Spirale nach unten, bei der Einhaltung von Grundrechtsstandards ein Ende setzt.

Legale Fluchtmöglichkeiten schaffen

Hinter den Vorschlägen des Pakets steht die erklärte Absicht, Schleppern ihre Geschäftsgrundlage zu entziehen und dafür Sorge zu tragen, dass sich Menschen gar nicht erst auf den teuren und gefährlichen Weg nach Europa machen. Dies wurde auch im EU-Aktionsplan gegen Schlepperei und Menschenhandel präzisiert, unter anderem, indem Partnerschaften mit Ländern entlang von Transitrouten angestrebt werden oder die Instrumentalisierung von MigrantInnen durch staatliche Akteure wie Russland oder Belarus stärker sanktioniert werden soll. Übersehen scheint bei dem Potpourri an Maßnahmen jedoch, dass die tatsächlichen Fluchtursachen in Herkunftsländern davon unberührt bleiben. Zahlreiche Krisenherde auf dieser Welt, noch befeuert von der voranschreitenden Klimakatastrophe, lassen vermuten, dass sich auch zukünftig Menschen wegen Krieg und Verfolgung, aber auch aus wirtschaftlicher Not heraus auf den Weg nach Europa machen werden. Diesen Menschen muss das Paket legale, sichere Alternativen zu Schlauchbooten und Kühltransportern bieten.

Ein zukunftsweisendes Paket braucht außerdem Ideen und Instrumente dafür, wie mit dem Phänomen der gemischten Migration (engl. *mixed migration*) umgegangen werden soll, weil in vielen Kontexten Flucht- und Migration fließend ineinander übergehen, sich gegenseitig bedingen oder sich während der Reise und bei längeren Aufenthalten in Transitländern mehrfach ändern können. Über den unmittelbaren Konfliktkontext im Falle des (Bürger-)Kriegs hinaus tritt Zwangsmigration auch in weiter gefassten Bedrohungssituationen, wie etwa bei Hungersnot oder Dürre, auf. Die Klimafolgenforschung bezeichnet Migration deshalb als »Adaptionsstrategie«, die es Menschen ermöglicht, anderswo ihr Einkommen zu generieren, wenn fruchtbarer Boden rar wird oder Fischbestände schwinden (Vinke et al., 2020). Binnenmigration in die nächstgelegene Stadt kann helfen, neue Einkommensquellen zu erschließen (etwa im Dienstleistungssektor statt in der Landwirtschaft), genauso wie transnationale Migration als Folge von Ressourcenknappheit oder wegen steigender Meeresspiegel manchmal die einzige Alternative darstellen wird (Hoffmann/Muttarak, 2021). Aufgrund der Klimakrise rarer werdende Ressourcen können aber auch dazu führen, dass das Konfliktpotenzial innerhalb eines Landes steigt, etwa entlang ethnischer Trennlinien, was wiederum erneute, transnationale Fluchtbewegungen auslösen kann (Abel et al., 2019).

Eine strenge Unterscheidung zwischen »Flucht« im engeren Sinn und »Migration« auf der anderen Seite ist dann kaum mehr möglich, vor allem, weil das vermeintliche Unterscheidungsmerkmal der »Freiwilligkeit« im Falle von Hunger oder Naturkatastrophen nicht mehr greift. In der Realität aber haben Menschen, die aus diesen Gründen ihr Land verlassen, keinen Anspruch auf die rechtliche Sicherheit, die der Flüchtlingsstatus verleiht, ist doch Klimawandel bis dato nicht als Fluchtgrund anerkannt. Das bedeutet keinen Schutz für Klimavertriebene, obwohl sie im Kern genau das sind: Schutzsuchende.

Antworten auf solche Fragen, die gemischte Wanderbewegungen aufwerfen und die sich in Europa in den kommenden Jahrzehnten mit immer größerer Dringlichkeit stellen werden, bleibt das Paket leider schuldig. Dabei ist weltweit mit einer Zunahme von Fluchtursachen zu rechnen, ob durch klimatische Veränderungen, Auswirkungen der Coronavirus-Pandemie und dadurch bedingte Prekarität, oder eine sich zuspitzende Sicherheitslage in Ländern des Mittleren Ostens und Globalen Südens. Zuletzt hat sich durch den russischen Angriffskrieg gegen die Ukraine gezeigt, wie rasch Vertreibung und Flucht auf dem europäischen Kontinent wieder bittere Realität werden können – und wie rasch sich die EU-27 auf ein gemeinsames Vorgehen (konkret die Aktivierung der Massenzustrom-Richtlinie) einigen können, wenn sie nur wollen. Auch in ihrem Migrationspaket muss die EU deshalb deutlich machen, welche Rolle sie im globalen Flüchtlingsschutz spielen will. Denn mittlerweile sieben Jahre seit dem Fluchtherbst 2015 zeichnet sich ab: Mit den bisherigen Maßnahmen der Abschottung und Auslagerung konnte man weder Ankunftszahlen nachhaltig senken noch Leid und Elend an Europas Außengrenzen beenden. Höchstens konnten damit migrationsbedingte Problemlagen kurzfristig zeitlich und örtlich verlagert werden, langfristig wurden diese aber immer größer und drängender. Solange wir keine legalen Fluchtmöglichkeiten schaffen, werden sich Menschen weiterhin in die Hände von Schleppern begeben, um Elend, Krieg und Hungersnot zu entkommen – darauf muss Europa so rasch wie möglich eine humane Antwort finden.

FORDERUNGEN:

- Entlastung der MS an den Außengrenzen durch die Schaffung klarer europäischer Vorgaben zur **Beteiligung aller MS an den Asylaufgaben.**
- **Sanktionierung von MS** bei Nicht-Einhaltung von internationalem und EU-Recht.
- **Klärung der Frage des Rechtsschutzes von Geflüchteten** im Fall von Rechtsbrüchen an den EU-Außengrenzen.
- **Umsetzung des Verteilungsmechanismus** innerhalb williger MS, um zu zeigen, dass Solidarität funktionieren kann.

- **Grenzmonitoring durch FRA und in Kooperation mit nationalen Ombudsstellen** (statt von Frontex), um Menschenrechtsverletzungen konsequent zur Anzeige zu bringen.
- Geordnete humanitäre Aufnahme durch **Schaffung legaler Fluchtrouten.**
- Schaffung eines **faktenbasierten öffentlichen Diskurses** durch Förderung hochwertiger Medienberichterstattung und Einstellung der finanziellen Unterstützung für jene Medien, die Rassismus und Hassrede schüren.
- Unionsrechtliche **Regelung der gemischten Migration** und bisher nicht abgedeckter **neuer Fluchtszenarien** (Klimakrise).

EU-AUSSENGRENZEN GEMEINSAM SCHÜTZEN – ABER RICHTIG

Dr.ⁱⁿ Bettina Vollath

Die Unterstützung der Mitgliedstaaten beim Schutz der EU-Außengrenzen durch die unabhängige EU-Agentur Frontex ist ein wichtiger Grundpfeiler. Aber es braucht auch grundlegende Standards für die Garantie der Grund- und Menschenrechte bei Frontex-Einsätzen. Warum Außengrenzschutz und Grundrechtsschutz kein Widerspruch sind, es dafür aber einen Kulturwandel und schärfere Kontrollen vor Ort braucht.

Bettina Vollath war steirische Landesrätin und Landtagspräsidentin. Als Mitglied des Europäischen Parlaments setzte sie sich vor allem für die Grund- und Menschenrechte ein.

Menschenrechte sind universell und gelten unteilbar für alle. Aber ist das Europa der Menschenrechte und der Rechtsstaatlichkeit an unseren EU-Außengrenzen tatsächlich noch vorhanden? Indem wir (Grund-)Rechtsverletzungen an unseren Grenzen zulassen, geben wir nicht nur jenen nach, die kein Interesse an einem gemeinsamen Europa haben – sondern auch etwas auf, das wir nicht zurückbekommen werden: Die Rechtsstaatlichkeit und die Universalität der Menschen- und Grundrechte, zu denen sich die Europäische Union gemeinsam mit all ihren Mitgliedstaaten in den EU-Verträgen verpflichtet hat.

»Während wir versuchten, auf das Schiff zu steigen, schlugen sie mich. Dies war die ›Rettung‹«, erzählt ein 22-Jähriger aus dem Irak. »Wir fragten, was auf dem Papier stand, weil es auf Italienisch war.

Wir wussten nicht, was wir unterschrieben haben«, sagt eine Mutter aus Mali mit zwei Kindern (BVMN, 2020). Dies sind nur zwei von tausenden Berichten über die Realität Geflüchteter an Europas Außengrenzen. Das NGO-Netzwerk »Border Violence Monitoring Network« (BVMN) hat in einer im Dezember 2021 erschienenen 1.500-seitigen Publikation über 12.000 Pushbacks dokumentiert. In weitere Zahlen gegossen: Die britische Tageszeitung Guardian geht von über 40.000 »Pushbacks« seit März 2020 aus und bringt 2.000 Todesfälle damit in Verbindung (Tondo, 2021). Das UNHCR hat den griechischen Behörden Belege für hunderte erwiesene Zurückweisungen durch griechische GrenzbeamtInnen übergeben. Die systematischen Menschenrechtsverletzungen an den europäischen Außengrenzen sind also gut dokumentiert. Der Begriff »Pushback« ist dabei kein juristischer Terminus, sondern ein politischer Begriff und steht für eine illegale Zurückweisung von Menschen an Grenzen ohne individuelle Überprüfung eines allfällig bestehenden Schutzanspruches. Sie verstoßen gegen das sogenannte »Non-Refoulement«-Prinzip und damit gegen die Bestimmungen der Genfer Flüchtlingskonvention von 1951 sowie gegen die Charta der Grundrechte der Europäischen Union und gegen die Europäische Menschenrechtskonvention: Flüchtlinge dürfen nicht dorthin zurückgebracht werden, wo ihnen unmittelbar Verfolgung, Folter, unmenschliche Behandlung oder andere gravierende Menschenrechtsverletzungen drohen. Um das zu verhindern, bedarf es jedenfalls einer Überprüfung des Schutzanspruches. Menschen dürfen auch nicht durch Zurückweisungen daran gehindert werden, einen Asylantrag zu stellen. Genau das scheint aber gelebte Praxis europäischer Grenzbehörden zu sein, wie die oben angeführten Dokumentationen zeigen.

An vielen europäischen Außengrenzen ist auch die europäische Agentur für Grenz- und Küstenwache (»Frontex«) tätig.

Frontex ist in Zusammenarbeit mit den jeweiligen Mitgliedstaaten für die Grenzüberwachung zuständig. Ob im Zuge dieser gemeinsamen Operationen Frontex-MitarbeiterInnen selbst
an Pushbacks beteiligt waren, war Gegenstand eines eigens ein-
gerichteten Untersuchungsgremiums des Europäischen Parlaments (FSWG –»Frontex Scrutiny Working Group«). Im Zuge dieser Untersuchungen ließ sich die direkte Beteiligung von Frontex
an solchen illegalen Vorgängen zwar nicht bestätigen, sie konnte
allerdings auch nicht ausgeschlossen werden. Fest steht hingegen, dass Frontex von den Grundrechtsverletzungen gewusst hat
und diese wissentlich geduldet wurden. Das widerspricht dem
Mandat als europäische Agentur, das selbstverständlich auch die
Einhaltung europäischen und internationalen Rechts umfasst.[50]

Menschenrechte und Rechtsstaatlichkeit

Wollen wir, dass unsere europäischen Gesetze und internationalen
Bestimmungen vollumfänglich respektiert werden, oder sind wir
bereit, zuzulassen, dass sich unsere Grenzgebiete zu rechtsfreien
Räumen entwickeln? MenschenrechtsexpertInnen verweisen hier
sofort auf die Universalität und Unteilbarkeit der Menschenrechte: Werden Menschenrechte an der Grenze missachtet, werden
unser aller Menschenrechte missachtet. Ihre Notwendigkeit und
das Ausmaß ihrer Bedeutung zeigt sich insbesondere dort, wo
sie offenbar keine Selbstverständlichkeit mehr sind: an Europas
Außengrenzen. Die europäische Südgrenze im Mittelmeer zählt
nach einem Bericht der Internationalen Organisation für Migration (IOM) mittlerweile zu den gefährlichsten Grenzen der Welt.
Vom Beginn des Jahres 2000 bis Mitte 2017 seien dort mindestens
33.761 Menschen ums Leben gekommen. Immer höher werden die
Mauern um die Festung Europa gebaut, immer gewalttätiger wird

ihre »Absicherung« (IOM, 2017). An vielen Rändern Europas sind Elendslager entstanden und systematische illegale Pushbacks stellen den traurigen Alltag dar. Für die europäische Agentur Frontex, die an unseren Außengrenzen und darüber hinaus tätig ist und Mitverantwortung überall dort trägt, wo sie im Einsatz ist, ist dies eine menschenrechtlich verheerende Bilanz.

Wie jede im Namen der EU agierende Organisation hat sich selbstverständlich auch Frontex an europäisches und internationales Recht zu halten. Für die Arbeit von Frontex sind dabei die Grundrechtscharta der EU (Artikel 18: Asylrecht, Art 19: Schutz bei Abschiebung, Ausweisung und Auslieferung) und der Vertrag über die Arbeitsweise der Europäischen Union (AEUV) (insbesondere Artikel 78: Politik im Bereich Grenzkontrollen, Asyl und Einwanderung) von besonderer Bedeutung. Zudem sind auch internationale Rechtsgrundlagen wesentlich: zum Beispiel das Genfer Abkommen vom 28. Juli 1951 samt Protokoll vom 31. Januar 1967 über die Rechtsstellung der Flüchtlinge - bekannt als Genfer Flüchtlingskonvention (GFK) - und die Europäische Menschenrechtskonvention (EMRK).

Jede Person, die vor Verfolgung oder ernsthaftem Schaden wie drohender Folter aus ihrem Herkunftsland flieht, hat das Recht, in einem anderen Land einen Antrag auf internationalen Schutz zu stellen. Eines der zentralen Prinzipien der GFK ist dabei das bereits erwähnte »Non-Refoulement«-Prinzip – das Verbot der Ausweisung und Zurückweisung in ein Gebiet, wo Leben oder Freiheit aus Gründen der Rasse, Religion, Nationalität, Zugehörigkeit zu einer bestimmten sozialen Gruppe oder aufgrund politischer Ansichten bedroht ist (Art. 33 der GFK). Dieser Grundsatz findet sich auch in der EU-Grundrechtecharta (Art. 19) wieder und verlangt, dass ein Antrag auf internationalen Schutz auch tatsächlich geprüft werden muss.

Das Verbot der Kollektivausweisung (Art. 4 EMRK) ist ebenfalls essenziell: Jedes Ansuchen um internationalen Schutz muss individuell geprüft werden. Ein Antrag auf internationalen Schutz kann zum Beispiel nicht wegen vorheriger Prüfung eines ähnlich gelagerten Falles von vornherein gleich beurteilt werden.

Diese Rechte sind grundlegend: Der Schengener Grenzkodex sieht zum Beispiel vor, dass Außengrenzen nur an den Grenzübergangsstellen überschritten werden dürfen (Art. 5). Während das natürlich den erstrebenswerten Idealfall darstellt, kann auch eine Einreise auf anderem Wege als über eine offizielle Grenzübergangsstelle das Recht auf internationalen Schutz nicht einschränken beziehungsweise ausschließen.

Auch die 2015 in Kraft getretene »Seeaußengrenzen-Verordnung« (2014/656) regelt klar, dass der Schutzanspruch zu überprüfen ist. Die Verordnung wurde als Reaktion auf das sogenannte »Hirsi-Urteil« des Europäischen Gerichtshofes für Menschenrechte (EGMR) von der EU-Kommission im Jahr 2014 initiiert: Das Urteil des EGMR vom 23. Februar 2012 im Fall Hirsi Jamaa und andere gegen Italien (Az. 27765/09) stellte klar, dass Zurückweisungen von Flüchtlingen auch auf hoher See rechtswidrig sind. In der erwähnten Seeaußengrenzen-Verordnung wurde in der Folge sekundärrechtlich geregelt, dass der Schutzanspruch von Menschen jedenfalls zu überprüfen ist, und zwar auch dann, wenn sie über Seegrenzen einreisen, und somit Pushbacks auch auf offener See illegal sind.

Bei all ihren Einsätzen in Kooperation mit Mitgliedstaaten trägt Frontex die Verantwortung dafür, dass EU-Recht eingehalten wird. Dies ist auch in der seit 2019 geltenden Frontex-Verordnung klar festgeschrieben. Außerdem regelt ein darin festgelegtes Verfahren klar, was zu tun ist, wenn im Zuge gemeinsamer Operationen Rechtsverletzungen durch nationale Grenzsicherungsorgane festgestellt werden (siehe weiter unten). Der Schutz von Flüchtlingen muss also sowohl an Landes- als auch an Seegrenzen im Sinne der europäischen Rechtsprechung gewahrt sein.

Über die Arbeit der Frontex Untersuchungsgruppe (»Frontex Scrutiny Working Group« – FSWG) im Europäischen Parlament

Die Frontex-Untersuchungsgruppe im Europäischen Parlament hat die Aufgabe, den massiven Vorwürfen von mehreren Seiten – Medien, Politik und NGOs – betreffend einer allfälligen Involvierung der Agentur Frontex in Grundrechtsverletzungen an den europäischen Außengrenzen nachzugehen.

Die vom Innenausschuss des Europäischen Parlaments (LIBE-Ausschuss) eingerichtete Untersuchungsgruppe wurde durch einen Beschluss der LIBE-KoordinatorInnen vom 23. Februar 2021 konstituiert und am 1. März 2021 vom LIBE-Ausschuss gebilligt. Das ursprüngliche Mandat der FSWG bestand darin, die unterschiedlichen Aspekte der Funktionsweise von Frontex zu beurteilen, einschließlich ihrer verstärkten Rolle und der Ressourcen für die integrierte Grenzverwaltung sowie die korrekte Anwendung des EU-Besitzstands. Ziel war es, alle relevanten Informationen über angebliche Grundrechtsverletzungen, an denen die Agentur beteiligt gewesen sein soll, zu prüfen sowie Anregungen für Weiterentwicklungen der internen Verwaltung, der internen Meldeverfahren sowie der Bearbeitung von Beschwerden gegen Frontex zu entwickeln.

Die FSWG setzt sich aus jeweils zwei Mitgliedern jeder der sieben Fraktionen des Europaparlaments zusammen. Vorsitzende war zu Beginn Roberta Metsola, eine maltesische Abgeordnete der Europäischen Volkspartei und seit Jänner 2022 Präsidentin des Europäischen Parlaments. Ihr folgte als Vorsitzende die Deutsche Lena Düpont, ebenfalls Abgeordnete der EVP, nach. Die bisher durchgeführten Untersuchungen der FSWG fanden von März bis Juli 2021 statt, die Mitglieder trafen einander zu diesem Zweck acht Mal in öffentlichen Sitzungen, zu denen verschiedene AkteurInnen, unter anderem Mitglieder des Frontex-Managements sowie des Frontex-Verwaltungsrates, von nationalen Küstenwachen und Nichtregierungsorganisationen (NGOs) als Auskunftspersonen eingeladen waren. Zusätzlich fanden mehrere interne Sitzungen statt. Kritisch muss letztendlich die Auswahl der Auskunftspersonen gesehen werden, die zum Fact-Finding beitragen sollten: Positiv war, dass WissenschaftlerInnen geladen waren, um die Gruppe dabei zu unterstützen, das geltende Recht zu interpretieren. Von den verschiedenen nationalen Küstenwachen konnten allerdings nur Mitglieder befragt werden, die in der kritischen Zeit, zu der die Pushbacks stattfanden, nicht aktiv waren.

Wichtig wäre gewesen, sich im offiziellen Rahmen auch mit anderen GesprächspartnerInnen austauschen zu können, insbesondere mit AkteurInnen, die bei dokumentieren Grundrechtsverletzungen direkt vor Ort waren. Dann wäre die FSWG wohl zu einem anderen Ergebnis gekommen. Diese Vermutung erhärtet sich durch den Umstand, dass bei Treffen mit VertreterInnen von NGOs, wie zum Beispiel Sea-Watch, umfassend vom Zustand an den Außengrenzen und beobachteten Grundrechtsverletzungen durch die Agentur Frontex berichtet wurde. Da diese Informationen außerhalb der offiziellen Sitzungen an Abgeordnete herangetragen wurden beziehungsweise man ihnen in den offiziellen Sitzungen keine Möglichkeit für die Dokumentation ihrer Vorwürfe eingeräumt hatte, konnten diese Informationen nicht in den Schlussbericht mit aufgenommen werden.

In der Zwischenzeit hat sich auch das Europäische Amt für Betrugsbekämpfung (»OLAF«) mit den schweren Vorwürfen gegen

Frontex befasst und in einem Bericht, der leider bis zum heutigen Tage nicht veröffentlicht wurde, klare Verfehlungen festgestellt. Aus dem Europäischen Parlament wurden Rücktrittsforderungen gegen Frontex-Direktor Fabrice Leggeri erhoben. Zu diesem Rücktritt kam es schließlich auch im April 2022.

Schlussfolgerungen

Es ist wichtig, an dieser Stelle zu unterstreichen, dass die Unterstützung der Mitgliedstaaten an den EU-Außengrenzen bei der Grenzsicherung durch Frontex als unabhängige EU-Agentur nicht grundsätzlich ein Problem darstellt. Die Mitgliedstaaten an den Außengrenzen, die mit einer unverhältnismäßig großen Menge an Asylanträgen konfrontiert sind, brauchen die solidarische Unterstützung der anderen EU-Mitgliedstaaten. Die Etablierung von Frontex als Agentur und die damit einhergehende Unterstützung durch Mitgliedstaaten, die aufgrund ihrer geografischen Lage weniger exponiert sind, war dem Grunde nach ein sinnvoller Schritt. Essenziell ist jedoch, dass eine gemeinsame EU-Agentur bei allen ihren Einsätzen Grund- und Menschenrechte in vollem Umfang respektiert: Außengrenzschutz und Grundrechtsschutz sind keine Dichotomie, es handelt sich um kein Entweder-Oder. Mit dem nötigen politischen Willen ist es möglich, die Außengrenzen so zu schützen, dass die Kontrolle darüber behalten werden kann, wer sich im Schengenraum aufhält, und gleichzeitig Menschen, die auf ihrer Flucht bis an die Grenzen Europas gekommen sind, so zu behandeln, wie es unsere europäische Rechtsordnung vorsieht.

In der Agentur Frontex muss es zu einem Kulturwandel im Sinne einer menschenrechtlichen Sorgfaltspflicht kommen. Es ist wichtig, dass das Parlament, die Kommission und die Mitgliedstaaten die Arbeit der Agentur engmaschig kontrollieren und diese ihre Arbeit so transparent wie möglich gestaltet, damit die Institutionen ohne Hindernisse ihrer Kontrollfunktion nachgehen können. In diesem Zusammenhang ist auch die aktive und passive Rechtsverantwortung der Agentur von Bedeutung: Die Agentur darf selbstredend selbst keine Rechtsbrüche begehen. Aber sie hat darüber hinaus auch die Aufgabe, zu überwachen, dass während der gemeinsamen Missionen auch keine Rechtsbrüche durch BeamtInnen der Mitgliedstaaten erfolgen, in denen die Missionen stattfinden. Die Agentur darf nicht einfach wegsehen, wenn die Küstenwache eines Mitgliedstaats Pushbacks durchführt oder Asylansprüche nicht individuell prüft, sondern sie muss sich aktiv dafür einsetzen, dass alle beteiligten AkteurInnen den gemeinsamen Rechtsrahmen einhalten. Kann die Agentur das nicht gewährleisten, so gibt es ein klares Verfahren, das sie einzuhalten hat:

Sie hat gemäß Artikel 46 Absatz 4 der »Frontex-Verordnung« (2019/1896) die gemeinsame Operation unter folgenden Voraussetzungen abzubrechen:

»Nach Konsultation des Grundrechtsbeauftragten und Unterrichtung des betroffenen Mitgliedstaats zieht der Exekutivdirektor die Finanzierung jedweder Tätigkeit der Agentur zurück oder setzt jedwede Tätigkeit der Agentur ganz oder teilweise aus oder beendet diese ganz oder teilweise, wenn er der Auffassung ist, dass im Zusammenhang mit der betreffenden Tätigkeit schwerwiegende oder voraussichtlich weiter anhaltende Verstöße gegen Grundrechte oder Verpflichtungen des internationalen Schutzes vorliegen.« (Art. 46 Abs. 4 der Frontex-Verordnung, 2019)

Dies ist eine gute gesetzliche Regelung, sie muss allerdings in den internen Abläufen der Agentur auch umgesetzt werden. Hierzu sollten die ExekutivdirektorInnen zukünftig in die Entscheidung darüber, ob und wann Artikel 46 Absatz 4 der Frontex-Verordnung angewendet werden muss, die Beobachtungen und Dokumentationen von NGOs und anderen AkteurInnen miteinbeziehen, sowie allenfalls auch eine Stellungnahme des Europäischen Parlaments einholen. Die Verordnung von 2019 lässt eine solche Herangehensweise zu.

Ähnlich wie bei der Agentur Europol wäre es auch eine Möglichkeit, ein ständiges Kontrollgremium einzurichten, um die Überprüfung der Frontex-Aktivitäten laufend und konkret zu überwachen. Auch wenn bei der Agentur Europol das parlamentarische Kontrollgremium per Verordnung geregelt ist, hindert die legislative Grundlage Frontex und den Gesetzgeber nicht, ein solches einzurichten. Die parlamentarische Untersuchungsgruppe (FSWG) geht bereits in eine solche Richtung und könnte den Grundstock dafür bilden.

Die EU-Kommission als Hüterin der Verträge muss gemeinsam mit dem Europäischen Parlament und den konstruktiven Kräften im Rat der Mitgliedstaaten dafür sorgen, dass überall in der Europäischen Union – und somit auch an ihren Außengrenzen - Europäisches Recht eingehalten wird. Dafür gibt es neben den Vertragsverletzungsverfahren seit 1.1.2021 auch ein neues Instrument, die sogenannte »Konditionalitäten-Verordnung« (2020/2092). Diese Verordnung sieht den Erlass von Maßnahmen zum Schutz des Haushalts der Union vor, wenn Verstöße gegen die Grundsätze der Rechtsstaatlichkeit den Unionshaushalt und die finanziellen Interessen der Union beeinträchtigen oder ernsthaft zu beeinträchtigen drohen: Wenn Mitgliedstaaten EU-Recht verletzen und die Gefahr besteht, dass EU-Gelder zum Abbau von Grundrechten verwendet werden, hat die EU-Kommission die Möglichkeit, unmittelbar Gelder zu kürzen. Wird nun gegen ein EU-Mitgliedsland wegen systematischer Missachtung der Rechtsstaatlichkeit an den Außengrenzen ein Rechtsstaatsverfahren gemäß »Artikel 7« eingeleitet oder ein Vertragsverletzungsverfahren geführt oder erfolgt im Rahmen dieser Konditionalitäten-Verordnung eine Einbehaltung von EU-Geldern, so sollte das auch bei der Bewertung eine Rolle spielen, inwiefern Frontex-Einsätze in diesem Mitgliedsland weiterhin zu rechtfertigen sind. Wenn so schwerwiegende Verfahren laufen, muss sichergestellt sein, dass Frontex speziell für die Einhaltung der Grundrechte Sorge trägt und – sollte das nicht gewährleistet sein – nach Artikel 46 der Einsatz und damit die Zusammenarbeit und Unterstützung durch Frontex auch tatsächlich eingestellt wird.

Schlussendlich muss die Europäische Union auch selbst der Europäischen Menschenrechtskonvention (EMRK) beitreten. Das würde es ermöglichen, dass Agenturen wie Frontex explizit auch dem Gerichtshof für Menschenrechte in Straßburg verantwortlich werden. Nicht zuletzt im Zuge der Arbeit der FSWG hat sich gezeigt, dass die Rechtsbasis für die Agentur sehr gut, die Rechtsdurchsetzung jedoch extrem schwierig ist. Es darf aber nicht sein, dass eine Agentur, die im Auftrag der Europäischen Union tätig ist, bei offensichtlichen Verfehlungen rechtlich kaum belangt werden kann.

Ausblicke

Der Weg, der sich anhand des Vorschlages der EU-Kommission anlässlich der Vorgänge an der belarussisch-polnischen Grenze im Winter 2021/22 begann abzuzeichnen, nämlich die gesetzlichen Bestimmungen und Grundrechts-Garantien aufzuweichen, ist jedenfalls der falsche Ansatz und öffnet die Büchse der Pandora, die bekanntlich nicht mehr geschlossen werden kann. Letztendlich ist und bleibt es nicht nur eine Frage der Humanität, sondern auch eine der Rechtsstaatlichkeit, wie wir die Überwachung unserer Grenzen gestalten. Die erstmalige Anwendung der sogenannten Massenzustrom-Richtlinie, um Menschen, die wegen des russischen Angriffskrieges aus der Ukraine geflüchtet sind, in Europa zumindest vorübergehend Schutz gewähren zu können, hat gezeigt, dass Europa dazu in der Lage ist, rechtlich und vor allem auch humanistisch einwandfrei mit Herausforderungen im Zusammenhang mit Flucht umgehen zu können. Europa kam immer dann voran, wenn es auf die Stärke des Rechts vertraut hat. Genau das ist daher auch die wichtigste Empfehlung für eine gute Zukunft Europas: Lassen wir es nicht zu, dass unser europäisches Recht verwässert wird, sondern vertrauen wir darauf. Es wurde aus den Erfahrungen unserer dramatischen Geschichte heraus mit viel Bedacht und Weisheit entwickelt. Glauben wir an die positive Kraft der Einheit, holen wir mit aller Kraft die noch Zweifelnden an Bord und entwickeln wir unsere Europäische Union gemeinsam weiter.

FORDERUNGEN:

- **Verhinderung von Grundrechtsverletzungen an den Außengrenzen** bei Frontex-Einsätzen durch einen Kontrollmechanismus unter Einbeziehung des EP, der KOM, durch grundrechtlich besser ausgebildetes Personal sowie regelmäßige Evaluierung der menschenrechtlichen Sorgfaltspflicht der Agentur.
- **Bei Grundrechtsverstößen durch Mitgliedstaaten Aussetzung der Finanzierung gemeinsamer Missionen durch Frontex** beziehungsweise Beendigung derselben.

- Durch den **Beitritt der EU zur EMRK** wäre Frontex auch explizit dem EGMR verantwortlich.
- Verstärkte Durchsetzung von Unionsrecht durch **vermehrte Nutzung von Vertragsverletzungsverfahren** und die Anwendung der Konditionalitäten-VO durch die KOM.

ROTE KARTE FÜR PUSHBACKS

Mag. Lukas Gahleitner-Gertz

Es gibt kaum eine Binnen- oder Außengrenze in Europa, an der sich die Berichte über gewaltsame Pushbacks in den letzten Jahren nicht gehäuft haben. Staatliche Organe, die Menschen beim Versuch, eine Grenze zu überschreiten, mit Gewalt wieder zurückzudrängen, agieren aber illegal. Wie sich die primitive Praxis des physischen Zurückstoßens in vielen Ländern still und heimlich etabliert hat und was man ihr effektiv entgegensetzen kann.

Lukas Gahleitner-Gertz ist Jurist und Sprecher der asylkoordination österreich. Nach langjähriger Praxis in der Rechtsberatung und -vertretung von Schutzsuchenden und illegalisierten Menschen ist er nun im Bereich Advocacy tätig.

»Der Europäische Gerichtshof für Menschenrechte hatte in anderen Verfahren bereits Gelegenheit, festzustellen, dass die Staaten, die die Außengrenzen der Europäischen Union bilden, derzeit erhebliche Schwierigkeiten haben, den zunehmenden Zustrom von Migranten und Asylsuchenden zu bewältigen. Er unterschätzt nicht die Belastung und den Druck, die diese Situation auf die betroffenen Staaten ausübt, die im gegenwärtigen Kontext der Wirtschaftskrise umso größer sind. Er ist sich insbesondere der Schwierigkeiten im Zusammenhang mit dem Phänomen der Migration auf dem Seeweg bewusst, die für die Staaten zusätzliche Komplikationen bei der Kontrolle der Grenzen in Südeuropa mit sich bringt.

Angesichts des absoluten Charakters des durch Artikel 3 [der Europäischen Menschenrechtskonvention (EMRK)] gesicherten Rechts, unmenschlicher oder erniedrigender Behandlung nicht ausgesetzt zu werden, kann dies einen Staat jedoch nicht von seinen Verpflichtungen aus dieser Bestimmung entbinden.« (EGMR, 23.02.2012, Bsw 27765/09).

Vor fast 15 Jahren, am 6. Mai 2009, fingen italienische Grenzschützer drei Flüchtlingsboote mit über 200 Personen ab, steckten sie auf ein italienisches Militärschiff mit Kurs auf Libyen und übergaben sie ohne weitere Prüfung und gegen deren Willen den dortigen Behörden. Nur aufgrund des Engagements der italienischen Nichtregierungsorganisation CIR[51] konnten 24 Betroffene – unter ihnen der Somalier Hirsi Sadik Jamaa – in libyschen Lagern gefunden, identifiziert und bei der Beschwerdeeinbringung unterstützt werden. Das erst ermöglichte die zitierte Präzedenzjudikatur des Europäischen Gerichtshofs für Menschenrechte (EGMR) zu einem der bedeutendsten Menschenrechte: das durch Artikel 3 der Europäischen Menschenrechtskonvention abgesicherte Recht jedes/r Einzelnen, nicht der Folter oder unmenschlicher Behandlung ausgesetzt zu werden.

Es gibt wohl kaum ein Urteil, das von den europäischen Innenministerien intensiver studiert worden ist. Es hat zu Strategieänderungen im Umgang mit Schutzsuchenden und anderen migrierenden Personen geführt: Die Praxis, schutzsuchende Menschen ohne Prüfung, ob sie im Zielland – im konkreten Fall Libyen – der Gefahr einer unmenschlichen Behandlung ausgesetzt werden, rückzuschieben, kam bis zum Vorfall bereits zwei Jahre lang zur Anwendung und betraf unzählige, nicht mehr identifizierbare Betroffene. Die vorgenommene Praxisänderung führte aber nicht zu einer Prüfung der Anträge von Schutzsuchenden, sondern hatte die Unterstützung von parastaatlichen und in kriminelle Aktivitäten involvierten Organisationen wie der sogenannten »Libyschen Küstenwache« zur Folge. Deren Aufgabe ist es, Schutzsuchende abzufangen, bevor eine Zuständigkeit Italiens entstehen kann. Betroffene können sich daher nicht auf Rechte, die ihnen durch die Geltung der Europäischen Menschenrechtskonvention erwachsen, berufen. Ob sie sich aber aufgrund der Finanzierung Italiens und seiner engen Zusammenarbeit mit der paramilitärischen Truppe nicht doch auf die Europäische Menschenrechtskonvention berufen können, wird derzeit in einem beim EGMR anhängigen Fall geprüft. Die Praxis, Schutzsuchende im Mittelmeer abfangen zu lassen, wird zwischenzeitig unverändert fortgeführt.

Szenenwechsel an die Landgrenze zwischen Kroatien und Bosnien

Juni 2021: Schmerzensschreie im Grenzwald, ausgestoßen von Schutzsuchenden, die von maskierten Uniformierten über die Außengrenze der EU geprügelt werden. Bei einer Recherche zur Situation an der EU-Außengrenze von ARD-Studio Wien, Lighthouse Reports, SRF Rundschau, Der Spiegel und Novosti wurden bereits im Mai 2021 sechs Gruppenabschiebungen von insgesamt 65 Personen, darunter 20 Kinder, gefilmt. Deren Schutzansuchen wurde ignoriert, obwohl die Betroffenen ausdrücklich um Asyl angesucht haben (Govedarica/Beer, 2021a). Das Vorgehen der kroatischen Behörden widerspricht klar nationalen, EU- und völkerrechtlichen Verpflichtungen. Weitere Recherchen des ARD im Juni zeigten, dass Kroatien auf die Berichte reagierte: Die rechtswidrigen Zurückweisungen wurden nun nicht mehr wie im Mai zumindest pro forma als Einreiseverweigerungen gerechtfertigt, sondern es wurde zu paramilitärischen Mitteln gegriffen – maskierte Uniformierte, Prügel und exzessive Gewalt, sanktionsloses Ignorieren sämtlicher geltender Rechtsnormen (Govedarica/Beer, 2021b).

Es handelt sich dabei um sogenannte »Pushbacks«[52]. Der rechtlich nicht definierte Begriff »Pushback« beschreibt Praktiken von staatlichen Organen, Personen, die entweder versuchen, eine internationale Grenze zu überschreiten, oder eine solche überschritten haben, ohne Bearbeitung ihres Asylantrags zurückzuführen. Diese Praktiken sind aufgrund der völkerrechtlichen und europarechtlichen Verpflichtungen der Mitgliedstaaten rechtswidrig – und zwar immer (Lehnert, 2021). Der Grund: Das durch Artikel 3 der Europäischen Menschenrechtskonvention abgesicherte, absolut geltende und nicht ohne Grund notstandsfeste Verbot der unmenschlichen Behandlung.[53]

Durch Pushbacks wird nicht nur eine mögliche Verletzung eines notstandsfesten Rechts in Kauf genommen. Die Staaten entziehen sich dadurch vor allem ihrer Pflicht, ein rechtsstaatliches Verfahren durchzuführen. Ein Schutzansuchen bedeutet nicht, dass diesem stattgegeben werden muss. Das rechtsstaatliche Prinzip sieht aber vor, dass die Verwaltung gesetzeskonform agieren muss und Anträge geprüft und (positiv oder negativ) entschieden werden müssen. Diese Grundfeste des demokratischen Rechtsstaats wird im Bereich der europäischen Migrations- und Asylpolitik nicht nur missachtet, die Missachtung bleibt auch bisher ungeahndet durch die Europäische Kommission.

Jüngste Enthüllungen über die Involvierung der EU-Agentur Frontex in Pushbacks in der Ägais zeigen, dass sich, nach dem Scheitern der rechtlich umstrittenen Abkommenspolitik der Europäischen Union mit Drittstaaten wie der Türkei und Libyen, das Vorgehen, Schutzsuchende widerrechtlich von der Inanspruchnahme ihrer Grundrechte abzuhalten, hinter den Kulissen heimlich als eine der Kernstrategien im Europäischen Migrations- und Asylmanagement etabliert hat (Christides/Lüdke, 2022).

Gegen-Dominoeffekt aufgrund nationalstaatlicher Rechtsprechung?

Aufgrund der Passivität der Europäischen Kommission in Bezug auf die fast täglichen Medienberichte über europarechtswidrige Pushback-Praktiken der EU-Mitgliedstaaten sind Organisationen der europäischen Zivilgesellschaft dazu übergegangen, die Verstöße vor nationalstaatliche Gerichte zu bringen. Diese Dokumentationsarbeit führt seit Ende 2020 zu einigen bemerkenswert klaren Entscheidungen nationalstaatlicher Gerichte:

Italien

Der Pakistani Mirza[54] erreichte im Juli 2020 nach einer monatelangen Flucht über die sogenannte Balkanroute die norditalienische Stadt Triest. Es war ihm zuvor bereits etwa zehnmal gelungen, die Grenze zu überqueren, aber jedes Mal wurde er sofort Opfer eines Pushbacks. In Triest stellte er gegenüber italienischen Beamten einen Asylantrag, der aber »überhört« wurde. Ohne weitere Prüfung wurde er in der Nähe der slowenischen Grenze ausgesetzt und unter Androhung von Schlägen verjagt. Auf der anderen Seite der Grenze feuerten slowenische Beamte Schüsse auf Mirza und andere Schutzsuchende. Nach der Festnahme wurde er eine Nacht ohne Essen, Wasser und Zugang zu Toiletten eingesperrt. Trotz wiederholter Asylanträge gegenüber den slowenischen Behörden wurde er im Rahmen eines Kettenpushbacks, das heißt mittels einer Folgeabschiebung ohne jegliche Prüfung, ob seine menschenrechtlich gewährleisteten Rechte im Zielstaat gewahrt wären, zuerst den kroatischen Behörden übergeben und in der Folge über die EU-Außengrenze nach Bosnien-Herzegowina gedrängt.

Mit der Unterstützung italienischer Nichtregierungsorganisationen wurde eine Beschwerde beim Tribunale Ordinario di

Roma eingebracht. Dieser wurde mit Entscheidung vom 18. Jänner 2021 nicht nur stattgegeben, sie enthielt auch eine Anweisung an die italienischen Behörden, die sofortige Wiedereinreise des Beschwerdeführers als Asylwerber zu gestatten (Tribunale Ordinario di Roma, N.R.G. 56420/2020, 2021).

Die Entscheidung des Römer Gerichts hält explizit eine Verantwortung Italiens für die Kettenabschiebung bis nach Bosnien-Herzegowina fest: »Angesichts der vielen Quellen, die über das Schicksal der von Slowenien ›zurückübernommenen‹ Migranten, die de facto einer Kettenabschiebung nach Bosnien ausgesetzt waren, berichten, muss berücksichtigt werden, dass die italienische Regierung über alle Mittel verfügte, um zu wissen, dass die Migranten, darunter auch Asylbewerber, durch die ›informellen Rückübernahmen‹ Gefahr laufen, unmenschlicher und erniedrigender Behandlung ausgesetzt zu werden« (Tribunale Ordinario di Roma, N.R.G. 56420/2020, 2021).

Slowenien

21 Monate ist es her, dass der Kameruner Samuel[55] zum ersten Mal aus Slowenien ausgewiesen wurde. Seit er von der slowenischen und kroatischen Polizei rechtswidrig zuerst nach Kroatien und dann ohne weiteres Verfahren nach Bosnien-Herzegowina abgeschoben wurde, geriet er aufgrund der katastrophalen humanitären Lage vor Ort in eine menschenunwürdige Situation, die sich täglich aufgrund der fehlenden Infrastruktur weiter verschlechterte.

Im Dezember 2020, einen Monat vor der italienischen Entscheidung, hat nun das Verwaltungsgericht in Ljubljana das Vorgehen slowenischer Behörden in seinem Fall ebenfalls als rechtswidrig erklärt. Seine durch die EU-Verfahrensrichtlinie gewährleisteten Rechte auf ein faires Verfahren, auf die Durchführung einer Einvernahme und das Stellen eines Antrags auf internationalen Schutz, wurden verletzt[56]: »Der Antrag des Antragstellers auf internationalen Schutz wurde überhört, nicht in den Polizeiakt eingetragen. Folglich wurde er nicht wie ein Antragsteller behandelt« (Verwaltungsgericht Ljubljana, 2020, U 1686/2020-126).

Die Nichtregierungsorganisation InfoKolpa, die den Fall dokumentiert und den Antragsteller in Wahrnehmung seiner Rechte unterstützt hatte, spricht von einer Dunkelziffer von 10.000 ähnlich gelagerten Fällen, in denen die Betroffenen rechtswidrig zuerst nach Kroatien und von dort nach Bosnien-Herzegowina »zurückgestoßen« wurden (InfoKolpa, 2021).

Österreich

Der Marokkaner Ayoub und der minderjährige Somali Amin haben sich noch nie getroffen. Sie sind auf verschiedenen Kontinenten aufgewachsen, sind unterschiedlich sozialisiert worden und haben ganz unterschiedliche Gründe, weshalb sie ihr jeweiliges Herkunftsland verlassen mussten. Wenn die beiden aber über ihre Erfahrungen in der südsteirischen Grenzstation Sicheldorf im Oktober 2020 beziehungsweise im Juli 2021 erzählen, erkennt man, was die beiden verbindet: Ihre Schutzansuchen wurden »überhört« und sie wurden Opfer rechtswidriger Pushbacks, durchgeführt von der österreichischen Polizei. Und beide haben sich dazu entschlossen, mit der Unterstützung der Initiative Push-Back Alarm Austria rechtlich gegen das polizeiliche Handeln vorzugehen.

In einer aufsehenerregenden Erkenntnis Anfang Juli 2021 kommt das Landesverwaltungsgericht Steiermark im Fall von Ayoub zu dem Schluss, »dass ›Push-Backs‹ in Österreich teilweise methodisch Anwendung finden« (LVwG Steiermark, 2021, LVwG 20.3-2725/2020-86). Nach einigen Fällen im Jahr 2015 ist es nun wiederum gelungen, die illegale Pushback-Route am Balkan auch in Österreich gerichtsfest zu dokumentieren. Auch im Fall von Amin kam dasselbe Gericht im Februar 2022 zu dem Ergebnis, dass Pushbacks praktiziert werden: »Da mit dem Beschwerdeführer nicht über die Gründe seiner beabsichtigten Einreise nach Österreich gesprochen wurde beziehungsweise das wahrnehmbare Wort ›Asyl‹ nicht zur Kenntnis genommen wurde, war es für den Beschwerdeführer nicht möglich darzulegen, ob auf ihn ein Asylgrund zutrifft bzw subsidiärer Schutz und wurde durch die Zurückweisung gegen das Refoulement-Verbot verstoßen« (LVwG Steiermark, 2022, LVwG 20.3-2621/2021-49). In beiden Fällen wurden die Rechtsmittel der Behörde zurückgewiesen und die genannten Entscheidungen vom Höchstgericht bestätigt.

Mit den eingereichten Maßnahmenbeschwerden kann in Österreich nur die Feststellung einer Gesetzesverletzung erreicht werden. Es gibt in Österreich keinerlei finanzielle Entschädigung für die Betroffenen, noch die Möglichkeit der legalen Einreise und die Inanspruchnahme eines Asylverfahrens in Österreich. Amin hat mittlerweile in Slowenien Asyl erhalten (Mackinger, 2021). Ayoub sitzt nach wie vor in einem Abbruchhaus in Bosnien-Herzegowina. Auf Basis der im Jahr 2021 dokumentierten Fälle schätzt die Initiative Push-Back Alarm Austria, dass die Dunkelziffer von derartigen illegalen Pushbacks im letzten Jahr im mittleren dreistelligen Bereich lag.

Bei näherer Betrachtung der Gerichtsfälle in Slowenien, Italien und Österreich lassen sich Gemeinsamkeiten erkennen: Es waren Nichtregierungsorganisationen, die die Fälle gerichtsfest dokumentiert haben. Die Gerichte fanden klare Worte zur Rechtswidrigkeit staatlichen Handelns und kamen zu dem Schluss, dass dahinter Systematik steckt. In allen Fällen waren die Betroffenen unverhältnismäßiger, schikanöser Gewalt und unmenschlicher Behandlung durch Behörden ausgesetzt.

Auffallend ist, dass die involvierten staatlichen Behörden in den Gerichtsverfahren stets die Rechtmäßigkeit ihres Handelns unter Beweis zu stellen versuchten: Die Pushbacks wurden als übliche Zurückweisungen im Rahmen von Rückübernahmeabkommen dargestellt, ein Schutzansuchen der Betroffenen wurde trotz überwältigender gegenteiliger Beweislage jeweils in Abrede gestellt. Zumindest in formaler Hinsicht versuchen die involvierten Staaten – wenn auch, wie die Gerichtsentscheidungen zeigen, wenig erfolgreich – zumindest den Schein, völker- und europarechtskonform zu handeln, aufrecht zu halten (Nehammer, 4277/AB, 2021b).

Humanitäre Krise zur dauerhaften Aushebelung vom »Recht, Rechte zu haben«?

Als einige tausend Menschen im März 2020 versuchten, die Grenze von der Türkei nach Griechenland zu überwinden, kam es zu gewalttätigen Auseinandersetzungen und zur rechtswidrigen temporären De-facto-Aussetzung des griechischen Asylrechts (Lüdke, 2020). Das erinnerte bereits an die 2016er-Debatten in Österreich und Deutschland über eine jährliche Obergrenze von Asylverfahren..

Die offene Konfrontation mit geltendem Recht suchte im Frühjahr 2022 auch Polen. Einige tausend schutzsuchende Menschen irrten in den Wäldern zwischen Polen und Belarus umher und konnten weder vor noch zurück. Diese seien vom belarussischen Machthaber Lukaschenko angelockt worden und würden als »Waffe« gegen Polen benützt werden, so das Außengrenzland Polen. Eine Sperrzone, in der weder Hilfe geleistet noch Medienfreiheit ausgeübt werden kann, wurde eingerichtet. Menschen erfroren, viele wichen zurück. Genaue Zahlen sind nicht bekannt. Berichte, dass Personen, die es dennoch über die Sperrzone hinausschaffen, ohne Verfahren wieder zurückgeschoben werden, gibt es zuhauf.

Die Europäische Kommission reagierte zögerlich mit einem Kompromissvorschlag eines »Sonder-Asylrechts«[57]: de facto eine Aussetzung des Asylrechts für vier Wochen, eine massive Ausweitung von Grenzverfahren, die Absenkung von Unterbringungsstandards und vereinfachte Abschiebungen an der Grenze (Pro Asyl, 2021). Diese Vorschläge wurden nicht nur von Menschenrechtsorganisationen abgelehnt, sondern – auch von Polen als zu wenig weitreichend bezeichnet: Das Asylrecht sollte grundsätzlich aus Gründen der nationalen Sicherheit und der öffentlichen Ordnung suspendiert werden können (ECRE, 2022). Das wäre nichts anderes als die Legalisierung des rechtswidrigen Status Quo und die Legalisierung von Pushbacks.

Die Strategie der Europäischen Kommission, Polen eine Art »Asyl-Sonderrecht« aufgrund von »Überforderung« anzubieten, sendet ein fatales und falsches Signal aus: Zwar sieht der Vertrag über die Arbeitsweise der Europäischen Union in Artikel 78 vor, dass vorläufige Maßnahmen erlassen werden können, wenn sich ein Mitgliedstaat aufgrund eines plötzlichen Zustroms von Drittstaatsangehörigen in einer Notlage befindet. Von einer Notlage kann aber keine Rede sein: Polen hatte im Jahr 2020 unter 3.000 Asylanträge. Seit 2017 gab es nie über 5.000 Asylanträge jährlich – und das bei einer Bevölkerung von fast 40 Millionen Menschen (AIDA, 2021). Im Vergleich dazu: Österreich hatte im Jahr 2020 ca 15.000 Anträge (BMI, 2020a). Warum Polen wegen einiger tausend Schutzsuchender überfordert sein und deswegen in eine Notlage geraten soll, bleibt nicht nachvollziehbar. Es ergibt sich aus der Natur der Sache, dass das Argument, ein Notstand rechtfertige die Aushebelung eines notstandfesten Rechts, wenig überzeugt. Wenn aber selbst dem vorgegaukelten Notstand die Faktenbasis entschwindet, sollte die Diskussion spätestens dann beendet werden.

Entwicklung der Asylantragszahlen in Polen und Österreich

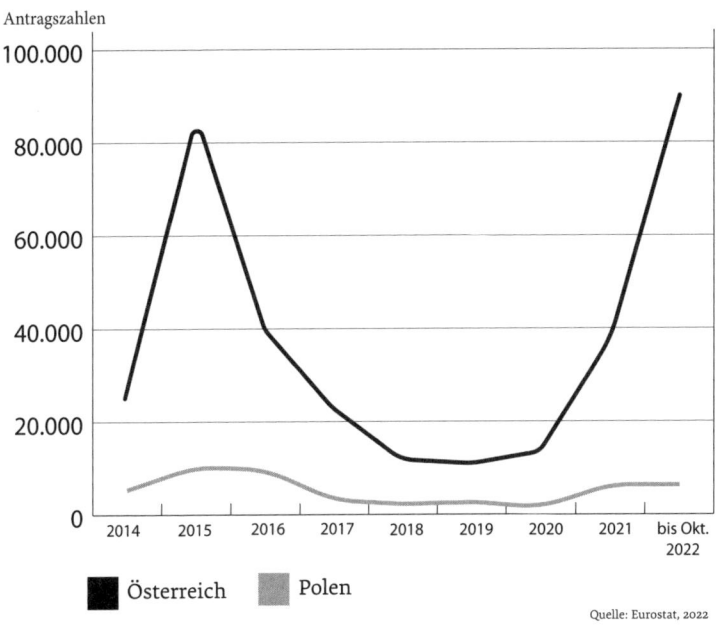

Antragszahlen

Österreich Polen

Quelle: Eurostat, 2022

Ausblick

Es gibt kaum eine Binnen- oder Außengrenze in Europa, an der sich die Berichte über gewaltsame Pushbacks in den letzten Jahren nicht gehäuft haben. Der passive, visionslose und destruktiv angstgetriebene Umgang mit den Phänomenen Flucht, Migration und Mobilität hat dazu geführt, dass sich nunmehr das primitive physische Zurückstoßen von schutzsuchenden Menschen als eine der Hauptstrategien nationalstaatlicher Sicherheitsbehörden herauskristallisiert hat.

Beispiele zivilgesellschaftlichen Handelns zeigen, dass durch penible gerichtsfeste Dokumentation und Unterstützung Abhilfe in einzelnen Präzedenzfällen geschaffen werden kann und damit dem unter anderem durch Artikel 4 der EU-Grundrechtecharta gewährleisteten Folterverbot zum Durchbruch verholfen wird. Das wird auch weiterhin notwendig sein und auch passieren.

Das allein genügt aber nicht: Die Europäische Kommission ist als Hüterin der Verträge dazu verpflichtet, systematische Verstöße der Mitgliedstaaten nicht zu legalisieren, sondern mittels Einleitung von Vertragsverletzungsverfahren zu ahnden und zu sanktionieren. Dabei soll in Erinnerung gerufen werden, dass das menschenrechtlich gewährleistete Folterverbot kein humanitärer Akt von Staaten, sondern eine zentrale Lehre aus den Gräueln des NS-Regimes ist. Es gebieten die Erfahrungen der Vergangenheit und das Bekenntnis zum Rechtsstaatsprinzip, an diesem notstandsfesten Recht nicht zu rütteln. Es gilt, von jeglichem Appeasement oder der Abschwächung der in der EU-Grundrechtecharta und der EMRK festgelegten Prinzipien Abstand zu nehmen – und dafür selbstbewusst für die Grundrechte, für die sich auch die Mitgliedstaaten der Europäischen Union einst aktiv entschieden haben, einzutreten.

Neben empfindlichen Sanktionen bei festgestellten Verstößen muss aber vor allem die Einführung und Finanzierung eines Grenzmonitorings unter Einbindung unabhängiger zivilgesellschaftlicher Akteure vorangetrieben werden. Durch unbeschränkten Zugang ohne Voranmeldung bewirken derartige Kontrollmechanismen eine Transparenz ähnlich dem nationalen Präventionsmechanismus des Anti-Folter-Komitees. Darüber hinaus braucht es verpflichtende Standards wie die Anwendung eines Fragenkatalogs bei Aufgriffen von Personen im Grenzgebiet unter Einbindung von professionellen DolmetscherInnen.

Österreich und andere Mitgliedstaaten der Europäischen Union täten gut daran, Transparenz in diesen menschenrechtlich sehr heiklen Bereich einziehen zu lassen und sich nicht nur klar gegen Pushbacks in Europa zu positionieren, sondern auch wirksame Präventionsmechanismen dagegen zu etablieren.

FORDERUNGEN:

- **Effektive Bekämpfung von Pushbacks** durch verstärkte, **penible, gerichtsfeste Dokumentation**, Sanktionierung rechtswidrigen Verhaltens durchführender BeamtInnen, Einführung und Finanzierung von **(Grenz-) Monitoring durch unabhängige NGOs**, verpflichtende Anwendung eines **Fragenkatalogs bei Aufgriffen von Personen** im Grenzgebiet, der die **Frage** beinhaltet, **ob ein Asylansuchen gestellt** wird.
- Verpflichtende Beiziehung von professionellen DolmetscherInnen für alle Amtshandlungen in Grenznähe.
- Suspendierung aller Rückweisungen bei Gefahr von Kettenabschiebungen.
- Gewährleistung einer **unbeschränkten Antragsmöglichkeit an der Grenze** (beziehungsweise im Territorium der Mitgliedstaaten), kein Appeasement oder

Abschwächung der in der EU-Grundrechtecharta festgelegten Prinzipien (wie hinsichtlich Polen).

- Einsatz für automatische Einleitung von **Vertragsverletzungsverfahren** durch die Europäische Kommission
bei systematischen Grundrechtsverletzungen, insbesondere im Bereich der Aufnahmebedingungen.
- Etablierung legaler Fluchtwege via **Resettlement**.

HALTE DICH EINFACH AN DEINE REGELN, EUROPA!

Mag. Christoph Riedl

Wie es sein kann, dass ein Geflüchteter an einer EU-Grenze gewaltsam zurückgewiesen wird, während an einer anderen sein Recht, einen Asylantrag zu stellen, respektiert wird? Warum es in der europäischen Asylpolitik eher ums Wollen und nicht ums Können geht und weshalb eine gemeinsame EU-Asylbehörde zu einer lösungsorientierten und faktenbasierten Asylpolitik führen würde.

Christoph Riedl arbeitet seit 25 Jahren in der Flüchtlingshilfe der evangelischen Diakonie, aktuell als Experte für Asyl, Integration und Menschenrechte im Büro der Diakonie Österreich.

Dezember 2020, drei Monate nach dem Brand im Flüchtlingslager Moria auf der Insel Lesbos. Wir sitzen in der warmen Hotellobby des einzigen Hotels in Mytilini, der Hauptstadt der Insel, das trotz des strengen Lockdowns geöffnet hat. Wir sind erleichtert: Alle Interviews sind geführt, die mitgereisten JournalistInnen konnten ihre Beiträge fertigstellen.

Am Nachmittag davor trafen wir eine afghanische Familie am Parkplatz eines großen Supermarktes. Ich habe die Reise nach Lesbos gemeinsam mit Katharina Stemberger[58], von der Initiative »Courage – Mut zur Menschlichkeit« angetreten. Katharina hatte der afghanischen Familie ein Schaffell mitgebracht, damit sie das neugeborene Baby in eine improvisierte Wiege, gebastelt aus einem aufgehängten Wäschekorb, legen kann. Das Fell soll das Baby vor Kälte und Nässe schützen. Die Familie lebt unter unwürdigen Bedingungen, ohne Heizung in einem Zelt im Flüchtlingslager Kara Tepe – oder Moria 2, wie es die Flüchtlinge nennen: Alles ist feucht, der Wind pfeift durch die Zelte, die direkt am Meer stehen. Es ist kalt Mitte Dezember auf Lesbos.

Am Abend zieht ein orkanartiger Sturm auf. Der Regen peitscht waagrecht gegen die Hotelfenster. Wer sich auf die Straße vor das Hotel wagt, steht knöcheltief im Wasser. Eine SMS der Familie erreicht uns im warmen Hotel: »Das Zelt ist zusammengebrochen. Das Baby und die anderen Kinder sind im Zelt der Nachbarn.« Das Ehepaar bemüht sich das Zelt wieder aufzustellen, um ihre letzten Habseligkeiten vor dem Wasser zu retten. Vergeblich. Kurze Zeit später kommt die nächste SMS: »Wir sind auch bei den Nachbarn, keine Chance gegen den Sturm.«

Dabei hatte diese Familie noch »Glück«. Viele andere haben es nicht bis auf die Insel geschafft, sondern wurden mit ihrem Boot von der griechischen Küstenwache zurück in die Türkei »gepusht«.

Doch: Warum verfolgt die griechische Regierung seit Jahren eine Politik der Abschreckung, inklusive rechtswidriger Pushbacks[59]? Warum scheint Griechenland nicht in der Lage zu sein, endlich ein funktionierendes Asylsystem und humane Erstaufnahmezentren aufzubauen (ECRE, 2022a)?

Szenenwechsel: Ein Jahr später, im November 2021, wieder an einer EU-Außengrenze: Ich liege im Bett in einer gemütlichen Pension in Bihac, einer Stadt im nordwestlichen Bosnien und Herzegowina nahe der Grenze zum EU-Mitgliedstaat Kroatien. Heftiger Sturm mit Regen zieht auf. Wieder denke ich an die wackeligen Zelte. Diesmal im »wilden« Camp der nordbosnischen

Stadt Velika Kladuša, das ich am Nachmittag besucht habe. Wieder afghanische Familien, wieder kleine Kinder und Babys, die in Fetzen-Zelten hausen.

Eine afghanische Familie, die innerhalb der Europäischen Union um Schutz ansucht, würde, insbesondere nach der Machtübernahme durch die Taliban im Sommer 2021, mit einer hohen Wahrscheinlichkeit einen Schutzstatus zugesprochen bekommen - nicht jedoch in Bosnien. Hier existiert de facto kein funktionierendes Asylsystem.[60]

Wie ist es möglich, dass 270 Kilometer südlich von Graz schutzbedürftige Menschen, die ganz klar Flüchtlinge im Sinne der Genfer Flüchtlingskonvention sind, auf einem Feld kampieren müssen?

Ist die menschenwürdige Aufnahme von Schutzsuchenden ein unlösbares Problem?

Fehlt es tatsächlich an Spielregeln für ein funktionierendes Asylsystem in Europa? Ist das derzeitige asylpolitische Agieren der EU-Mitgliedstaaten, inklusive regelmäßiger Medienberichte über unmenschliche Zustände und die Toten an den Außengrenzen, tatsächlich auf fehlende Beschlüsse beziehungsweise Rechtsetzung zu einem gemeinsamen europäischen Asylsystem (GEAS) zurückzuführen?

Dazu drei Thesen:

1. Der derzeitige europäische Rechtsrahmen bietet ausreichend Möglichkeit, eine gemeinsame, solidarische europäische Asylpolitik umzusetzen, ohne dabei das gemeinsame Wertefundament über Bord werfen zu müssen.

2. Solidarität ist machbar, dafür braucht es aber mehr und nicht weniger Europa[61]. Eine echte Harmonisierung der Asylsysteme zu europaweit gleichen Bedingungen für Schutzsuchende verlangt aber die Verschiebung national-staatlicher Kompetenzen auf die EU-Ebene. Das erfordert ein klares Bekenntnis zum Flüchtlingsschutz als gemein-sames europäisches Ziel.

3. Die Aufnahme von Flüchtlingen darf kein negativer Wett-bewerb sein, sondern muss Win-Win-Situationen erzeu-gen, sowohl für die Aufnahmegesellschaften, als auch für die Geflüchteten.

Fehlender Zugang zum Asylverfahren

Ein weiterer Schauplatz unmenschlicher Härte war ab Juli 2021 die polnisch-belarussische Grenze. Die polnische Regierung verweigerte Hilfsorganisationen und JournalistInnen den Zugang zum Grenzgebiet, wo sich einige tausend Menschen aufhielten.

Human Rights Watch zitierte Mitte November 2021 einen bela-russischen Regierungssprecher, der die Zahl von 7.000 Personen nennt (Human Rights Watch, 2021), die sich wochenlang unter lebensbedrohlichen Situationen in diesem Gebiet aufhielten (Grillmeier, 2021). Sogar das Flüchtlingshochkommissariat der Vereinten Nationen (UNHCR) blieb ausgesperrt.

Während sich Europas AußenministerInnen einig waren, sich nicht vom belarussischen Diktator Lukaschenko erpressen lassen zu wollen, trugen sie selbst den Konflikt auf dem Rücken von schutzsuchenden Flüchtlingen aus. Unter den Geflüchteten be-fanden sich auch zahlreiche kleine Kinder, schwangere Frauen, sowie alte und kranke Menschen.

Der polnische Grenzschutz ignorierte routinemäßig ihre Anträge auf internationalen Schutz. Zahlreiche Geflüchtete wurden und werden ohne Einleitung eines Verfahrens nach Belarus zurückgeschickt (Amnesty International, 2022). Auch wenn angesichts des russischen Überfalls auf die Ukraine vom 24. Februar 2022 und der unbürokratischen Aufnahme von 1,5 Millionen Ukraine-Vertriebenen die polnische Grenze zu Belarus aus den Schlagzeilen geraten ist, versuchen weiterhin Geflüchtete, diese zu überqueren (UNHCR, 2022h).

Amnesty International berichtet, dass Menschen, die nicht unmittelbar nach Belarus zurückgeschoben werden, festgenommen und unter unzureichenden Bedingungen und ohne Privatsphäre oft für lange Zeit in geschlossenen Zentren festgehalten werden. Es mangelt an sanitären Einrichtungen und dem Zugang zu ÄrztInnen, PsychologInnen oder zu einem Rechtsbeistand. Die Angehaltenen verglichen einige dieser Zentren mit »Guantánamo« und beschrieben mit Stacheldraht umgebene Gebäude inmitten aktiver Militäreinrichtungen, in denen ständig Geräusche von gepanzerten Fahrzeugen, Hubschraubern und Schüssen von Militärübungen zu hören waren. In einigen Zentren lebten die Menschen in überfüllten Räumen mit bis zu 24 Personen in einem kleinen Zimmer, einer Stunde Zugang zu Außenbereichen pro Tag und sehr eingeschränkter Kommunikation mit der Außenwelt (Amnesty International, 2022).

Polen bricht mit diesen gewalttätigen und illegalen Pushbacks das Rückschiebeverbot der Genfer Flüchtlingskonvention, da nach EU- und internationalem Recht alle, die an den Grenzen Asyl suchen, das Recht haben, einen Asylantrag zu stellen (EU-Grundrechtecharta, Art. 18; EU-Verfahrensrichtlinie; Allgemeine Erklärung der Menschenrechte, Art. 14).

Dazu hat der Europäische Flüchtlingsrat (ECRE)[62] am 26. November 2021 eine gemeinsame Erklärung von über einhundert Asyl- und Menschenrechtsorganisationen aus Europa veröffentlicht, in der verlangt wird:

»Der Zugang zu Asyl in Polen, Litauen und Lettland sollte sowohl rechtlich, als auch in der Praxis unverzüglich wiederhergestellt werden. Das bedeutet, dass alle Maßnahmen, die darauf abzielen, Menschen am Zugang zum EU-Gebiet und an der Stellung eines Asylantrags zu hindern, eingestellt werden müssen. Dies umfasst alle Maßnahmen, die Menschen daran hindern, das Gebiet der EU zu erreichen, sei es durch Anwendung von Gewalt oder Anweisungen an Grenzschutzbeamte, Pushbacks durchzuführen. Dazu gehört auch, dass der tatsächliche Zugang zum Verfahren durch geografische Beschränkungen der Asylantragstellung eingeschränkt und versucht wird, Ausnahmen vom Recht auf Asyl und dem Schutz vor Zurückweisung zu etablieren« (ECRE, 2021).

Im Oktober 2022 stellte ein polnisches Verwaltungsgericht fest, dass das im März 2020 von Polen eilig erlassene Gesetz, mit dem die Möglichkeit zur Asylantragstellung auf gewisse Grenzübergänge beschränkt wird, gegen nationales, EU- und internationales Recht verstößt. Das Gesetz führe zu Kollektivabschiebungen und verwehre den Zugang zum Asylrecht und zu rechtsstaatlichen Verfahren (ECRE/ELENA, 2022).

Beunruhigender Vorschlag der EU-Kommission

Beunruhigend ist bis heute in diesem Zusammenhang der Vorschlag der EU-Kommission vom 1. Dezember 2021 für vorläufige Sofortmaßnahmen zugunsten Lettlands, Litauens und Polens: Anstatt die Staaten aufzufordern, ihrer unionsrechtlichen Verpflichtung zur Prüfung der Asylverfahren der Schutzsuchenden an ihren Grenzen nachzukommen, liest sich der Vorschlag wie eine Ermutigung an diese Staaten, EU-Grundrechte einzuschränken und unter Umständen zu verletzen.

Der Vorschlag sieht vor, dass die Behörden für die Registrierung von Asylanträgen vier Wochen, statt maximal zehn Tage Zeit haben sollen, und die Schutzsuchenden in geschlossenen Zentren untergebracht werden können, in denen ihr Asylverfahren inklusive einer möglichen Berufung innerhalb von 16 Wochen abgehandelt werden sollte. Außerdem will die Kommission einfachere und schnellere Abschiebungen vorsehen (European Commission, 2021b).

Die Regierungen von Polen, Lettland und Litauen verunmöglichten somit einer relativ überschaubaren Anzahl von Schutzsuchenden eine Asylantragstellung und verweigerten humanitäre Nothilfe. Stattdessen wurden diese illegal an den Grenzen zurückgewiesen und in eine für sie lebensbedrohliche Situation gebracht.

Die Antwort der EU-Kommission – als »Hüterin der Verträge« – auf den Bruch von internationalem Recht und Unionsrecht war jedoch nicht, die sofortige Wiederherstellung des Rechts einzufordern und widrigenfalls scharfe rechtliche Konsequenzen anzudrohen. Stattdessen wollte die EU-Kommission mit diesem Vorschlag einer »Instrumentalisierungs-Verordnung« eine Art Freibrief erteilen, den Rechtsbruch fortzusetzen. Damit signalisiert sie aus einem zweifelhaften Grund, der keinesfalls eine Notsituation darstellt, die Erlaubnis, elementare EU-Grundrechte weiter auszuhöhlen.

Insgesamt hat sich in Europa eine Kultur der staatlichen Recht- und Sanktionslosigkeit im Bereich des Asylrechts breitgemacht, die immer wieder zu schweren Menschenrechtsverletzungen führt. Das zeigen Ertrinkende im Mittelmeer und die fast vollständige Einstellung der Seenotrettung sowie das Aussetzen der Entgegennahme von Asylanträgen und die illegalen Pushbacks an verschiedenen EU-Außengrenzen.

Die EU-Kommission nimmt selbst schwerste Grundrechtsverletzungen nicht ausreichend wahr, denn sonst müsste sie darauf reagieren und etwa Vertragsverletzungsverfahren gegen die betreffenden Staaten einleiten. Das geschieht aber nicht. Deshalb fühlen sich einige Mitgliedsländer offensichtlich darin bestärkt, ihr rechtswidriges Verhalten fortzuführen, ja sogar zu intensivieren.

Das derzeit geltende europäische Recht beinhaltet alles, was es braucht

Österreich und die anderen EU-Staaten müssen daher auf die Menschenrechtsverletzungen an den EU-Außengrenzen reagieren und auf die Einhaltung internationaler Verpflichtungen pochen. Das derzeit geltende europäische Recht beinhaltet alle rechtlichen Regelungen, die es braucht, um auf Fluchtsituationen rechtskonform und adäquat zu reagieren, ohne dass wehrlose Menschen weiterem Leid ausgesetzt werden müssen. Es sind unter anderem die Folgenden:

Massenzustrom-Richtlinie

Die EU verfügt über eine »Massenzustrom-Richtlinie« (Richtlinie 2001/55/EG), die geschaffen wurde, damit die Asylsysteme der EU-Staaten nicht durch eine große Anzahl von Schutzsuchenden überlastet werden. Sie wurde infolge der Kriege im ehemaligen Jugoslawien im Jahr 2001 verabschiedet und erstmals durch einstimmigen Beschluss des Europäischen Rates am 4. März 2022, wenige Tage nach der Invasion der Ukraine durch die russische Armee, in Kraft gesetzt.

Ziel der Massenzustrom-Richtlinie (Temporary-Protection-Richtlinie) der EU ist es, eine Überlastung der Asylsysteme der EU-Mitgliedstaaten zu verhindern. Aus diesem Grund ermöglicht sie, den Vertriebenen unmittelbar Rechte einzuräumen, die ansonsten nur Asylberechtigten nach einem positiv abgeschlossenen Asylverfahren gewährt werden. Diese sind insbesondere: der Zugang zum Arbeitsmarkt, zu Sozialleistungen und zu Bildung und Ausbildung.

Der Umfang dieser Rechte ist jedoch nicht eindeutig festgelegt. Die Richtlinie ermöglicht sowohl deren Beschränkung, als auch »günstigere« Rechte vorzusehen.

Dublin-III-Verordnung

Die umstrittene Dublin-III-Verordnung (Verordnung (EU) Nr. 604/2013) war überhaupt das erste gemeinsame Instrument zur Harmonisierung des Asylrechts in Europa. Es wurde ursprünglich als »Dubliner Übereinkommen« im August 1997 beschlossen und sollte einerseits die uneingeschränkte und umfassende Anwendung der Genfer Flüchtlingskonvention (GFK) durch alle Mitgliedstaaten sicherstellen, und andererseits dafür sorgen, dass Asylanträge nur mehr in einem einzigen Staat geprüft werden müssten. Die Grundidee der Dublin-Verordnung liegt in der Festlegung des für die Prüfung des Asylantrages zuständigen Mitgliedstaates.

Als das größte Problem der Dublin-Verordnung entpuppte sich jedoch, dass die Zuständigkeit für die Durchführung der Asylanträge grundsätzlich bei jenen Ländern liegt, die als erstes durch die Schutzsuchenden betreten werden. Also bei Ländern mit langen EU-Außengrenzen wie Griechenland, Italien, Kroatien oder Spanien, die teilweise mit der Durchführung der Asylverfahren überfordert waren und sind.

Durch die Möglichkeit des »Selbsteintrittes« in Asylverfahren eines anderen Mitgliedstaates existiert zwar ein indirekter Solidaritätsmechanismus, von dem aber in der Praxis durch die anderen EU-Staaten kaum Gebrauch gemacht wird.

Aufnahmerichtlinie

Das Unionsrecht regelt in seiner Aufnahmerichtlinie den Mindeststandard für die menschenwürdige Unterbringung und Versorgung von Schutzsuchenden. Es gibt daher eigentlich keinen Grund, warum eine Aufnahmeeinrichtung für Asylsuchende in Griechenland anders beschaffen sein sollte als in Deutschland oder Österreich.

Artikel 17 der EU-Aufnahmerichtlinie besagt: »Die Mitgliedstaaten sorgen dafür, dass die im Rahmen der Aufnahme gewährten materiellen Leistungen einem angemessenen Lebensstandard entsprechen, der den Lebensunterhalt sowie den Schutz der physischen und psychischen Gesundheit von Antragstellern gewährleistet« (Richtlinie 2013/33/EU).

EU-Statusrichtlinie

In einem weiteren, sehr zentralen Dokument wird unionsrechtlich festgehalten, dass gemeinsame Kriterien zur Bestimmung jener Personen anzuwenden sind, die tatsächlich Schutz benötigen. Die EU-Statusrichtlinie (Richtlinie 2011/95/EU), auch Qualifikationsrichtlinie genannt, legt für alle Mitgliedstaaten verbindlich fest, wer als Flüchtling anerkannt werden kann und wem subsidiärer Schutz zusteht. Gleichzeitig wird festgeschrieben, dass in allen Mitgliedstaaten das gleiche Mindestniveau von Leistungen geboten werden muss. Die EU-Länder können also nicht willkürlich entscheiden, wem sie Schutz gewähren wollen.

EU-Verfahrensrichtlinie

Gemeinsam mit der EU-Verfahrensrichtlinie (Richtlinie 2013/32/EU) bildet die EU-Statusrichtlinie das Kernstück des derzeitigen europäischen Systems zur Behandlung von Asylansuchen in der Europäischen Union. Die Verfahrensrichtlinie legt, wie ihr Name schon sagt, detailliert fest, wie die Asylverfahren in den Mitgliedstaaten abzulaufen haben.

Aus all dem wird ersichtlich, dass innerhalb der Europäischen Union sehr wohl ein weit fortgeschrittenes System zur Aufnahme und Verteilung von Schutzsuchenden und der Entscheidung über ihre Asylgesuche besteht. Auch wenn dieses System teils erhebliche Schwächen aufweist, wie die ungerechte Verteilung der Verantwortung durch das Dublin-System, räumt das den Mitgliedstaaten nicht das Recht ein, sich über diese geltenden verbindlichen Mindestnormen hinwegzusetzen, bis ein neuer, oder anderer europäischer Rechtsrahmen beschlossen wird.

Abschreckung statt Aufnahme

Zurück nach Griechenland: Die katastrophalen Zustände, unter denen Flüchtlinge auf den griechischen Ägäisinseln leben müssen, sind nicht erst seit dem Brand des Lagers in Moria auf der

Insel Lesbos bekannt. In all diesen Lagern leben Kinder, alte und kranke Menschen ebenfalls unter katastrophalen und völlig würdelosen Bedingungen.

Die inhumanen Aufnahmebedingungen Griechenlands scheinen eine bewusste Inszenierung zu sein, um durch das sichtbare Elend, in dem Flüchtlinge dort leben müssen, andere Menschen abzuschrecken, damit sie sich nicht auf den Weg nach Griechenland machen.

2020 hat das Anti-Folter-Komitee des Europarates (CPT) Griechenland einen Ad-hoc-Besuch abgestattet. Der Bericht wirft Griechenland eine bewusste Abschreckungspolitik vor und kritisiert die Haftbedingungen für Schutzsuchende, aber auch die Unterbringungssituation in den Flüchtlingslagern massiv (Council of Europe, 2020: 7).

In den menschenunwürdigen Lagern auf den griechischen Inseln sind permanent MitarbeiterInnen der EU-Kommission, aber auch der EU-Agenturen Frontex und EASO anwesend. Die unmenschliche und entwürdigende Behandlung von Schutzsuchenden geschieht damit vor unseren Augen, in einem Mitgliedstaat der Europäischen Union. Der griechische Staat, die EU-Kommission und die europäischen Staats- und Regierungschefs waren offensichtlich seit Jahren nicht in der Lage, und auch nicht gewillt, diese unhaltbaren Zustände zu beenden.

Schon im Oktober 2017 sagte der damalige Vizepräsident der EU-Kommission, Frans Timmermans: »Migranten müssen auf den Inseln bleiben, trotz der Schwierigkeiten. Sie auf das Festland umzusiedeln, würde eine falsche Botschaft senden und eine Welle von Neuankömmlingen erzeugen« (Laghai, 2017).

Die Lager sind also Teil eines europäischen Abschottungs- und Abschreckungskonzepts. Es ist offensichtlich nicht gewollt, dass Schutzsuchende, denen es noch gelingt, mit Booten bis zu den griechischen Inseln zu kommen, Zugang zu einem Asylverfahren in der EU erhalten.

Die Unterbringung in unbeheizbaren Zelten auf einem Gelände ohne Stromanschluss und mit unzureichenden sanitären Bedingungen, wie sie seit Jahren auf den griechischen Inseln und insbesondere nach dem Brand des Lagers Moria im September 2020 im neu errichteten Lager Moria 2, (Mavrovouni) herrschten, entsprachen in keiner Weise dem von der EU-Aufnahmerichtlinie geforderten Mindeststandard.

Auch hier scheint die Sanktionslosigkeit den unrechtmäßigen Zustand zu zementieren. Trotz 2,4 Milliarden Euro, die die EU-Kommission zwischen 2015 und 2020 an Griechenland zum Aufbau eines Aufnahmesystems überwiesen hat (Seralidou, 2020), werden die Mindeststandards nicht eingehalten.

Es ist eher ein Nicht-Wollen als ein Nicht-Können

Die Bemühungen der letzten Jahre, den Flüchtlingsschutz solidarisch in Europa zwischen den einzelnen Mitgliedstaaten zu organisieren, müssen wohl als gescheitert betrachtet werden.

Nach der großen Fluchtbewegung 2015/2016 gab es in ganz Europa einen sehr lauten Ruf nach mehr Gemeinsamkeit in der europäischen Asylpolitik. Es war deutlich geworden, dass nur wenige Länder sich an der Aufnahme von Asylsuchenden beteiligt hatten. Die EU-Institutionen erarbeiteten und diskutierten ein umfassendes Reformpaket zum Gemeinsamen Europäischen Asylsystem, das während der österreichischen EU-Präsidentschaft 2018 unmittelbar vor der Beschlussfassung stand. Doch auch diese Einigung scheiterte. Zu groß waren inzwischen die gegensätzlichen Interessen: Während ein Teil der Staats- und Regierungschefs einen gerechteren Verteilungsschlüssel für Schutzsuchende umsetzen wollten, waren die anderen nur noch bereit, über einen Ausbau des Grenzschutzes und eine Externalisierung des Flüchtlingsschutzes zu sprechen. Die sogenannten »Anlandeplattformen«, ein Konzept, das rechtlich nicht umsetzbar war und für das sich auch keine aufnahmebereiten Staaten finden ließen, galten plötzlich vielen als Lösung (ECRE, 2018).

Obwohl dieses Reformpaket aus Sicht vieler europäischer und österreichischer Flüchtlingsorganisationen mächtige Giftzähne beinhaltete (BAG, 2018), war die Situation inzwischen so festgefahren, dass selbst die Hardliner unter den europäischen Regierungschefs ihre Zustimmung verweigerten und die Reform begraben werden musste.

Der nächste große Versuch der Wiederbelebung der festgefahrenen Reformpläne für das Gemeinsame Europäische Asylsystem (GEAS) folgte im September 2020. Nach dem Vollbrand des Lagers Moria auf Lesbos stellte EU-Kommissionspräsidentin Ursula von der Leyen den »New Pact on Migration and Asylum«[63] vor. Doch auch dieser stieß vor allem bei den Visegrád-Ländern auf nicht viel Gegenliebe (Zeit-Online, 2020). Auch Österreichs damaliger Innenminister Karl Nehammer lehnte die, seiner Ansicht nach von der EU-Kommission vorgeschlagene »Zwangsverteilung von Asylbewerbern auf alle EU-Länder oder auch verpflichtende Flüchtlingsquoten durch die Hintertür« strikt ab (FAZ, 2020).

Zum Scheitern der Reform des europäischen Asylsystems hat auch die Nutzung des rechtspopulistischen Diskurses mit dem Zweck der Maximierung erhaltener Wählerstimmen beigetragen (MIDEM, 2018: 17ff.). An nachhaltigen Integrationslösungen, die durchaus zu Win-Win-Situationen für die Aufnahmeländer führen können, wird deshalb gar nicht mehr gearbeitet. Stattdessen

wird von vielen Regierungen unablässig am »Feindbild Flüchtling« gezimmert und daran festgehalten.[64]

Die Frage der Verteilung

2015 konnte das Dublin-System, das im Wesentlichen die Zuständigkeit zur Prüfung eines Asylantrages an jenes Land dele-
giert, das der/die Schutzsuchende als Erstes betreten hat, dem
Andrang der Schutzsuchenden nicht standhalten.
Die derzeitigen Asylantragszahlen in Europa sind für die Mitgliedstaaten allerdings beherrschbar, ohne dass große Reformen
im europäischen Asylsystem notwendig wären. Was bleibt, ist
die Ungleichverteilung der Verantwortung. Das Dublin-System
ist nicht besonders fair, weil es nur einigen wenigen EU-Mitgliedstaaten die gesamte Verantwortung für die Aufnahme von
Schutzsuchenden und die Durchführung ihrer Asylverfahren
aufbürdet.
Selbst in Zeiten geringerer Neuankünfte führt die Dublin-III-Verordnung zwangsläufig zu einer überproportionalen
Belastung jener Länder an den Außengrenzen, in denen ohnehin der Großteil der Schutzsuchenden ankommt. Aufgrund
mangelhafter Aufnahmebedingungen oder der Gefahr von
rechtswidrigen Pushbacks sind viele Schutzsuchende jedoch
zur Weiterwanderung in sichere Länder mit stabilen Asylsyste-
men gezwungen.

Es wäre den Mitgliedstaaten möglich, freiwillig Solidarität zu üben

Auch im derzeitigen europäischen Rechtsrahmen könnten die
Mitgliedstaaten freiwillig Solidarität üben und die Prüfung von

Asylanträgen an sich ziehen, leider geschieht das aber kaum. Ein eindrückliches Beispiel dafür war das ohnehin bescheidene Relocation-Programm der EU-Kommission 2015. Dieses zielte darauf ab, 160.000 Schutzsuchende aus Griechenland und Italien in andere EU-Staaten umzuverteilen, und ist damals am Unwillen der Mitgliedstaaten gescheitert. Letztendlich waren es nur rund 28.600 Schutzsuchende, die in andere Mitgliedstaaten aufgenommen wurden (Der Standard, 2017).

Gäbe es einen gemeinsamen Willen zu einer tatsächlich gemeinsamen europäischen Asylpolitik, wäre der derzeitige Rechtsrahmen ausreichend, auch ohne Änderungen.

Selbstverständlich würde in einem solidarischen Europa, das sich seinen Grundwerten verpflichtet fühlt, die Aufnahme von circa 10.000 Schutzsuchenden aus Belarus angesichts der im Vergleich zur EU-Gesamtbevölkerung geringen Anzahl keine große Herausforderung darstellen, jedenfalls aber keinen Notstand auslösen.

Wie könnte eine positive Zukunft aussehen?

Den Willen, einen positiven Beitrag zum Flüchtlingsschutz leisten zu wollen, vorausgesetzt, könnte eine gemeinsam weiterentwickelte europäische Asylpolitik viel Positives bewirken.

Einige beispielhaft aufgezählte Möglichkeiten, eine solche zu realisieren, wären:

Europäische Asylbehörde

Die schnellstmögliche Harmonisierung der Asylsysteme in Europa würde durch eine gemeinsame Asylbehörde ermöglicht. Damit könnten die extremen Unterschiede in den Schutzquoten der einzelnen Mitgliedstaaten schlagartig beseitigt werden. Die Einrichtung einer solchen gemeinsamen supranationalen Behörde würde aber natürlich auch das Abgeben einzelstaatlicher hoheitlicher Aufgaben bedeuten. Asylpolitik wäre dann eine gemeinsame Aufgabe, die der Tagespolitik der EU-Mitgliedstaaten weitestgehend entzogen wäre. Im Idealfall würde dies zu einer lösungsorientierten und faktenbasierten Asylpolitik führen, welche die derzeit grassierenden Negativ-Wettbewerbe im Unterbieten von rechtlichen Mindeststandards beenden sollte. Die Aufnahme von Flüchtlingen in Europa könnte dann wieder als realpolitische Notwendigkeit zur Erfüllung einer völkerrechtlichen Verpflichtung gesehen werden.

Als Vorstufe zur gemeinsamen Asylbehörde würde die gegenseitige Anerkennung von Schutzgewährungen der jeweils anderen Mitgliedstaaten zu einem positiven Effekt auf die Sekundärmigration[65] führen.

Selbst die Umwandlung des europäischen Asyl-Unterstützungsbüros EASO in eine vollwertige EU-Asylagentur kann das strukturelle Problem, dass Asylentscheidungen eine hoheitsrechtliche Angelegenheit des jeweiligen Nationalstaates sind, nicht wettmachen. Am Ende braucht es immer griechische, deutsche oder österreichische Beamte, die die Entscheidung treffen.

Solange es sich die Nationalstaaten nicht nehmen lassen, die Asylentscheidungen selbst zu treffen, und sich aus diesem Grund weigern, die Kompetenz an eine supranationale EU-Behörde abzugeben, wird eine echte Harmonisierung zu europaweit gleichen Bedingungen für Schutzsuchende nicht erreicht werden können.

Geschützte Einreisemöglichkeiten

Wesentlich für die Vision einer positiv konnotierten europäischen Asylpolitik ist aber auch, sich ernsthaft mit der Frage von geschützten Einreisemöglichkeiten zu befassen. Derzeit haben Schutzsuchende meist keine andere Möglichkeit als – meist unter extrem gefährlichen Bedingungen – irregulär in ein EU-Land einzureisen, um einen Antrag auf internationalen Schutz stellen zu können.

Geschützte Einreisemöglichkeiten wie Resettlement,[66] Relocation, die Errichtung humanitärer Korridore, die vermehrte Ausstellung humanitärer Visa, aber auch Evakuierungen aus Krisengebieten wären notwendige Ergänzungen einer zukunftsorientierten und menschenrechtsbasierten europäischen Asylpolitik. Sie hätten den positiven Nebeneffekt, dass sie der Schlepperei wesentlich effizienter die Grundlage entziehen könnten als jede sicherheitspolitische oder bauliche Maßnahme.

Win-win-Situationen schaffen – für Aufnahmestaaten und Geflüchtete

Und dann bleibt da noch die Verteilungsfrage, an der die Reform des ineffizienten und ungerechten Dublin-Systems derzeit scheitert: Auch hier wäre es, wie erwähnt, sinnvoll, neue Wege zu gehen.

Warum sollen sich strukturschwache Regionen in Europa nicht um die Unterbringung und Aufnahme von Schutzsuchenden bewerben können, wenn sie im Gegenzug Mittel aus einem europäischen Strukturfonds zur Modernisierung und Wiederbelebung ihrer Region erhalten können? Die deutsche Politikwissenschafterin Gesine Schwan schlägt vor, einen »Europäischen Fonds für

Integration und kommunale Entwicklung« einzurichten. Kommunen könnten sich nach ihrem Modell um die Aufnahme von Flüchtlingen bewerben und erhielten dafür Mittel, die sie in das Fortkommen ihrer Kommunen investieren könnten, in Schulen, Schwimmbäder, Spielplätze, Sporteinrichtungen, bessere Straßen und so weiter (Schwan, 2021).

Rassismus und Rechtspopulismus haben in vielen Teilen Europas dazu geführt, dass Schutzsuchende vermehrt als Feindbilder und Gefahr betrachtet werden. Strukturprogramme, die an die Bereitschaft zur Aufnahme von Flüchtlingen geknüpft werden, würden dazu führen, Feindbilder zu reduzieren und eine Begegnung von Schutzsuchenden und Aufnahmegesellschaft auf Augenhöhe zu ermöglichen. Zudem könnten aus den Schutzsuchenden von heute auch die allerorts dringend benötigten Fachkräfte von morgen werden.

Erfolgversprechend an einem solchen Modell wäre vor allem auch die direkte Zusammenarbeit der lokalen Ebene (Gemeinden, Kommunen) mit der supranationalen Ebene eines europäischen Strukturfonds. Das könnte den positiven Nebeneffekt erzielen, dass auch in Ländern mit rechtspopulistischen Regierungen zumindest ein Teil der für Integrationsmaßnahmen gewidmeten europäischen Mittel direkt in kommunalen Integrationsprojekten landet.

Spurwechsel vom Asylrecht ins Aufenthaltsrecht ermöglichen

So sehr eine strikte konzeptuelle Trennung von Asyl und Zuwanderung sinnvoll ist, um die Besonderheit des internationalen Schutzes hochzuhalten und auch abzusichern, so sinnvoll erscheint es auf der anderen Seite, das Potenzial von bereits im

Land befindlichen Menschen im beiderseitigen Interesse nutzbar zu machen.[67]

Ein gutes Beispiel sind hier Asylsuchende, die während eines lange dauernden Verfahrens eine Ausbildung in einem Pflegeberuf absolviert haben. Sie oder andere gut ausgebildete Fachkräfte nach negativem Abschluss eines Asylverfahrens abzuschieben, während beispielsweise versucht wird, Pflegekräfte auf den Philippinen anzuwerben, scheint geradezu töricht. Hier braucht es definitiv die Möglichkeit zu einem sogenannten »Spurwechsel« von der »Asyl-Schiene« in das Niederlassungs- beziehungsweise Aufenthaltsrecht. Ab einem gewissen Zeitpunkt sollte nicht mehr die Frage, warum jemand ursprünglich eingereist ist, im Vordergrund stehen, sondern die Perspektiven und Kenntnisse, die diese Person einbringen kann.

Europa der zwei Gesichter

Nach vielen Jahren des erbitterten Streits um jeden Millimeter in der Harmonisierung der Asylsysteme, der allzu oft zu einer starken Verwässerung von ursprünglich ambitionierten Vorhaben geführt hat, kam im Jahr 2022 ein Europa mit zwei sehr unterschiedlichen Gesichtern zum Vorschein. Ausgehend von der Fluchtbewegung weniger tausend Menschen, die über Belarus in die EU gelangen wollten, war schnell von einer totalen Überforderung Europas die Rede. Kilometerlange Grenzzäune und Mauern wurden in Polen, aber auch in Litauen errichtet. Flüchtende Menschen wurden als Waffe in einem hybriden Angriff bezeichnet. In Polen führten ca. 7.000 Schutzsuchende an der belarussischen Grenze zu einem de facto Aussetzen der Genfer Flüchtlingskonvention.

Die EU-Kommission brachte Anfang Dezember 2021 einen Vorschlag für eine »Instrumentalisierungs-Verordnung« (siehe oben: beunruhigender Vorschlag) auf den Weg, die den Staaten gestatten würde, relativ willkürlich von zentralen Verpflichtungen des EU-Asylrechts abzuweichen.

Im starken Kontrast zu diesem sehr harten Vorgehen steht die unkomplizierte und sehr unbürokratische Aufnahme von 7,86 Millionen Ukraine-Vertriebenen[68] in Europa (UNHCR, 2022h). Innerhalb kürzester Zeit gewährte Polen 7,5 Millionen Menschen unkompliziert die Ein- oder Durchreise (UNHCR, 2022h). Denn nur drei Monate und drei Tage nach dem Vorschlag der »Instrumentalisierungs-Verordnung« setzte die EU nach dem russischen Überfall auf die Ukraine die Massenzustrom-Richtlinie in Kraft. 15,5 Millionen Menschen (UNHCR, 2022h) flohen aus der Ukraine und alle Staaten Europas öffneten bereitwillig ihre Tore. Der Streit um die Verteilung der Schutzsuchenden in der EU war genauso vergessen, wie das Verbot, sich sein Zufluchtsland selbst aussuchen zu dürfen. Die Richtlinie sieht keinen Dublin-Mechanismus vor, und die Geflüchteten können sich frei im gesamten Raum der EU bewegen, niederlassen und haben sofortigen Zugang zum Arbeitsmarkt.

So führte einerseits im Jahr 2022 die Ankunft einer relativ kleinen Anzahl von Schutzsuchenden, die über Belarus in die EU gelangen wollten, zu einer Art Notstandspolitik, die in der Bereitschaft mündete, zentrale Elemente der Genfer Flüchtlingskonvention vorübergehend aussetzen zu wollen, und andererseits zu einer bereitwilligen Aufnahme von mehreren Millionen Ukraine-Flüchtlingen. Vermutlich hatten Zweiteres die GründerInnen der Genfer Flüchtlingskonvention im Jahr 1951 genauso vor Augen.[69]

Zurück zu den Wurzeln

»Die Werte, auf die sich die Union gründet, sind die Achtung der Menschenwürde, Freiheit, Demokratie, Gleichheit, Rechtsstaatlichkeit und die Wahrung der Menschenrechte einschließlich der Rechte der Personen, die Minderheiten angehören. Diese Werte sind allen Mitgliedstaaten in einer Gesellschaft gemeinsam, die sich durch Pluralismus, Nichtdiskriminierung, Toleranz, Gerechtigkeit, Solidarität und die Gleichheit von Frauen und Männern auszeichnet« (Art. 2, EU-Vertrag).

Der Artikel 2 des EU-Vertrages bringt es deutlich auf den Punkt. Nicht immer höhere Zäune, nicht brutale Pushbacks und die Aufweichung der europäischen Grundwerte, nicht das Gegeneinander und auch nicht das »Wir haben schon, jetzt sind die anderen dran!«, sondern die Rückbesinnung auf die Grundwerte ist der Klebstoff, der die europäische Gemeinschaft zusammenhalten kann.

Die PolitikerInnen, die 1951 die Genfer Flüchtlingskonvention geschaffen haben, hatten die Gräuel des Zweiten Weltkrieges noch vor Augen, als sie das Zurückweisungsverbot als wichtigstes Grundprinzip dieses Völkerrechtsvertrages festlegten. Sie wollten sicherstellen, dass niemals wieder Menschen, die Schutz vor Verfolgung suchen, vor verschlossenen Grenzen stehen würden. Sie wollten erreichen, dass Menschen, die in ihrem Heimatland verfolgt werden, eine neue Heimat finden können, in der sie in Würde und Freiheit leben können.

Ich bin sicher, sie meinten damit auch die afghanischen Familien im eisig nassen Zelt auf Lesbos und jene, 270 km südlich von Graz auf dem Feld in Velika Kladuša.

FORDERUNGEN:

- Schaffung sicherer Einreisemöglichkeiten wie etwa **Resettlement, Relocation, humanitäre Korridore, Evakuierungen aus Krisengebieten, humanitäre Visa**
- Die vorgesehene »humanitäre Klausel« des Dublin-Systems, wonach ein MS sich für das Asylverfahren einer bestimmten Person zuständig erklären kann, verstärkt anwenden.
- Schaffung eines Systems, bei dem **strukturschwache europäische Regionen** um die **Unterbringung und Aufnahme von Schutzsuchenden** ansuchen können und dafür Mittel aus einem Strukturfonds erhalten.
- Schaffung einfacherer Möglichkeiten eines **Spurwechsels von der Asyl- in die Migrationsschiene.**
- Verstärkte Ahndung von Grundrechtsverletzungen durch die KOM durch **vermehrte Einleitung von Vertragsverletzungsverfahren.**
- Verstärkte Kontrolle der in der AufnahmeRL harmonisierten Bedingungen für Unterbringung und Versorgung.
- Um angesichts der in den MS stark diskrepanten Chancen internationalen Schutz zu erhalten, muss die **Kontrolle der in der StatusRL harmonisierten Bedingungen für Status-Gewährungen verstärkt werden.**
- Harmonisierung der verschiedenen Asylsysteme durch Schaffung einer **gemeinsamen europäischen Asylbehörde.**

LEGALE FLUCHTWEGE AUS DER ASYLKRISENFALLE

Gerald Knaus

Es gibt kaum mehr legale Fluchtwege. Mit Resettlement-Programmen, der geordneten Aufnahme von Flüchtlingen, müssten diese nicht mehr ihr Leben riskieren und sich Schleppern anvertrauen. In einem ersten Schritt sollten Staaten mindestens 0,05 Prozent ihrer Bevölkerungszahl im Jahr an Flüchtlingen durch Resettlement aufnehmen. Dabei ist Kanada ein Vorbild. Österreich zählt zu jenen der nur vier EU-Staaten, die in den vergangenen drei Jahren niemanden auf diesem Weg ins Land gelassen haben.

Gerald Knaus ist Gründer und Leiter der Denkfabrik Europäische Stabilitätsinitiative (ESI) in Berlin. Er hat den Vorschlag für die EU-Türkei-Erklärung 2016 erarbeitet.

Österreich und seine europäischen Partner sollten sich heute für den Ausbau des internationalen Systems des Flüchtlingsschutzes einsetzen. Dabei muss es gelingen, humane Grenzen und die Kontrolle irregulärer Migration mit der geordneten Aufnahme von Schutzbedürftigen zu verbinden. Eine solche Politik kann so auch mehrheitsfähig sein.

Die Geschichte des 20-jährigen Lam Binh, der im April 1976 als erster Bootsflüchtling mit einer aus einem Schulatlas herausgerissenen Seite als Navigationshilfe bis nach Australien kam, ist heute Unterrichtsstoff an australischen Schulen. Zusammen mit seinem jüngeren Bruder und drei Freunden hatte sich Lam auf die mehr als 3500 Kilometer lange Reise von Vietnam nach Australien gemacht. Nach dreimonatiger Fahrt lief das Boot in den Hafen von Darwin ein. Als die Beamten der Einwanderungsbehörde an Bord kamen, sagte Lam: »Willkommen auf meinem Boot. Mein Name ist Lam Binh, und dies sind meine Freunde aus Südvietnam. Wir bitten um Erlaubnis, in Australien bleiben zu dürfen.« (National Museum of Australia, 2022). Er durfte bleiben (Mehr zu Australien und seiner Politik: Knaus, 2020).

Lam hatte Glück, dass er Australien vor 1989 erreichte. In diesem Jahr wurden zum ersten Mal die Flüchtlinge eines Bootes aus Kambodscha festgenommen und jahrelang in Haft gehalten. 1992 führte die damalige Labor-Regierung die zwingende Inhaftierung aller irregulär Ankommenden ein. Ab 1995 war sogar eine zeitlich unbegrenzte Haft erlaubt. Wäre Lam 2001 mit seinem Boot gekommen, hätte ihn die damalige Regierung auf die Pazifikinsel Nauru gebracht. Wäre er 2013 gekommen, säße er vielleicht noch heute auf der zu Papua-Neuguinea gehörenden Insel Manus fest.

1976 war die beste, wenn nicht einzig gute Zeit, um als Bootsflüchtling in Australien anzukommen. Niemand, der es wie Lam bis hierher geschafft hatte, wurde verhaftet. Überdies wurden sehr viele VietnamesInnen direkt aus Lagern in Südostasien nach Australien umgesiedelt. Bis 1983 waren es insgesamt 70.000 (Phillips/Spinks, 2013), bis 1997 aus ganz Südostasien 185.700 Menschen (Robinson, 1998). In diesem Zeitraum nahmen weltweit nur die Vereinigten Staaten mehr Menschen pro Kopf auf. Malcolm Fraser, der verantwortliche Premierminister, erfuhr dafür viel Lob von Menschenrechtsgruppen. Später erklärte er seine Politik so:

»Wir hatten keine Wahl. Wir überzeugten Malaysia, ein Aufnahmezentrum [zur Umsiedlung] zu errichten. Dort wurden Anträge, oft ziemlich schnell, innerhalb von ein bis zwei Monaten bearbeitet, und wer nach Australien durfte, wurde hierhergeflogen. Es bestand also keine Gefahr, dass Menschen auf See ertranken, nachdem sie zum Aufnahmezentrum in Malaysia gegangen waren« (Chasing Asylum, 2016).

Tatsächlich gelang es australischen Regierungen in den letzten 50 Jahren dreimal, die Zahl der Menschen, die in Booten nach Australien kamen, drastisch zu senken: 2001 und 2013 mit den Lagern in Nauru und Manus sowie ab 1980 durch die Politik Malcolm Frasers. Von 1976 bis 1979 erreichten 2.029 vietnamesische Bootsflüchtlinge Australien, doch danach kam jahrelang kaum noch ein Boot an (Phillips, 2017). Meinungsumfragen von 1979 zeigten Fraser, dass die Mehrheit der AustralierInnen die Umsiedlung einer »beschränkten Zahl« von Flüchtlingen in einem geregelten Verfahren unterstützte. Gleichzeitig wusste seine Regierung, wie wichtig es war, die Kontrolle über irreguläre Migration zu gewährleisten.

Fraser beschloss, mit den Transitländern zu kooperieren. Er bot den Regierungen Malaysias und Indonesiens an, Flüchtlinge nach Australien umzusiedeln, wenn sie im Gegenzug verhinderten, dass Boote in Richtung Australien ablegten. Frasers damaliger Einwanderungsminister erklärte, es sei »naiv«, anzunehmen, dass Erstaufnahmeländer wie Malaysia »dem australischen Ziel, Flüchtlinge vielleicht auf unbestimmte Zeit festzuhalten, positiv gegenüberstehen würden, bevor nicht eine internationale Umsiedlung organisiert werden kann« (Higgins, 2017).

Zwischen 1979 und 1983 nahm auch Österreich 2.000 Flüchtlinge aus Indochina auf (Arbeitsgruppe der Caritas Österreich, et al., 2017) Was 1979 möglich war, bleibt auch in Zukunft möglich: staatliche Kontrolle mit Empathie für Flüchtlinge zu verbinden.

Die im Sommer 1951 beschlossene Genfer Flüchtlingskonvention konfrontierte die Welt mit einer radikal neuen Idee: Staaten sollten Menschen, die eine »begründete Furcht vor Verfolgung wegen ihrer Rasse, Religion, Nationalität, Zugehörigkeit zu einer bestimmten sozialen Gruppe oder wegen ihrer politischen Überzeugung« haben, aufnehmen. Niemand, der diese Kriterien erfüllt, darf in eine Situation zurückgewiesen werden – refoulé im Französischen –, in der diese Person verfolgt und ihr Leben bedroht wäre. Das Prinzip des Non-refoulement ist somit das Herzstück der Genfer Konvention.

Ursprünglich galt die Flüchtlingskonvention für diejenigen, die »infolge von Ereignissen, die vor 1951 eingetreten sind«, aus Europa fliehen mussten, und führt so zurück in die dunkelste Epoche Europas. Heute ist die Konvention, angesichts des mittlerweile routinemäßigen Zurückstoßens von Menschen in Europa, Australien und den Vereinigten Staaten allerdings akut gefährdet. Dazu kommt: Es gibt kaum legale Wege, auf denen Schutzsuchende geordnet Länder erreichen können, die ihnen Schutz gewähren.

Der beste Weg, dies zu ändern, wäre ein Ausbau von Resettlement-Programmen, also der geordneten und legalen Aufnahme von Flüchtlingen, damit diese nicht erst ihr Leben riskieren und sich Schleppern anvertrauen müssen. Doch in den letzten Jahren wurde der Zugang zu dieser Form des Flüchtlingsschutzes weltweit immer weiter beschränkt. Bereits vor der Pandemie war die Zahl von Neuansiedlungen auf einen Tiefstand gefallen.

Ein erster Schritt sollte sein, dass Staaten sich das Ziel setzen, mindestens 0,05 Prozent ihrer Bevölkerungszahl im Jahr an Flüchtlingen durch Resettlement, also Neuansiedlungen, aufzunehmen. Die neue Ampelkoalition in Berlin hat sich zum Ziel gesetzt, das Resettlement-Engagement Deutschlands zu stärken. In Wien hat die Menschenrechtsorganisation SOS Mitmensch im Jahr 2021 eine Initiative für die Wiederbelebung humanitärer Aufnahmeprogramme Österreichs gestartet (UNHCR Resettlement Data Finder, o. J.).

Der Vorschlag von SOS Mitmensch orientiert sich an den Empfehlungen des Abschlussberichts der von der letzten deutschen

Bundesregierung eingesetzten »Fachkommission Fluchtursachen«. Darin wird ein jährliches humanitäres Aufnahmekontingent für besonders schutzbedürftige Personen von 0,05 Prozent der Bevölkerung des Aufnahmelandes gefordert. Auf die österreichische Bevölkerung gerechnet wären das 4.450 Menschen pro Jahr. Die Europäische Union wiederum sollte alle Staaten, die dies tun, dabei auch finanziell unterstützen. Einerseits gäbe es so keinen Zwang. Andererseits würde sichtbar werden, dass jeder Staat, der das internationale Flüchtlingssystem stützt, im europäischen Interesse handelt und auf diese Weise für die Werte der EU einsteht. Dazu sollte eine Koalition von willigen EU-Mitgliedern gemeinsam mit der EU-Kommission auch den Aufbau von Patenschaftsmodellen zur Aufnahme von Flüchtlingen unterstützen, um die Zivilgesellschaft tatkräftig einzubinden.

Immer noch führt der UNHCR Asylverfahren in vielen Ländern der Welt durch. Die vom UNHCR anerkannten Flüchtlinge sollten in einem Drittland neu angesiedelt werden. Dazu müssen andere Länder allerdings ihrerseits Aufnahmeangebote machen. Im September 2016 verabschiedete die Generalversammlung der Vereinten Nationen die »New Yorker Erklärung für Flüchtlinge und Migranten«. Die UNO-Mitgliedstaaten setzten sich das Ziel, künftig mehr Flüchtlinge aus Krisengebieten direkt umzusiedeln. Es ging darum, »die Zahl und das Spektrum legaler Wege, auf denen Flüchtlinge in Drittländern aufgenommen oder neu angesiedelt werden können, zu erweitern« (Vereinte Nationen, 2016). Im Dezember 2018 verabschiedete die UN-Generalversammlung einen »Globalen Pakt für Flüchtlinge«, mit dem Ziel, mehr Staaten bei Neuansiedlungen einzubinden. Doch trotz der nicht bindenden Absichtserklärung, »Neuansiedlungsprogramme einzurichten oder auszuweiten, zu vergrößern und zu verbessern«, nahm die Bereitschaft dazu in den letzten Jahren eben nicht zu, sondern rapide ab.

Das lag vor allem an der starken Abhängigkeit von den USA. Beinahe die Hälfte der weltweiten Neuansiedlungen seit 2013 führt in die Vereinigten Staaten. Auf die USA, Kanada, Australien und Großbritannien entfielen etwa 70 Prozent aller Neuansiedlungen weltweit. In Europa war Resettlement bislang vor allem eine Sache der Nordländer. Island, Norwegen, Schweden, Finnland und Dänemark haben mit zusammen etwa 27 Millionen EinwohnerInnen 2013 bis 2020 so etwa 45.000 Menschen aufgenommen, Frankreich mit 67 Millionen EinwohnerInnen nur ein Drittel dieser Zahl. Genau in diesem Bereich sollten sich europäische Demokratien einbringen. Würden Deutschland und Frankreich jedes Jahr das 0,05 Prozent-Ziel erreichen, wären dies 75.000 Flüchtlinge. Eine solche Politik wäre das Gegenteil einer ungeordneten und lebensgefährlichen Migration und ist politisch und praktisch machbar. Würden sich die Benelux- und Nordländer beteiligen, käme Europa auf 100.000 Schutzsuchende im Jahr.

Derzeit ist Kanada weltweit führend bei Resettlement und Patenschaften. Dort können sich BürgerInnen bereit erklären, konkreten Flüchtlingen zu helfen. Der Staat unterstützt das. Dabei geht es nicht um ArbeitsmigrantInnen, sondern nur um Flüchtlinge. Es gibt dort zwei Programme zur Umsiedlung von Flüchtlingen: eines für staatlich und eines für privat finanzierte. Staatlich finanzierte Flüchtlinge werden meist von Partnern der kanadischen Regierung, vor allem dem UNHCR, ausgewählt. Die Regierung setzt hierfür jedes Jahr ein Limit. Daneben legt sie jährlich die Zahl für Patenschaften fest, die bearbeitet werden können: 2018 waren es 18.000, 2019 19.000. Auf diese Art nahm Kanada, mit einer Bevölkerung von 37 Millionen, 2019 insgesamt 30.000 Flüchtlinge geordnet auf: MitarbeiterInnen des Einwanderungsministeriums interviewen Flüchtlinge vor Ort, um zu überprüfen, ob sie den Kriterien des Programms entsprechen und Schutz benötigen.

Es folgen medizinische Untersuchungen und Sicherheitsüberprüfungen. Bei der Einreise erhalten die Flüchtlinge alle notwendigen Papiere, einschließlich der gesetzlichen Krankenversicherung. Dieses Verfahren führt zu einer enorm hohen Akzeptanz in der Bevölkerung. Das Beispiel Kanadas zeigt: Das Engagement von Bürgern hilft bei der Integration. Den Menschen, die Schutz brauchen, wird gleichzeitig so geholfen, dass sich auch ihre Integrationschancen enorm erhöhen. Es geht dabei nicht um eine einmalige Aktion, sondern um ein humanes System, um Solidarität weltweit zu stärken. Das Ziel für Österreich und seine europäischen Partner sollte ein Dreiklang aus schnellen und fairen Asylverfahren, strategischen Abschiebungen und großzügiger Hilfe für Erstaufnahmeländer sein. Wir sollten Asylverfahren so durchführen, dass wir andere Staaten überzeugen können, dass Asyl möglich ist und Staaten überall auf der Welt sollten dabei unterstützt werden, ein Asylsystem aufzubauen. Das würde dazu führen, dass wir mit Rückführungen ab Stichtagen diejenigen, die keinen Schutz brauchen, von irregulären Einreisen abhalten und dafür legale Mobilität anbieten. Wir sollten Neuansiedlungsprogramme ausbauen, damit sich weniger Menschen in die Hände von Schleppern begeben. Und wie bereits im Globalen Pakt für Flüchtlinge der Vereinten Nationen 2018 festgelegt, die Hilfe für Flüchtlinge in Erstaufnahmeländern ausbauen (Vereinte Nationen, 2018).

Die Zahl aller Neuansiedlungen durch den UNHCR weltweit hat sich nach 2016 mehr als halbiert. 2020 waren es weltweit gerade noch 30.000 Menschen. Diesen Trend umzudrehen wäre ein großes, humanes Ziel für Europas Demokratien. Gut geplant würde es die Integration erleichtern und keine der europäischen Gesellschaften überfordern. Wenn einige Staaten vorangehen, würden sich andere anschließen. Und so einen zentralen Wert des modernen Europas – Schutz für Schutzbedürftige – auch im 21. Jahrhundert bewahren.

Manche PolitikerInnen suggerieren, dass jedes Zeichen von Aufnahmebereitschaft und Menschlichkeit dazu führen würde, dass sich hunderttausende Menschen aus aller Welt auf den Weg nach Österreich machen würden. Das ist falsch. Was richtig ist: Österreich hat in den letzten Jahren vielen Menschen Schutz gegeben. Das ist etwas, worauf ÖsterreicherInnen stolz sein können. Es war kein Fehler. Das Problem der letzten Jahre war allerdings, dass die meisten dieser Menschen zuvor ihr Leben riskieren mussten, um nach Europa zu kommen. Wir sollten irreguläre Migration human reduzieren und dafür eine geordnete Aufnahme ausbauen. In Kanada ist das keine linke oder rechte Position, es gibt einen Konsens, dass das sinnvoll ist und funktionieren kann. Das wäre auch in Österreich möglich.

FORDERUNGEN:

- Schaffung legaler Wege der Migration und Vermeidung von Schlepperei durch Aufnahme von Flüchtlingen durch **Resettlement im Umfang von 0,05 Prozent der jew. nationalen Bevölkerung der MS.**
- Aufnahmebereite Staaten werden durch die EU finanziell unterstützt.
- Verbesserte Integration und verstärkte Aufnahme Geflüchteter durch eine Schaffung von **Patenschaftsmodellen mittels einer Koalition williger Staaten und der KOM.**
- Unterstützung beim Aufbau eines Asylsystems in Staaten, wo es noch kein solches gibt.

EIN PLAN ZUR GEORDNETEN RETTUNG

Katharina Stemberger

Als sich 2020 die Berichte von Kinder-Selbstmorden häuften, machte sich eine Gruppe aus Österreich auf die griechische Insel Lesbos auf: zur Soforthilfe vor Ort und zur Entwicklung eines sechsstufigen »Plans zur geordneten Rettung«. Entstanden ist der spontane Einsatz aus der Initiative »Courage - Mut zu Menschlichkeit«: Wie engagierte VertreterInnen der Kultur, Wirtschaft und Zivilgesellschaft menschliche Lösungen zur Aufnahme und Integration von Geflüchteten suchen und finden

Die österreichische Schauspielerin Katharina Stemberger ist eine der GründerInnen der Initiative Courage. Seit Herbst 2019 setzt sie sich verstärkt für die Aufnahme von vulnerablen Menschen aus dem Lager Moria ein.

Im Herbst 2019 erreichten uns, eine Gruppe Engagierter, die sich später zur Initiative »Courage« zusammenfinden sollte, in ganz Europa die Nachrichten über vermehrte Suizide und Suizidabsichten von Kindern und Jugendlichen im Lager Moria auf der Insel Lesbos, dem größten Flüchtlingslager auf europäischem Boden. 10-, 12-, 13-Jährige, die in Europa eigentlich in »Sicherheit« waren und sich angesichts der Umstände in diesem Lager lieber das Leben nahmen, als noch einen Tag länger die unmenschlichen und brutalen Zustände zu ertragen.

Manche EuropäerInnen hörten und sahen hin, andere verdrängten dieses Leid. In Österreich waren vor allem die Stimmen laut, die meinten: »Wir können ja nicht alle retten. Österreich hat bei den letzten großen Fluchtbewegungen 2015 schon so viel getan.« Ein paar Kinder aufzunehmen sei ja nur Symbolpolitik. Wir waren nicht dieser Meinung: Nicht alle retten zu können, bedeutet im Umkehrschluss nicht, niemanden zu retten.

Anfang 2020 hatte Courage einen Gesprächstermin beim österreichischen Bundespräsidenten Alexander van der Bellen, bei dem wir unserer dringenden Bitte Ausdruck verliehen, dass Österreich *humanitäre Korridore*[70] eröffnen möge, um besonders vulnerable Personen geordnet in Sicherheit zu bringen – dem Beispiel der »Comunita Sant Egidio« folgend, die in den letzten Jahren tausende Verzweifelte geordnet nach Italien geholt hatte. Ganz nach dem Motto von Papst Franziskus: »Aufnehmen, schützen, fördern und integrieren.«[71]

Bundespräsident Alexander van der Bellen zeigte bei diesem Thema großes Verständnis und Anteilnahme. Einige Tage danach vertrat er in einem Interview ganz deutlich die Meinung, dass Europa zu einer gemeinsamen Vorgehensweise im Zusammenhang mit den Themen Flucht und Migration finden müsse, die von Solidarität und Empathie getragen wird.

Zwei Wochen danach kam der erste Lockdown und das Thema war – wie so viele andere – vom Tisch.

Im September 2020 brach im Lager Moria ein riesiges Feuer aus. 13.000 Menschen, die bis dahin in einem vollkommen überfüllten, desolaten Lager in Zelten und Baracken gehaust hatten, verloren das Bisschen, was sie besaßen, und wurden ein weiteres Mal in Angst und Schrecken versetzt. Rasch wurde ein provisorisches Ersatzlager an der windigsten Stelle der Insel, auf einem ehemaligen unbefestigten Militärgelände, errichtet: Kara Tepe, auch Moria 2 genannt. Anders, aber schlimmer.

Ein Sinnbild für den Umgang mit Geflüchteten an den EU-Außengrenzen. Kalt, auf Sand gebaut, den Stürmen ausgesetzt – und in der Nacht kamen die Ratten.

Die Politik in vielen europäischen Ländern reagierte in den darauffolgenden Monaten folgerichtig und menschlich. Erste Hilfe wurde geleistet, indem man Menschen schnell und unbürokratisch in Sicherheit brachte. Deutschland, Frankreich, Italien, Belgien und viele andere Länder, selbst das kleine Luxemburg, nahmen Menschen auf. Die österreichische Bundesregierung dagegen sprach von »Hilfe vor Ort«, erzählte vom SOS Kinderdorf und malte das Gespenst des »Pull-Effekts« an die Wand.

Statt nur zu reden, handelte »Courage« und fuhr gemeinsam mit Bischof Hermann Glettler im Dezember 2020 nach Lesbos, um sich vor Ort ein Bild zu machen. Alles war noch viel schlimmer als gedacht.

Das neue Lager versank buchstäblich im Dreck, starke Winterstürme ließen die Sommerzelte zusammenbrechen. Temperaturen um den Gefrierpunkt, keine Heizung, Ungeziefer, teilweise stand das Wasser in den Zelten. Die hygienischen Bedingungen waren katastrophal und nach stundenlangem Anstehen um Mahlzeiten waren diese oft nur mehr kalt.

Nach Österreich zurückgekehrt, machten wir unserer Bundesregierung den Vorschlag, im Sinne der Herbergssuche vor Weihnachten sofort hundert Familien aufzunehmen. Platz gab es, Bereitschaft gab es, kein Schlepper hätte ein Geschäft gemacht. Doch die Antwort blieb so kalt und windig wie die Zelte auf Lesbos. Nicht ein einziges Kind wurde in Österreich aufgenommen.

Das Thema »Flucht« wird nicht von der Bildfläche verschwinden, auch wenn wir versuchen, es zu ignorieren. Da geht es nicht nur um Griechenland. Die Situation in Bosnien-Herzegowina und Serbien, an der polnisch-belarussischen Grenze, und die Bootskatastrophen im Ärmelkanal zwischen

Frankreich und England zeigen uns, dass eine Politik der Abschreckung nicht funktioniert. Das Bedürfnis nach Kontrolle und Sicherheit darf uns nicht davon abhalten, menschliche und vernünftige Lösungen zu finden, die einem solidarischen, europäischen Gedanken würdig und von Empathie und Nachhaltigkeit geprägt sind.

Wenn wir die Brennpunkte an den EU-Außengrenzen entlasten wollen, wenn wir etwas gegen das Schlepperwesen tun wollen, wenn wir dem Sterben im Mittelmeer und in den Wäldern an der polnisch-belarussischen Grenze ein Ende setzen wollen, dann müssen wir legale Fluchtkorridore offenhalten.

Der Plan zur geordneten Rettung

Dazu hat »Courage« einen *Plan zu einer geordneten Rettung* mit Fachleuten und Stakeholdern erarbeitet. Dieser Plan orientiert sich an der Situation in Österreich, ist aber natürlich auf andere europäische Länder anwendbar.

Ziel dieses *sechsstufigen Planes* ist es, das Bedürfnis nach Sicherheit und Ordnung mit unserer Verpflichtung zur Aufnahme von Geflüchteten, die uns durch völkerrechtliche sowie europäische Normen[72] und nicht zuletzt durch unsere eigene europäische Geschichte erwächst, darzustellen und in der Folge umzusetzen. Im Weiteren soll dieser Plan kurz skizziert werden.

Erstens: Auswahl besonders vulnerabler Gruppen vor Ort in Abstimmung mit den zuständigen Behörden und Kooperationspartnern, wie zum Beispiel dem UNHCR.

Zweitens: Kontakt mit den aufnehmenden Gemeinden und Einrichtungen in Österreich (und anderen europäischen Ländern). Identitätsfeststellung und Registrierung aller Menschen, die mittels sicheren Transfers – und nicht durch Schlepper – in die aufnehmenden Länder gebracht werden.

Drittens: Strengste COVID-19-Sicherheitsmaßnahmen, darunter Gesundheitstests und Quarantäne. Auch das ist ein wesentlicher Vorteil gegenüber ungeordneten und unkontrollierten Grenzübertritten.

Viertens: Unterbringung durch Gemeinden, Pfarren, Gastgeberfamilien und Einzelpersonen.[73] Dass die Kapazitäten dafür vorhanden sind, verdeutlicht die »*Landkarte der sicheren Plätze*«, die die Initiative Courage bereits im September 2020 begonnen hat zu erheben. Bisher wurden allein in Österreich mehr als *dreitausend sichere Plätze* gemeldet, die für die Unterbringung und Versorgung Schutzsuchender bereitstehen. Die österreichische Zivilgesellschaft ist, in guter Zusammenarbeit mit den kirchlichen Einrichtungen, jederzeit bereit, Menschen aufzunehmen.

Fünftens: Soziale Absicherung. Sie bildet einen wesentlichen Bestandteil, um für nachhaltige Sicherheit auf allen Ebenen zu sorgen. Dazu zählt Kranken- und Unfallversicherung sowie Versorgung durch die öffentliche Hand, etwa Grundversorgung im Falle eines Asylverfahrens in Österreich.

Sechstens: Der letzte Schritt ist die Integrationsbegleitung, in der Österreich viel Erfahrung hat. Mittels Begleitvereinbarungen sollen aufnehmende Gemeinden Geflüchtete beim Ankommen in Österreich unterstützen, etwa durch ein Mentoring-System, das Hilfe beim Spracherwerb und in der Ausbildung bietet. Damit wird sichergestellt, dass Geflüchtete möglichst bald selbstbestimmt leben und einen Beitrag leisten können.

Dialog mit Herz

Da es neben der großen Bereitschaft, Geflüchtete aufzunehmen und ihnen Schutz und Hilfe anzubieten, auch Stimmen gibt, die verunsichert sind und der Aufnahme kritisch gegenüberstehen, hat »Courage – Mut zu Menschlichkeit« die »*Dialoge mit Herz*« im Frühjahr 2022 ins Leben gerufen.

Im Rahmen dieser »Dialoge mit Herz« sollen im Integrations- und Asylbereich engagierte VertreterInnen der Zivilgesellschaft zusammen mit EntscheidungsträgerInnen auf Gemeinde- und Landesebene miteinander ausloten, was sie gemeinsam zu einer menschlicheren Politik beitragen können, dabei sind die kirchlichen Einrichtungen wichtige Kooperationspartner. Gemeinsam wollen wir Antworten und Lösungen finden, die wir mit gutem Gewissen an die nachkommenden Generationen weitergeben können.

Auch dieses Modell hätte das Potenzial, ebenso in anderen EU-Mitgliedstaaten einen wichtigen Beitrag zur Verringerung der Spaltung der Gesellschaft zu leisten.

FORDERUNGEN:

- Schaffung **humanitärer Korridore** nach Europa für besonders vulnerable Personen.
- **Relocation aus Griechenland**: Auswahl der Personen unter anderem durch das UNHCR und Aufnahme durch Gemeinden, Pfarren, Gastgeberfamilien und Einzelpersonen sowie Integrationsförderung durch ein Mentoring-System.

MAHNMAL MORIA BLEIBT
»EUROPAS SCHANDE«

Doro Blancke

Das Flüchtlingslager Moria machte zu Recht als abschreckendes Beispiel des inhumanen Umgangs mit AsylbewerberInnen und MigrantInnen Schlagzeilen. Wie VertreterInnen der Zivilgesellschaft die Not der Menschen vor Ort lindern halfen und die skandalösen Zustände erfolgreich öffentlich machten. Was die Politik in Europa daraus lernen könnte, aber noch immer nicht gelernt hat: menschenwürdige Asylzentren an den Außengrenzen auf europäischem Territorium statt menschenunwürdiger Abschreckungspolitik.

Doro Blancke ist Menschenrechts-Aktivistin, seit acht Jahren aktiv für Menschen auf der Flucht und Geschäftsführerin des Vereins »Flüchtlingshilfe/refugee assistance-doro blancke«. 2020 wurde sie gemeinsam mit KollegInnen mit dem Ute-Bock-Preis von SOS Mitmensch ausgezeichnet.

Das Lager Moria ist ein Lehrbeispiel für die misslungene europäische Asyl- und Migrationspolitik, die sich in einer erschreckenden Deutlichkeit in Griechenland zugespitzt hat. Ich bin fest davon überzeugt, dass Moria als Negativbeispiel in Geschichtsbüchern Erwähnung finden wird.

2013 als Abschiebehaftgefängnis erbaut, wurde das Lager im Jahr 2015 erweitert. Das ehemalige Lager »Moria« auf Lesbos wurde somit als Registrierungs- und Aufnahmelager im ägäischen

Raum konzipiert. Die Aufnahmekapazität war auf ca. 2.800 Menschen ausgerichtet. Vorgesehen war, Menschen hier zu registrieren, sprich: Namens- und Altersfeststellung, Fingerabdrücke abzunehmen, das Herkunftsland festzustellen und die Geflüchteten einer Erstbefragung zu unterziehen. Dann sollten die Registrierten aufs griechische Festland gebracht werden, um dort ihre Asylverfahren abzuwickeln. Die Verantwortlichen sprachen und hofften auch auf eine Verteilung in andere EU-Mitgliedstaaten, nämlich jene ohne Außengrenzen. Doch dafür fehlte es an der notwendigen Solidarität.

Dabei hätten sowohl Griechenland als auch die restlichen EU-Mitgliedstaaten die notwendigen Mittel und das Know-how dafür. Gescheitert ist die Verteilung einzig an der Uneinigkeit der EU-27, an rechten und populistischen PolitikerInnen, an griechischer Misswirtschaft und an dem fehlenden politischen Willen beinahe aller handelnden AkteurInnen.

Moria war ein Ort des Grauens. Man ließ die Menschen »zusammengepfercht« in Holzverschlägen, Plastikzelten oder teilweise auch nur mit Decken im Freien hausen. Es gab weder ausreichend sanitäre Anlagen, die Stromversorgung war eine Katastrophe, es mangelte an Wasser und Essen sowie an ausreichender medizinischer Versorgung. Es gab weder Security noch sonstige Sicherheitsvorkehrungen. Man ließ Familien, Minderjährige und Alleinreisende auf der Flucht jahrelang warten, ohne ihnen eine Antwort auf ihre Asylanträge zu geben. »Warten – you have to wait« war die Antwort, die AsylwerberInnen täglich, und dies über Monate, oft auch Jahre, zu hören bekamen, wenn sie sich in ihrer Verzweiflung immer wieder an die zuständigen Behörden wandten. Es gibt so viele Statistiken, warum keine darüber, wie viele Kinderherzen wir in Moria gebrochen haben?

Durch diese unmenschliche Unterbringung und Behandlung, den bewussten Stillstand, das ignorante Zusehen der Politik, entwickelten sich auf Moria entsetzliche und menschenunwürdige Zustände. Menschen reagieren unterschiedlich auf Entwürdigung und auf das Gefühl, vollkommen alleingelassen worden zu sein. Kaum jemand der BewohnerInnen wollte nachts noch seine beziehungsweise ihre Behausung verlassen, Angst machte sich breit, Überfälle und Streitereien waren an der Tagesordnung. Stress und die massiven psychischen und physischen Belastungen, die den Menschen täglich ihre Würde raubten, hatten ihre Folgen, und würden diese auch in Zukunft haben. Viele Menschen auf der Flucht erlitten in Moria neuerliche Traumatisierungen, deren Heilung oft Jahre andauern würde.

Die Politik hat somit in ihrer Verantwortungslosigkeit und Unfähigkeit Wunden verursacht, die Europa viel Geld und umfassende, stabilisierende Konzepte für Heilung und Resozialisierung kosten werden. Das betrifft nicht nur die Geflüchteten selbst – es wird wohl erst in den nächsten Jahrzehnten sichtbar werden, welche katastrophalen Folgen diese menschenunwürdige Behandlung in den griechischen Lagern für uns alle, die Europäische Gemeinschaft, hat.

Ein Großteil der Schutzsuchenden kommt mit dem Wunsch nach Europa, hier in Ruhe, Sicherheit und Frieden ein neues Leben aufbauen zu können, selbst dafür zu arbeiten, sich einzubringen. An solchen Hotspots werden Schutzsuchende durch die entwürdigende und brutale Behandlung über Jahre hinweg gebrochen. Kinder sehen ihre Eltern verängstigt, depressiv und alleingelassen. Jedem vernünftigen Menschen ist wohl klar, was dies mit ihnen macht, wenn sie in Zuständen leben müssen, die jeglichen Glauben an solidarische Gemeinschaft und Menschenrechte verkümmern lassen.

Immer wieder gab es seitens der Geflüchteten Proteste bezüglich der katastrophalen Lebensumstände und der extrem langen Wartezeiten bei den Asylverfahren, denen sich auch viele NGOs, Initiativen, AktivistInnen und ÄrztInnen, die bei verschiedenen humanitären Organisationen tätig waren, angeschlossen haben. In den europäischen Medien wurde Moria als »Schande Europas« bezeichnet.

Dennoch, so traurig und unverständlich das klingen mag, hat sich bisher kaum etwas geändert. Nach einem Jahr Arbeit in Österreich für eine Verbesserung der Lebensumstände der Schutzsuchenden auf Lesbos und beinahe zweieinhalb Jahren Arbeit direkt vor Ort wage ich, zu behaupten, dass die politisch Verantwortlichen die Situation in vollem Bewusstsein seiner dramatischen Folgen eskalieren ließen.

Angesichts der COVID-19-Pandemie im Frühjahr 2020 forderte die international anerkannte NGO Ärzte ohne Grenzen / MSF eine sofortige Evakuierung des Lagers und eine Verteilung der Menschen in andere europäische Mitgliedstaaten. Wie so viele andere berechtigte Forderungen blieb auch diese erfolglos. Etliche politische VerantwortungsträgerInnen sprachen zwar von einer humanitären Katastrophe, die Europa nicht würdig sei, doch in der Praxis sachpolitisch abzuarbeiten und Griechenland zu unterstützen, indem man Geflüchtete im eigenen Land aufnahm – so weit kam es nie.

Als das Coronavirus Europa erreichte, hatte dies in allen Mitgliedstaaten weitreichende Folgen für die Geflüchteten. Besonders dramatisch aber war die Lage für Geflüchtete in Griechenland. Die griechische Regierung nutzte die Pandemie, um die Geflüchteten im Camp Moria weg- beziehungsweise einzusperren. Auch wenn es bis dato keinen registrierten COVID-Fall im Camp gab, durften die Geflüchteten zwischen März 2020 und Juli 2020 das Camp nur in absoluten Ausnahmefällen verlassen. So wurde, Schritt für Schritt, aus einem ursprünglich geplanten Aufnahme- und Registrierungscamp ein komplett überfülltes und verwahrlostes »Gefängnis.« Man war beziehungsweise wollte nicht in der Lage sein, ein gut geführtes Camp zu gestalten, wollte aber gleichzeitig die Menschen auch nicht aufs Festland bringen. Eine neue Form der Abschreckungspolitik etablierte sich, und die erlittenen Demütigungen brannten sich in die Herzen der BewohnerInnen ein.

Am 8. September 2020 schließlich brannte das Elendslager Moria ab.

Kurz nach dem Brand kamen wir auf die Insel. Die Menschen waren schwer traumatisiert. Alle, wirklich alle, hatten psychosomatische Erkrankungen, ihr Schmerz war einfach zu groß. Sie konnten nicht verstehen, warum sie, nachdem sie ihr Zuhause und ihre FreundInnen wegen Krieg, Terror, Hunger, großer Armut und persönlicher Verfolgungen hatten verlassen müssen, in Europa so behandelt wurden. Viele stellten uns die Frage, warum die europäischen Menschenrechte nicht für sie gelten würden.

Ich weiß bis heute keine Antwort darauf.

Dabei hat all das auch für Europa massive Folgen. Die aktuelle Asyl- und Migrationspolitik spaltet die europäische Zivilgesellschaft enorm, da der Großteil der PolitikerInnen bisher nicht in der Lage war, sie sachlich voranzutreiben. Ich vermisse schmerzhaft diese Sachlichkeit und eine gemeinsame Anstrengung zur dringend notwendigen Verbesserung der Lage. Und ich vermisse die Friedenspolitik, die wir alle dringender denn je brauchen. Denn mit dieser Friedenspolitik sind Menschen meiner Generation aufgewachsen. Was Europa letztendlich stark machte, sind die europäischen Werte.

Griechenland / Ägäische Inseln

Im September 2020 passierte also das, was aufgrund der katastrophalen Umstände im Lager wohl unvermeidbar war: Das Camp Moria brannte lichterloh. Man sprach von Brandstiftung. Minderjährige Geflüchtete wurden zu bis zu zehn Jahren Gefängnis verurteilt, der Richter leitete die Verhandlung mit den Worten ein: »Hier sitzen also die Brandstifter von Moria«. Wäre dieses Verfahren nach rechtsstaatlichen Standards abgelaufen, hätte es aufgrund der Befangenheit des Richters enden müssen. Der Hauptzeuge, der meinte, die Brandstifter gesehen zu haben, war unauffindbar, angeblich irgendwo in Deutschland. Europa brauchte Schuldige.

Nach dem Brand von Moria im September 2022 mussten Geflüchtete für beinahe zwei Wochen obdachlos in den umliegenden Olivenhainen ausharren. Es war beinahe unwirklich. Als ich gemeinsam mit einer lieben Freundin das erste Mal dort war, konnten wir es nicht begreifen. Es hatte 29 Grad, die Menschen saßen gequält in der Hitze. Man versuchte, den Frauen und Kinder wenigstens den Platz unter den Olivenbäumen, welche leichten Schatten spendeten, freizuhalten. Es gab weder sanitäre Anlagen noch Gelegenheit, sich zu waschen. Ein Großteil der Menschen saß apathisch da, viele weinten. Die Menschen hatten all ihre Habseligkeiten verloren. Viele betrauerten den Verlust ihrer Dokumente und Urkunden sowie ihrer Mobiltelefone, die sie in der Hektik des Großbrandes vergessen hatten. Auf ihnen hatten sie, so erzählten mir einige unter Tränen, die letzten Bilder ihrer Angehörigen, die immer noch in den Kriegsgebieten weilten, gespeichert.

Es fällt mir noch immer schwer die Stimmung, dieses unfassbare Elend zu beschreiben. Menschen mussten neben uns, schamhaft und völlig ungeschützt, ihre Notdurft verrichten. Die Kinder waren überhitzt und verängstigt, die Mütter durch die enorme psychische Belastung nicht mehr in der Lage, die Kleinsten zu stillen. Babys weinten pausenlos, weil ihre Popos so rot waren, dass sich die Haut löste, als ob sie verbrannt wäre. Bis auf wenig Wasser aus Flaschen gab es keine Wasch- oder Reinigungsmöglichkeit. Mütter mussten sich entscheiden, ob sie das Wasser zum Trinken oder zum Lindern der Verbrennungen benutzten. Viele Menschen bekamen einige Tage lang kaum etwas zu essen, was sie dazu veranlasste, sich in ihrem großen Hunger an den umliegenden Obstbäumen und den wenigen Gemüsefeldern zu bedienen. Die anfänglich so hilfsbereite Bevölkerung zog sich allmählich zurück, zu irritierend waren die Umstände für die InselbewohnerInnen. Ein katastrophaler Zustand, mit bis heute anhaltendenden Konsequenzen, der durch die Ignoranz der Politik ausgelöst wurde.

Am ersten Tag, als wir das abgebrannte Moria und die Olivenhaine rundherum (sogenannte »Jungles«) besuchten, um die Lage abzuschätzen und uns ein Bild zu machen, wie und wo wir effiziente »Hilfe vor Ort« einbringen konnten, entschieden wir uns für die Soforthilfe für Mütter mit ihren kleinen Kindern und allein reisende, junge Männer. Wir kauften massenhaft Brot, Babynahrung, Windeln und Wasser. Die jungen, männlichen Asylwerber aus Afghanistan und Syrien und aus afrikanischen Ländern wie Eritrea und Somalia waren und sind immer die letzten in der Versorgungskette. Obwohl viele von ihnen selbst noch jung und schutzbedürftig sind, gerade einmal Teenager oder Anfang zwanzig. Wir versorgten viele von ihnen täglich mit Wasser und Nahrung.

Die Vernachlässigung von Minderjährigen, Jugendlichen und jungen Männern, oft selbst noch Kinder, ist eine politische Unverantwortlichkeit, die weitreichende Folgen hat. Ich kenne viele junge Männer, die trotz aller Grausamkeiten, psychischen und physischen Verletzungen, die sie auf der gefährlichen Flucht aus Syrien oder Afghanistan erlitten haben, immer noch auf ein ruhiges, würdevolles Leben hier in Europa hoffen. Und dabei täglich dem Alltagsrassismus und dem unendlich langen Warten ausgesetzt sind, weil viele HelferInnen Frauen und Kinder bevorzugen. Das hinterlässt Spuren. Bei vielen zerbricht da etwas. Sowohl in Österreich als auch auf Lesbos ist es uns deshalb ein großes Anliegen, gerade auch diese Gruppe von Geflüchteten mit einzubeziehen. Es darf keine Verrohung geben. Weder bei EuropäerInnen noch bei Geflüchteten. Ein Großteil dieser jungen Menschen bleibt in Europa, weshalb es unsere Pflicht ist, sie so zu behandeln, dass sie in Ruhe ihre Talente, ihre Persönlichkeit und all ihre Begabungen entfalten können. Hunderte gelungene Beispiele in Österreich sprechen für diese Haltung. Unsere Community-Volunteers, also Freiwillige aus dem Camp, sind hauptsächlich junge, allein reisende Männer. Dank unserer Achtsamkeit und dank ihres Willens, sich in die Gemeinschaft einzubringen, konnten wir ausschließlich gute Erfahrungen machen. Wenn wir darüber nachdenken, welche Kosten uns in Europa erspart blieben, wenn wir Menschen würdig und mit Respekt behandelten, und welche ökonomischen Vorteile dies in Bezug auf Fachkräftemangel und ein gutes Miteinander brächte, ist es einfach unverständlich, dass wir andere grausame und zerstörerische Wege gehen.

Am zweiten Tag nach dem Brand in Moria schlossen wir uns einer kleinen griechischen NGO namens »Home for all« an, die bereit war, 2.000 Nahrungsrationen am Tag zu kochen. Bereits um 9 Uhr begann unsere Arbeit in der Küche, wir finanzierten vieles vom Einkauf der Lebensmittel dank der großzügigen Unterstützung vieler ÖsterreicherInnen mit. Täglich kochten und verpackten wir um die 2.000 Portionen. Nachmittags ging es los in die »Jungles«. Für viele EuropäerInnen ist es kaum nachvollziehbar, welche Szenen des Schmerzes sich dort abspielten. Auch wir konnten uns das nicht vorstellen und auch kaum glauben, was wir sahen, als wir das erste Mal dort waren. Es war und ist unfassbar.

Nur ausgewählte NGOs durften die Straßen, an denen die Geflüchteten lagerten, benützen. Nebenbei ließ man aber den Alltagsverkehr passieren. Lastwagen preschten an den Geflüchteten samt ihren Kindern vorbei. Wir alle hatten große Angst, dass Unfälle passieren würden.

Während der Zeit, in der die Geflüchteten in dieser unwürdigen Situation ausharren mussten, wurde in Windeseile ein provisorisches Camp in Kara Tepe, direkt am Meer, errichtet. Der Name des Camps: RIC (Registration Identification Center) Camp Mavorouni.

Dort wurden UNHCR-Zelte errichtet, die meisten ohne befestigten Untergrund direkt am harten Steinboden. Es gab weder Strom noch Wasser, als die Geflüchteten dorthin gebracht wurden. Viele wollten das RIC-Camp nicht betreten, denn es war alles eingezäunt. Die Polizei bewachte den Eingang und die Geflüchteten erahnten, dass es sich um ein gefängnisähnliches Lager handelte. Sie behielten Recht, denn eine lange Zeit, vor allem während der Pandemie, durften die BewohnerInnen das Camp gar nicht oder nur stundenweise verlassen. Da laut Polizei all jene, die nicht ins Camp gehen wollten, den Anspruch auf ein Asylverfahren verlieren würden, wurden die meisten gefügig gemacht. Die Letzten, die sich sträubten, wurden mit Tränengas angegriffen. Dass darunter auch Frauen und Kinder waren, schien für die Behörden kein Problem zu sein.

Auch wenn hinschauen wehtut, so muss doch konstatiert werden: Wir befinden uns in einem Vakuum von Hilflosigkeit und nationalistischem Denken. Viele nationale PolitikerInnen denken lediglich im Zeitraum ihrer Amtsperioden, versuchen, allein ihre eigene Macht zu stärken. Es braucht so viel mehr, um ein stabiles, friedliches Europa zu bewahren und zu stärken. Die aktuelle Asyl- und Migrationspolitik schwächt Europa zusehends und spaltet es weiter, und das führt zu Stabilitätsverlust. Jede und jeder überzeugte/r EuropäerIn müsste gerade jetzt Solidarität und Rechtsbewusstsein zeigen und diese von den politisch Verantwortlichen einfordern. Denn wer jetzt Ankündigungspolitik und Hetze betreibt oder rechtsradikales Gedankengut verbreitet, trägt nur zur Destabilisierung von Europa bei.

Mavorouni RIC Camp:
Zwei Tage nach der Eröffnung des Camps waren wir bereits dort, um zu helfen. Es waren beinahe 10.000 BewohnerInnen in Mavorouni untergebracht. Wir dokumentierten die Situation genau, sprachen mit Betroffenen, mit NGOs und Volunteers. Die Lage war schlichtweg eine Katastrophe.

In den Zelten, die zirka 20 m² groß waren, waren jeweils zwei Familien, getrennt durch eine einfache Plastikwand, untergebracht. Allein reisende Männer und Frauen mussten in Großzelten schlafen. Die Zelte standen auf einem Betonboden und waren anfangs ganz ohne Einrichtung. Viele stellten sich kleine Zelte hinein, um etwas Intimsphäre zu haben und um vor dem kalten Wind, der nachts vom Meer heraufwehte, geschützt zu sein.

Es gab viel zu wenige Toiletten, die Menschen mussten oft auch nachts weit gehen, um sie zu erreichen. Es gab kaum Elektrizität, keine Duschen, keine Möglichkeit, Wäsche zu waschen. Einige Wochen später wurden dann sogenannte Kübelduschen aufgestellt. Dabei handelte es sich um vier Holzpflöcke, umwickelt mit Schlafsäcken, innen ein Kübel, den man mit kaltem Wasser füllen musste, um es sich dann über den Körper zu schütten. Warmes Wasser gab es nicht. Völlig durchgefroren verließen die meisten Geflüchteten diese »Duschen«. Nahm man die Kleidung mit hinein, war sie nach der Körperpflege nass, blieb sie draußen, musste man beinahe ungeschützt, nur mit einem Handtuch bedeckt, hinaus an die Öffentlichkeit, um sich anzuziehen. Das mutete man auch Frauen zu, die sich zum Großteil noch nie vor anderen ohne Kleidung oder auch nur ohne Kopfbedeckung gezeigt hatten. Es gab viele Tränen, Verletzungen, Entwürdigungen.

Etliche der BewohnerInnen hatten bereits Asyl erhalten und warteten seit Monaten auf ihre Dokumente. Niemand der Betroffenen verstand, warum sie diese Torturen im bevorstehenden Winter in diesem Camp durchstehen mussten. Warum ein Camp wie dieses, in Europa?

Die Essensversorgung erfolgte über eine Food Line. In der Praxis bedeutet das stundenlanges Anstellen, um Essen zu bekommen. Mütter mit kleinen Kindern, Menschen mit Behinderungen im Rollstuhl, Familien – alle mussten in der Reihe stehen und auf Essen warten. Das Essen war zum Großteil ungenießbar, denn es wurde in Athen gekocht, eingefroren und dann nach Mytelini / KaraTepe gebracht, anfangs nicht einmal aufgewärmt. Deshalb begannen die Menschen, zwischen den Zelten über offenem Feuer zu kochen. Dies war nicht ungefährlich, denn der Wind blies vom Meer her stark, die Gefahr eines Feuers durch Funkenflug war groß. Die Behörden schauten tatenlos zu, wussten sie doch genau, dass die Menschen vom ausgegebenen Essen hungrig blieben. Egal wo, ob bei den ÄrztInnen, bei der Wasserausgabe, bei den Containern, in denen die Büros der Asylbehörde untergebracht waren, vor den Toiletten – Warten war Alltag im Camp.

Wir lieferten zu dieser Zeit mit der NGO »Home for All« zusätzliche 1.000 Rationen täglich ins Camp, vor allem für Menschen mit besonderen Bedürfnissen, hauptsächlich DiabetikerInnen. Es gab aber auch Menschen mit vorangegangenen Operationen, die nur Breinahrung zu sich nehmen konnten. Auch das deckten wir ab. Die griechische Regierung nahm und nimmt keine Rücksicht auf solche Bedürfnisse. Ihre Abschreckungspolitik zieht sich durch.

Wenn ich durch das Camp ging, um Familien zu besuchen und mich mit den Menschen zu unterhalten, sah ich Zustände, die mich völlig ratlos und traurig zurückließen. Wenn man dann in dieser Situation von den Menschen auf einen Tee eingeladen wird und deren neugeborenes Baby in Fetzen eingewickelt sieht, fehlen einem die Worte. Wir halfen, wo wir konnten. Arbeiteten oft bis tief in die Nacht.

Dann kam auf der Insel der Winter, viel früher als erwartet. Bereits im November regnete es jeden Tag, oft in Strömen, verbunden mit eisigen Winden. Das Camp steht direkt am Meer. Die Zelte, in denen Frauen, Kinder und Männer untergebracht waren, standen unter Wasser. Die Bilder gingen um die ganze Welt. Obwohl hitzig darüber debattiert wurde, wie furchtbar das alles sei, geschah nichts.

Es war uns wichtig, dass Persönlichkeiten des öffentlichen Lebens aus Österreich diese unhaltbaren Zustände zu sehen bekamen und somit erlebten, was dies für die Geflüchteten bedeutete. So luden wir etwa viele der AutorInnen des Bandes nach Lesbos ein, etwa Bischof Hermann Gletter aus Innsbruck, die Schauspielerin und Initiatorin von »Courage – Mut zur Menschlichkeit« Katharina Stemberger, den Asylexperten der Diakonie Christoph Riedl, die Nationalratsabgeordnete Dr. Stephanie Krisper, die Abgeordnete zum Europäischen Parlament Dr. Bettina Vollath, den Völkerrechtsexperten Prof. Dr. Wolfgang Benedek sowie zahlreiche JournalistInnen und zivilgesellschaftliche AkteurInnen. Nur einige von ihnen bekamen Zugang zum Camp, den JournalistInnen etwa wurde der Zugang verweigert. Bei der offiziellen Campbesichtigung wurde die Gruppe lediglich auf der »Hauptstraße« durch das Camp geführt. Die einzigen beiden regierungstreuen NGOs wurden auch dazu eingeladen. Sie berichteten, wie gut alles funktioniere. Es war beschämend und erschreckend.

Dank unabhängiger Berichte und Recherchen waren sich die Gäste der gezielten Beschönigung sehr wohl bewusst. Und sie alle waren fassungslos ob dieses Zustands.

Ein Jahr lang haben wir in diesem Camp gearbeitet. Wir entwickelten eine App, die für die soziale Struktur im Camp sehr wichtig war. Durch diese App konnten wir die Hilfe besser organisieren und fairer verteilen. Denn es darf nicht sein, dass die eine Familie Kleidung und Schuhe erhält, weil sie »wen kennen«, und die andere Familie, die mit ihnen das Zelt teilt, leer ausgehen muss, weil sie nicht so gut vernetzt ist. Die App sorgte für mehr Gerechtigkeit in der Verteilung der Hilfsgüter.

Unsere Community-Volunteers, die selbst im Camp lebten, registrierten alle Geflüchteten mit der entsprechenden Zeltnummer. Anhand dieser Registrierung konnten wir bis ins Frühjahr 2021 alle Menschen im Camp mit Decken, Kleidung, Babynahrung und Windeln beliefern. Aus Österreich erhielten wir von Courage und von der Diakonie hunderte Babyfelle. Ein Wäschekorb, innen im Zelt aufgehängt, sollte mit den Fellen ausgekleidet als geschützter, trockener Babyschlafplatz dienen. An dieser Stelle ein großes Danke an unsere damaligen Freiwilligen aus Österreich, die unglaublich beeindruckende Arbeit geleistet haben und an alle UnterstützerInnen und Initiativen in Österreich!

Bis tief in die Nacht standen unsere ehrenamtlichen HelferInnen mit Stirnlampen in unserem »Warenlager«, um die Pakete für die Familien zu packen. Am nächsten Tag wurde ausgeliefert.

Seit diesen Schilderungen sind bereits eineinhalb Jahre vergangen. Im Camp leben zurzeit, im November 2022, ca. 2.000 Personen. Ein Großteil der ehemaligen BewohnerInnen bekam Asyl und wurde aufs Festland in die Obdachlosigkeit entlassen. Es wundert niemanden, der die Zustände in Griechenland kennt, dass viele von ihnen dann nach Deutschland oder Österreich weiterzogen. In beiden Ländern hielten Gerichtsurteile fest, dass man nicht nach Griechenland zurückstellen dürfe.

Jetzt arbeiten wir außerhalb des Camps, denn auch dort gibt es genug zu tun.

- So beteiligen wir uns etwa an einem Sozialzentrum namens »Parea«. Es hat fünf Tage die Woche, von 10 bis 16 Uhr geöffnet und steht allen CampbewohnerInnen offen. Unterschiedliche NGOs bieten dort ihre Projekte an. Wir verteilen wöchentlich an ca. 200 besonders vulnerable Personen, die außerhalb des Camps in Mytelini wohnen, große Lebensmittelpakete. Pro Person so viel, dass man durch die Woche kommt. Viele von ihnen haben bereits Asyl und sind vollkommen sich selbst überlassen. Darunter sind viele Familien.

- Wir finanzieren auch eines der größten Rechtsberatungsprojekte auf der Insel, gemeinsam mit der NGO »Defence for Children international Greece«. Nantina Tsekeri, die Leiterin, ist eine ausgezeichnete griechische Asylanwältin und leistet gemeinsam mit ihrem Team großartige Arbeit.

- Wir zahlen Mietkosten für besonders vulnerable Personen und werden diesbezüglich vom Büro für besonders vul-

nerable Geflüchtete und von MSF – Ärzte ohne Grenzen
angefragt.

Es gibt noch zahlreiche andere Dinge, die wir tun. Denn eine sehr
wichtige Aufgabe sehe ich darin, Geflüchteten das Gefühl zu geben, gesehen zu werden, und ihre berechtigten Nöte und Sorgen
ernst zu nehmen. Die griechische Regierung kümmert sich trotz
der enormen finanziellen Unterstützung der europäischen Mitgliedstaaten nicht darum. Das macht mich sehr nachdenklich.
Was mit den finanziellen Unterstützungen passiert und wie sie
eingesetzt werden, wird spärlich bis kaum kontrolliert. Wie sehr
die Geflüchteten darunter leiden und welche psychischen und
physischen Schäden sie dabei nehmen, scheint niemanden zu
interessieren. Abschreckungspolitik bis zum bitteren Ende.

Wir werden und müssen unsere Arbeit vor Ort, an den Außengrenzen Europas, für Menschen auf der Flucht solange wei-
termachen, bis PolitikerInnen ihre Verantwortung wahrnehmen
und alle Menschen rechtlich und menschlich behandeln. Solange dies nicht der Fall ist, arbeiten wir im Namen vieler Menschen
aus der Zivilgesellschaft weiter.

Es ist mir sehr wohl bewusst, dass es für uns alle, die wir an
den Außengrenzen tätig sind, gefährlich ist, über all diese Ver-
brechen zu sprechen. Etliche unserer aufrichtigen KollegInnen
werden bereits genau deshalb gerichtlich von den griechischen
Behörden verfolgt. Doch wir, die ZeitzeugInnen dieser Schande,
können und dürfen nicht schweigen. Wir hoffen sehr, dass alle
EuropäerInnen, die an Rechtsstaatlichkeit glauben und dafür
einstehen, an unserer Seite sind, wenn wir für das Erzählen der
Wahrheit kriminalisiert werden. Für diese Solidarität bedanke
ich mich schon jetzt ganz aufrichtig.

Wir alle tragen große Verantwortung.

Wir alle sind bereits jetzt die Vorfahrinnen und Vorfahren der nächsten Generation.

Handeln wir entsprechend dieser großen Verantwortung.

POLITISCHE FORDERUNGEN:

- **Einheitliches und untereinander solidarisches europäisches Asyl- und Migrationssystem.**
- **Vertragsverletzungsverfahren** gegen europäische Mitgliedstaaten, die Menschen- und Grundrechte verletzen, insbesondere Griechenland. Sofortige Beendigung von Pushbacks und inhumanen Unterbringungen und adäquate Konsequenzen.
- **Rechtliche Konsequenzen für FRONTEX**, gem. Artikel 46 der Frontex-Verordnung.
- Schaffen von **sicheren Fluchtrouten** wie Resettlement-Programme, humanitäre Korridore und Evakuierungen aus Krisengebieten.
- Zielgerichtetes, effizientes, politisch unabhängiges **Monitoring für Camps an den europäischen Außengrenzen**, unter Einbindung unabhängiger Menschenrechts-ExpertInnen.
- **Rasche und faire Asylverfahren** und politisch unabhängige Entscheidungen. EASO darf nicht politisch manipuliert werden, wie im Moment in Griechenland oder auf Zypern.
- Konsequente **Entkriminalisierung von JournalistInnen und NGO-MitarbeiterInnen** in der EU, die sich aktiv für die Rechte von Geflüchteten engagieren.

MIT MIGRATION DEN FACHKRÄFTEMANGEL MINIMIEREN

Mag.ᵃ Ariane Olschak

Welches Potenzial Menschen, die bereits in der EU leben, für den europaweiten Arbeitskräftemangel bieten: Abgelehnte AsylwerberInnen sollen sich vor Verlassen Europas bei einer europäischen Vermittlungsagentur bewerben können, die europaweit deren Chancen für ein Ausbildungs- oder Arbeitsverhältnis prüft. Und warum das »Bleiberecht« vom Asylrecht getrennt und ein Aufenthaltstitel zur Berufsausbildung geschaffen werden sollte.

Mag.ᵃ Ariane Olschak ist Rechtsanwaltsanwärterin in Wien und als Juristin auf Asyl- und Fremdenrecht spezialisiert. Der Beitrag wurde im Rahmen ihrer Tätigkeit bei der von Dr. Christian Konrad und Dr. Ferry Maier initiierten Allianz »Menschen.Würde.Österreich« verfasst.

Amir[74] flüchtete im Jahr 2015 nach Österreich und beantragte Asyl. Weil das Asylverfahren so lang dauerte, absolvierte er erfolgreich eine Lehre zum Zimmerer – in der Steiermark, wo Amir lebte, ein Mangelberuf. Sein Asylantrag wurde abgewiesen und eine Rückkehrentscheidung gegen ihn erlassen, ihm also auch kein sogenanntes »Bleiberecht« gewährt. Die Firma, bei der Amir seine Lehre abgeschlossen hatte, betreibt auch eine Niederlassung in Deutschland und bemühte sich, um ihn als eigens ausgebildeten Mitarbeiter nicht zu verlieren, um einen deutschen Aufenthaltstitel für Amir. Innerhalb von zwei Monaten erhielt er ein Visum und konnte nach Deutschland ausreisen, während er von Österreich nach Afghanistan abgeschoben worden wäre.

Das Beispiel Amirs veranschaulicht besonders gut die diametral unterschiedlichen Ansätze der Mitgliedstaaten sowohl in Hinblick auf Asyl- und Migrationspolitik als auch in der Bekämpfung des zunehmenden Fachkräftemangels. Im Folgenden soll daher aufgezeigt werden, wie nachhaltige Wirtschaftspolitik mit menschlicher Asylpolitik verbunden werden kann, unter gleichzeitigem Entgegenwirken des Fachkräftemangels.

Eingangs ist festzuhalten, dass dem fortschreitenden Fachkräftemangel zweifelsohne auf mehreren Ebenen begegnet werden muss und zugleich der Fokus betreffend Aufnahme beziehungsweise Bleiberecht von Menschen nicht primär auf Fachkräfte gelegt werden darf. Asyl- und integrationspolitische Maßnahmen müssen grundsätzlich intersektionalitätssensibel – also unter Berücksichtigung spezifischer, oftmals auf sich überschneidenden Diskriminierungs- und Gefährdungsformen basierenden Faktoren – sowie auf der Grundlage von menschenrechtlichen Standards konzipiert werden. Sie dürfen sich nie am ökonomischen Nutzen für die Aufnahmestaaten orientieren. Dieser Beitrag soll jedoch gezielt jene Möglichkeiten aufzeigen, die das Asyl- und Migrationsrecht als Schnittpunkt zur Bekämpfung des Fachkräftemangels bietet, unter gleichzeitiger Verhinderung von Illegalisierung und der Implementierung einer niederschwelligeren Migrationspolitik.

Fachkräftemangel in Europa

Kaum ein Mitgliedstaat der Europäischen Union war 2021 vom zunehmenden Fachkräftemangel ausgenommen. Von Medizin, IKT, Metallbau und Ingenieurwesen, über Krankenpflege und Gastronomie – Fachkräfte werden in verschiedensten Branchen händeringend gesucht (CEDEFOP, 2016: 1). Die Ursachen dafür

sind vielfältig – genannt seien etwa die Abwanderung von Fachkräften aufgrund schlechter Arbeitsbedingungen oder Veränderungen der demografischen Rahmenbedingungen (op. cit.: 2-3).
Dieser Mangel ist mittlerweile so weit fortgeschritten, dass er
sich auch nicht mehr durch eine Aktivierung oder Weiterqualifi-
zierung der einheimischen Arbeitskräfte bewältigen lässt (Europäische Kommision, 2021b). Die Corona-Krise verdeutlichte diesen Bedarf zuletzt besonders am Beispiel der Pflege. So äußerten
die nationalen Verbände des *International Council of Nurses* im April
2021 die Sorge vor einem massiven Personalmangel in den kommenden Jahren (Golla, 2021).

Die Reaktionen der Mitgliedstaaten auf diese Entwicklungen
im Bereich der Migrationspolitik fielen in den vergangenen Jahren unterschiedlich aus: Während etwa Deutschland Erleichterungen in der Fachkräftezuwanderung für Drittstaatsangehörige
einführte (Informationsverbund Asyl & Migration, 2019: 11), mit
der »3+2-Regelung« (§ 60a AufenthG) den Fachkräftebedarf aner-
kennt und mit Kooperationsprogrammen wie »Triple Win« pro-
aktiv Arbeitskräfte aus Drittstaaten anwirbt, wurde in Österreich
der Arbeitsmarktzugang für Asylwerbende selbst in Mangelberufen geschlossen und ausgebildeten Fachkräften keine realistische
Perspektive auf eine Bleibemöglichkeit eingeräumt. Vergangene
Bemühungen Österreichs, Fachkräfte aus Drittstaaten anzuwerben, blieben deutlich hinter den Erwartungen zurück: Während
der Fachkräftebedarf landesweit 2021 auf etwa 221.000 Personen
geschätzt wird (Dornmayr/Riepl, 2021), wurden im selben Jahr
nur 286 »Blaue Karten EU«, 143 »Rot-Weiß-Rot-Karten« für besonders Hochqualifizierte, 68 für StudienabsolventInnen und 714 für
Fachkräfte in Mangelberufen ausgestellt (BMI, 2021a: 63).

Mit einer rezenten Änderung des Ausländerbeschäftigungs-
gesetzes (BGBl I Nr. 106/2022) wurden zwar einige notwendige

Schritte zur Beseitigung von Hürden in der Zuwanderung von Drittstaatsangehörigen gesetzt, insbesondere wurde die bisher strenge Verknüpfung von Qualifikation und Berufserfahrung im sogenannten Punktesystem gelockert, das erforderliche Mindestgehälter für StudienabsolventInnen herabgesetzt und die Gültigkeitsdauer von Sprachzertifikaten verlängert hat. Insgesamt handelt es sich jedoch – im Verhältnis zum Ausmaß des Fachkräftebedarfs – um eher geringfügige Änderungen, weshalb nicht zu erwarten, dass diese eine erhebliche Entlastung schaffen werden.

Abhilfe könnte hier bereits ein eigener Aufenthaltstitel zum Zwecke der Berufsausbildung schaffen. Dieser könnte etwa der Aufenthaltsbewilligung für SchülerInnen gem. § 63 NAG nachgebildet sein – also unter der Prämisse, dass vor der Einreise bereits eine zugesicherte Lehr- oder Ausbildungsstelle vorliegt. Weil der Nachweis beziehungsweise die Anerkennung von in vielen Drittstaaten absolvierten Ausbildungen häufig eine bedeutsame praktische Hürde in der Zuwanderung darstellt, sind zahlreiche Menschen aufgrund ihrer Nationalität de facto vom Zuzug ausgeschlossen. Die Schaffung eines solchen Aufenthaltstitels würde daher zu einer Entschärfung der bestehenden (österreichischen) Zuwanderungsgesetze und sohin auch zur Verringerung irregulärer Migration und des Fachkräftebedarfs beitragen.

Fachkräftemangel und Migrationspolitik

Die Europäische Kommission einigte sich im Juni 2021 im Rahmen des Asyl- und Migrationspaktes auf sogenannte »Fachkräftepartnerschaften« mit Drittstaaten (Europäische Kommision, 2021b) und beschloss erst jüngst Erleichterungen in der Zuwanderung über die »Blaue Karte EU« (Europäisches Parlament, 2021). Diese Fachkräftepartnerschaften sollen darin bestehen,

Studierenden, HochschulabsolventInnen und Fachkräften aus bestimmten Drittstaaten die Migration in die EU zu erleichtern (Europäische Kommision, 2021b). Sinn und Zweck dieser Initiative ist es, den Druck auf dem EU-Arbeitsmarkt zu verringern und Menschen aus Drittstaaten die Möglichkeit zu bieten, legal in der EU zu leben und zu arbeiten.

Damit wurden bereits wichtige Schritte zur Entschärfung der (grundsätzlich eher restriktiven) europäischen Migrationspolitik geschaffen, folgende Überlegung sollte allerdings Einschlag finden:

Es ist nicht (nur) notwendig, Fachkräfte aus Drittstaaten anzuwerben, sondern es kann und sollte auch das Potenzial bereits in Europa lebender Menschen Berücksichtigung finden.

Diese These soll am Beispiel Österreichs veranschaulicht werden:

In Österreich bezogen im Juli 2022 88.244 Menschen Grundversorgung. Der Großteil davon sind derzeit UkrainerInnen, denen das Aufenthaltsrecht für Vertriebene gemäß § 62 AsylG zukommt (BMI, 2022b: 8). Während Personen mit diesem Aufenthaltsrecht zumindest eine eingeschränkte Möglichkeit der Arbeitsaufnahme offensteht, haben die mehr als 17.000 AsylwerberInnen de facto keinen Zugang zum Arbeitsmarkt (ausgenommen sind saisonale und selbständige Erwerbstätigkeit). Durch diesen faktisch mangelnden Zugang von AsylwerberInnen zum Arbeitsmarkt weicht Österreich nicht nur von unionsrechtlichen Vorgaben ab[75], sondern handelt vor allen Dingen menschlich verantwortungslos sowie ökonomisch kontraproduktiv und nicht nachhaltig.

Während nun der Fokus oftmals auf die Anwerbung von Fachkräften aus Drittstaaten gelegt wird, sollte nicht in Vergessenheit geraten, dass zehntausende Menschen ohne Zugang zum Arbeitsmarkt in Österreich leben, die oftmals bereits die deutsche Sprache sprechen und hier ausgebildet und sozialisiert wurden.

Besonderes Augenmerk ist in diesem Zusammenhang ausgelernten Fachkräften zu schenken: Ende 2019 – also rund ein Jahr nach der Abschaffung der Möglichkeit, als AsylwerberIn eine Lehre in einem Mangelberuf zu absolvieren – waren noch etwa 800 Lehrlinge in Mangelberufen in Österreich beschäftigt (Parlamentskorrespondenz, 2019). Mit dem damals erlassenen § 55a FPG 2005 wurde es diesen zwar ermöglicht, auch nach Erhalt eines abweisenden Asylbescheids die begonnene Lehre abzuschließen, anschließend aber keine Möglichkeit zum Umstieg auf einen Aufenthaltstitel geschaffen. In der Praxis bleibt Betroffenen also oft nichts anderes übrig, als ein sogenanntes »Bleiberecht« zu beantragen. —

»Bleiberecht« und Illegalisierung in Österreich

Wenn man in Österreich umgangssprachlich vom »Bleiberecht« spricht, sind in aller Regel Aufenthaltsberechtigungen nach §§ 55 oder 56 AsylG 2005 gemeint. Die Verfahren zu deren Erlangung sind jedoch von enormer Rechtsunsicherheit geprägt. Das vor allem, weil die Antragstellung kein (temporäres) Aufenthaltsrecht verschafft. Das bedeutet, dass Menschen während des laufenden Verfahrens zur Prüfung eines »Bleiberechts« die Abschiebung droht. Aufgrund des hohen Stellenwerts, den die Rechtsordnung Artikel 8 EMRK (welcher die Grundlage für das »Bleiberecht« nach § 55 AsylG 2005 bildet) einräumt,[76] ist diese Rechtslage nicht tragbar. Zudem sind die Voraussetzungen für diese Aufenthaltstitel – im Gegensatz zu »regulären« Aufenthaltstiteln im Niederlassungs- und Aufenthaltsgesetz (kurz: NAG) – gesetzlich nicht abschließend definiert, sondern räumen den entscheidenden Behörden immense Ermessensspielräume ein. Zur Entscheidung berufen sind in diesen Verfahren das Bundesamt für Fremdenwesen und Asyl und das Bundesverwaltungsgericht, also Bundesbehörden.

Schließlich lebt in Österreich – wie auch in den übrigen Mitgliedstaaten – eine nicht unbeträchtliche Zahl von Menschen ohne gültigen Aufenthaltstitel. Eine solche aufenthaltsrechtliche Irregularisierung kann vielfältige Gründe haben. Genannt seien beispielsweise der negative Ausgang eines Asylverfahrens, die Aberkennung eines Schutzstatus' oder die Duldung[77] – also die faktische Unmöglichkeit einer Abschiebung (Zeller, 2018: 52f). Den größten Anteil an Menschen, die sich irregulär in Europa aufhalten, bilden die sogenannten »visa overstayers«, also Personen, die ursprünglich legal einreisten und anschließend im Unionsgebiet verbleiben (Hansen, 2020: 7). Insbesondere im Falle der Duldung ist die mangelnde Ausreisemöglichkeit von Fremden trotz bestehender Ausreiseverpflichtung auf objektive Umstände zurückzuführen und nicht den Ausreisepflichtigen zuzurechnen. In Österreich wurden im Zeitraum Jänner 2016 bis September 2020 974 Karten für Geduldete ausgestellt (BMI Anfragebeantwortung, 2020b: 4f), wobei sich die Ausstellungspraxis dieser Karten äußerst restriktiv gestaltet und daher die tatsächliche Zahl von Menschen, denen eine Ausreise de facto nicht möglich ist, wohl deutlich höher, aber nicht konkret zu beziffern ist (Zeller, 2018: 59). Da der Aufenthalt mit einer Duldung dennoch rechtlich als unrechtmäßig qualifiziert wird, hat auch diese Personengruppe keinen Zugang zum Arbeitsmarkt.[78] Die Zulassung von »geduldeten« Menschen zum Arbeitsmarkt hätte allerdings sowohl die Möglichkeit zur Selbsterhaltungsfähigkeit und damit einer gewissen Autonomie für die Betroffenen als auch wirtschafts- und gesellschaftspolitische Vorteile zur Folge – Letztere insbesondere durch den Wegfall von Grundversorgungsleistungen, die Prävention von Kriminalität und den potenziellen Zugewinn von Fachkräften in Mangelberufen.

Europäische Vermittlungsagentur für arbeitssuchende Drittstaatsangehörige

Neben den Bestrebungen auf Unionsebene, die Fachkräftemigration aus Drittstaaten zu bestärken, wäre auch – im Sinne der eingangs aufgestellten These, auf das Potenzial in Europa lebender Menschen Bedacht zu nehmen – die Vermittlung von Drittstaatsangehörigen in Arbeits- und Ausbildungsverhältnisse innerhalb der EU anzudenken. Eine solche könnte in Anknüpfung an bestehende Institutionen erfolgen. In Betracht käme hierfür etwa die EURES, also die Europäische Arbeitsvermittlung, welche UnionsbürgerInnen bei der Wahrnehmung ihres Rechts auf ArbeitnehmerInnenfreizügigkeit unterstützt. Innerhalb dieser Strukturen besteht bereits ein Netzwerk aus (europäischen und nationalen) Koordinierungsbüros sowie öffentlichen Arbeitsverwaltungen der Mitgliedstaaten, welches auch für die Vermittlung von Drittstaatsangehörigen in Arbeits- und Ausbildungsverhältnisse eine geeignete Basis bilden könnte.

Aufenthaltsrechtlich wäre parallel dazu eine unionsrechtliche Regelung (etwa in entsprechender Adaptierung der Richtlinie EU 2016/801) wünschenswert, welche Drittstaatsangehörigen, die erfolgreich in ein Arbeits- oder Ausbildungsverhältnis vermittelt wurden, ein Aufenthaltsrecht einräumt.

Die Idee einer solchen Vermittlungsagentur basiert auf dem Leitgedanken, Menschen, die sich grundsätzlich irregulär im Unionsgebiet aufhalten, vorrangig zu einer allfälligen Ausreiseverpflichtung die Möglichkeit einzuräumen, sich in einem Mitgliedstaat für einen Arbeits- oder Ausbildungsplatz zu bewerben.

Eine Vermittlung sollte jedenfalls auf freiwilliger Basis erfolgen und dabei darüber hinaus bestehende familiäre oder private Anknüpfungspunkte im Sinne des Artikel 8 EMRK in einem Mitgliedstaat Berücksichtigung finden.

FORDERUNGEN:

- Schaffung einer **europäischen Vermittlungsagentur** für Ausbildungs- oder Arbeitsverhältnisse für Drittstaatsangehörige in Europa (Möglichkeit, sich vor Ausreiseverpflichtung freiwillig für eine Vermittlung zu bewerben).
- **Aufenthaltsrecht für vermittelte Drittstaatsangehörige** (unionsrechtlich regelbar).
- Eingliederung des »Bleiberechts« aus dem Asyl- in das Niederlassungsrecht – damit wären Landesbehörden zuständig, die das Privat- und Familienleben besser beurteilen können. Diese Eingliederung würde zugleich auch eine Möglichkeit der Inlandsantragstellung erfordern.[79]
- **Temporäres Aufenthaltsrecht** für Menschen, die einen Antrag auf ein »Bleiberecht« gestellt haben, Verfahrensgarantien dafür unionsrechtlich schaffen.
- Schaffung eines Aufenthaltstitels bei besonderer Integrationsverfestigung mit gesetzlich klar definierten Voraussetzungen (vgl. etwa §§ 25a, 25b des deutschen AufenthG).
- Schaffung eines **Aufenthaltstitels zum Zweck der Berufsausbildung** in Ergänzung zur Richtlinie EU 2016/801.

- **Öffnung des Arbeitsmarktes für AsylwerberInnen und Geduldete** – auch um eine volle Gewährleistung der Einhaltung unionsrechtlicher Vorgaben sicherzustellen.

INTEGRATION – DAUERAUFTRAG FÜR ZIVILGESELLSCHAFT, STAAT & KIRCHE

MMag. Hermann Glettler

Eine inklusive Gesellschaft setzt ein konstruktives Miteinander auf unterschiedlichen Ebenen voraus. Im komplexen und vielschichtigen Prozess der Integration tragen alle Menschen – mit und ohne Migrationshintergrund – Verantwortung. Die Unverzüglichkeit und Kontinuität von Integrationsmaßnahmen sind dabei ebenso wichtige Prämissen wie die Möglichkeit zur Partizipation von Neuankommenden in allen Lebensbereichen.

MMag. Hermann Glettler ist seit 2017 Bischof der Diözese Innsbruck und seit vielen Jahren in der Sozial- und Integrationsarbeit engagiert.

Ich bin überzeugt, dass Integration gelingen kann. Voraussetzung dafür ist ein lebendiger, gesellschaftlicher Kommunikationsprozess: Alle Beteiligten sind gefordert, voneinander zu lernen. Vielfalt ist eine Bereicherung und das gewaltfreie Austragen von Konflikten lässt sich einüben. Vor meinem Dienst als Bischof in Tirol war ich von 1999 bis 2016 Pfarrer in Graz St. Andrä im Bezirk Gries. In diesem multikulturellen Stadtteil von Graz haben wir als katholische Gemeinde versucht, den Menschen Heimat zu geben – unabhängig von ihrer ethnischen und religiösen Zugehörigkeit. Einiges ist gelungen, vieles war schwierig. Ein herausragendes Beispiel für das bunte, wenn auch nicht immer konfliktfreie Miteinander im Stadtteil war der bis heute bestehende »Internationale Frauentreff«. Frauen aus den verschiedenen Communitys des Bezirks haben sich vierzehntägig im Andrä-Café getroffen, um sich gegenseitig in allen möglichen Themen des Alltags zu coachen: Schule, Gesundheit, ärztliche Versorgung, Verwaltungswege. Oftmals wurde über Ehe, Familie und Erziehung diskutiert oder das kulturelle und religiöse Brauchtum des eigenen Herkunftslandes vorgestellt. Die bunte Gruppe der Frauen, Christinnen und Muslimas, ist in Freundschaft zusammengewachsen und hat viele andere Integrationsinitiativen beflügelt. Durch konkrete Begegnungen entstand eine nachhaltige, soziale Kreativität.

Einbürgerungen in Österreich seit 1946

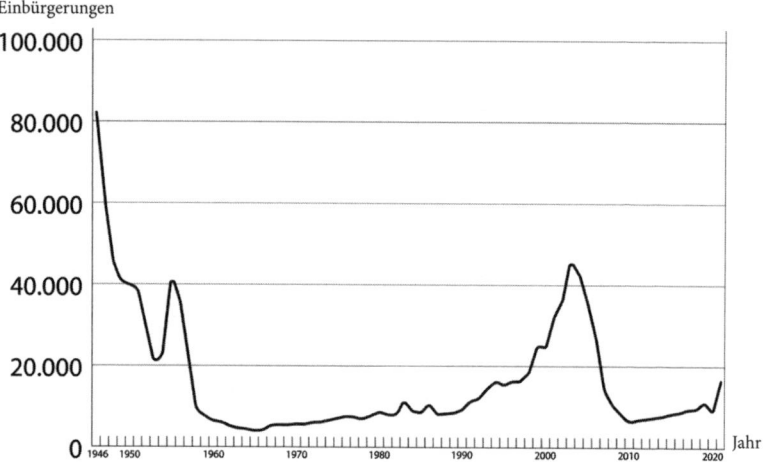

Einbürgerungen

Über Jahrzehnte war Österreich aufgrund seiner geographischen Lage zwischen den machtpolitischen Blöcken des Ostens und Westens eines der wichtigsten Erstaufnahmeländer für Flüchtende in Europa. Mehrere große Fluchtbewegungen zeugen von der Solidarität und Gastfreundschaft der ÖsterreicherInnen und von großen Bemühungen, die Schutzsuchenden in die Gesellschaft

zu integrieren: Zehntausende suchten nach dem Zweiten Weltkrieg, nach dem Volksaufstand in Ungarn, dem Prager Frühling,
der Ausrufung des Kriegsrechts in Polen und nach dem Fall des
Eisernen Vorhangs Schutz und Aufnahme in Österreich. Von 1946
bis 2020 erhielten insgesamt 1.231.969 Personen[80] die österreichische Staatsbürgerschaft. Davon entfielen allein auf die Jahre von
1946 bis 1955 419.417 Einbürgerungen (vgl. Grafik S. 198). Die vielen »Displaced Persons«, die nach dem Ende des Zweiten Weltkriegs in Österreich eine neue Heimat fanden, verschärften die
Dramatik der unmittelbaren Nachkriegszeit. Durch die intensive
Zusammenarbeit zwischen Politik, NGOs, Kirche und Zivilgesellschaft war es möglich, die vielen Herausforderungen zu bewältigen (Schiestl, 2016; Statistik Austria, 2021a). Lässt sich von diesem Miteinander nicht ein Auftrag für heute ableiten? Gerade in
einer Zeit der multiplen Krisen und weltweiter Konflikte scheinen
die Herausforderungen in der Integration angesichts steigender
Asylantragszahlen (von Jänner bis Ende Oktober 2022 89.865 Anträge) und 91.575 in der Grundversorgung befindliche Personen
(62 Prozent davon Kriegsvertriebene aus der Ukraine) enorm
(BMI, 2022c). Mit Sicherheit braucht es mehr Herzblut und politische Entschlossenheit, um einen gesellschaftlichen Mehrwert
durch eine gelungene Integration zu erreichen. Viele Hilfsorganisationen und Teile der Zivilgesellschaft sind dazu bereit und
erwarten sich diesbezüglich praxisnahe und zukunftsorientierte
Unterstützung von der österreichischen Bundesregierung.

Unzählige Erfahrungen aus Politik, Wirtschaft und Gesellschaft
belegen, dass eine unverzügliche Integration von Menschen mit
Flucht- und Migrationshintergrund die beste Investition in die Zukunft eines Landes ist. Die vorliegenden Ausführungen verstehen
Integration als einen Dauerauftrag. Wenn er aktiv wahrgenommen
wird, trägt er zur Verbesserung der Lebensqualität in einem Land

bei und eröffnet zahlreiche ökonomische, soziale und kulturelle Perspektiven. Die offenen Fragen sind: Was ist für dieses Gelingen ausschlaggebend und unbedingt vonnöten? Mit welchen Hürden sind Integrationswillige und Begleitende konfrontiert? Und welche Folgen hat Nicht-Integration für unsere Gesellschaft? Im Folgenden sollen Chancen und Herausforderungen von Integrationsprozessen kritisch reflektiert werden. Es geht um die Weiterentwicklung von zielgerichteten Konzepten und Maßnahmen. Die wesentlichen Erfordernisse[81] werden mit zwei Thesen dargestellt: Die erste These fordert und begründet die *Unverzüglichkeit,* mit der ein wirkliches Ankommen in der Gesellschaft ermöglicht werden soll. Die zweite These fokussiert die von allen Beteiligten gemeinsam wahrzunehmende *Verantwortung.*

Integration muss von Anfang an und ohne Bruchstellen erfolgen

Integration ist vom ersten Augenblick an Begegnung – als christlicher Wert formuliert: Entgegenkommen, Offenheit. Schutzsuchende befinden sich fast immer in Krisensituationen. Viele sind durch den Verlust ihrer Heimat und erschütternde Ereignisse auf den diversen Fluchtrouten mit schweren Traumata belastet. Alle Erlebnisse in der sensiblen ersten Zeit ihres Ankommens sind besonders prägend für den weiteren Integrationsprozess – positiv oder negativ. Eine grundsätzliche menschliche Wertschätzung kann ungeahnte Lebenskräfte freilegen. Ebenso sind ablehnende und diskriminierende Anfangserfahrungen eine nachhaltige Erschwernis für eine zukünftige Integration. Exemplarisch verwiesen sei hier auf die im Herbst 2022 angesichts überfüllter Bundesquartiere vollkommen unangebrachte Unterbringung von Asylwerbenden in

Zelten. Das Grundgefühl von Geringschätzung oder Nicht-Beachtung wirkt sich vor allem auf unbegleitete minderjährige Flüchtlinge (UMF) höchst problematisch aus. Heimat findet ein Mensch dort, wo er sein darf, ohne sich für sein Dasein rechtfertigen zu müssen. Wer die Erfahrung einer positiv ermöglichten Beheimatung macht, wird sich längerfristig konstruktiv in die Gesellschaft einbringen.

Integration ist aber auch von Anfang an eine Frage von sozialer Investition: Sie kostet Geld und bedeutet intensive Arbeit vor Ort – community work. Als Querschnittsmaterie benötigt sie auf unterschiedlichen Ebenen Strukturen und Ressourcen. Jeder Euro, der für rechtzeitige und qualitätsvolle Integrationsmaßnahmen investiert wird, ist bestens angelegtes Geld. In Integrationsmaßnahmen nicht zu investieren, rächt sich im Laufe der Jahre – mit Sicherheit nicht nur monetär. Wer den Mehrwert einer gelungenen Integration für eine Gesellschaft verkennt, lässt außerdem eine Fülle von Fähigkeiten und Chancen ungenützt – unverantwortbar angesichts des eklatanten Mangels an qualifizierten Arbeitskräften in vielen Branchen, der auch das Wirtschaftswachstum in der EU bremst. Idealerweise beginnt Integration bereits am ersten Tag beziehungsweise unmittelbar nach der Zulassung zum Asylverfahren. Je spezifischer jemand wahrgenommen und bei den ersten Schritten im neuen Lebensumfeld begleitet wird, desto größer ist die Chance einer positiven Integration. Dazu wäre auch ein flächendeckendes Angebot an psychologischer und therapeutischer Unterstützung notwendig.

Spracherwerb und Bildungschancen

Eine der wesentlichsten Grundvoraussetzungen, um in einer Gesellschaft anzukommen, sind der Erwerb und die Beherrschung ihrer Sprache. Sie ermöglicht den Kontakt mit der Bevölkerung, gibt Sicherheit im alltäglichen Umgang und im Auftreten gegenüber Behörden und Versorgungseinrichtungen. Eine grundlegende Sprachkenntnis eröffnet Jobchancen, erleichtert die Einbindung in verschiedene soziale Netzwerke und erweitert den eigenen Aktionsradius (Statistik Austria, 2021b: 8). Qualitätsvolle Sprachkurse müssen aus den genannten Gründen unbedingt flächendeckend, kostenlos und frühestmöglich, also bereits während des Asylverfahrens, angeboten werden. Zu lange Wartezeiten oder die Benachteiligung von Regionen, in denen sich Asylsuchende aufgrund ihrer Quartierzuweisungen aufhalten, sollten unbedingt vermieden werden. Wichtig wäre auch die konsequente Evaluierung der Sprachkurse in Bezug auf deren Qualität und Angemessenheit für die unterschiedlichen Zielgruppen. Ebenso notwendig ist die Überprüfung der Lernerträge. Denn immer wieder gibt es »Lernunwillige«, die beispielsweise wiederholt denselben A1-Kurs belegen und damit anderen eine Teilnahme erschweren. Im Übrigen darf auch ein zukünftiger Hochschulzugang nicht an der Hürde kostenpflichtiger Sprachkurse scheitern.

Es ist uns allen klar, dass Bildung der wohl entscheidende Schlüssel zur Armutsvermeidung ist. Deshalb ist es auch ein Gebot der sozialen Vernunft, Kindern und Jugendlichen mit Migrationshintergrund den gleichen Zugang zu Schul- und Bildungseinrichtungen zu gewährleisten. In Österreichs Schulen gibt es eine große Bereitschaft zur Integration von Kindern und Jugendlichen aus aller Welt, aber leider werden viel zu wenig personelle Ressourcen beziehungsweise Inklusionsfachkräfte bereitgestellt. Grundlage ist die Förderung der Kinder in ihrer Muttersprache und ein ausreichendes Angebot an Sprachkursen, die leistbar, erreichbar und zugänglich sind. »Deutschklassen« erzielen nur dann einen positiven Effekt auf den intendierten Spracherwerb, wenn es zu keiner Trennung von der Klassengemeinschaft kommt, das heißt, sie müssen parallel zum aktuellen Unterricht laufen. Die weitere Schullaufbahn soll jedenfalls von der Begabung der Kinder und nicht von deren sozialer Herkunft abhängen. Hingewiesen sei in dem Zusammenhang auch auf die besonders herausfordernde und eine weitere Ungleichheit im Schulsystem begünstigende Situation rund um die Separierung von »Ukraine-Klassen«.

Fallbeispiel: Die Lerncafés der Caritas sind eine Erfolgsgeschichte, die im Jahr 2007 in meiner damaligen Pfarre St. Andrä in Graz ihren Ausgang genommen hat. Ehrenamtliche betreuen Kinder mit Migrationshintergrund, deren Eltern sich eine Lernbegleitung in der Schule nicht leisten können, bei ihren Hausaufgaben. Ich bin selbst immer wieder überrascht, wie schnell sich dabei ein positiver Effekt von Integration abzeichnet: Die Kinder gewinnen mit den schulischen Erfolgen Selbstvertrauen und lernen ganz nebenbei auch viele soziale Werte – die Sorge füreinander und einen wertschätzenden Umgang mit jenen, die mit besonderen Schwierigkeiten zu kämpfen haben. Nicht zuletzt sind die mittlerweile weit verbreiteten Lerncafés aber auch ein wichtiger Beitrag zum Schutz der Kinder und ihren Entwicklungschancen. Viele Kinder müssen in ihren Familien ohnehin oft eine mehrfache Integrationsleistung stemmen – sie müssen für die Eltern als DolmetscherInnen einspringen, auf Ämter mitgehen, die Spannungen mit NachbarInnen ausverhandeln und vieles mehr. Sie sind tatsächlich oft »Young Carers«.

Zugang zum Arbeitsmarkt

Arbeit und Erwerbstätigkeit sind wesentliche Integrationsmotoren und sollten keinesfalls vom Aufenthaltsstatus abhängig sein. Während Asylberechtigte sowie subsidiär und temporär Schutzberechtigte grundsätzlich einen freien Zugang zum Arbeitsmarkt haben, sind die Beschäftigungsmöglichkeiten für Asylwerbende in Österreich extrem eingeschränkt.[82] Damit werden Menschen, die selbst etwas zu ihrem Unterhalt beitragen möchten, zu EmpfängerInnen von finanzieller Hilfe seitens des Staats degradiert. Es wäre wesentlich sinnvoller, ihnen die Möglichkeit zur aktiven Mitgestaltung für ihren eigenen Lebensunterhalt zu geben. Anstatt Passivität zu fördern, sind ein frühestmöglicher Arbeitsmarktzugang und die Unterstützung bei der nachhaltigen Arbeitsmarktintegration zu forcieren. Leben braucht die Erfahrung von Selbstwirksamkeit.

Fallbeispiel: Frau B. ist seit knapp sieben Jahren in Österreich. Ihre zwei Töchter wurden in Tirol geboren. Die TSD (Tiroler Soziale Dienste GmbH) konnte Frau B. im Rahmen einer gemeinnützigen Tätigkeit in ein Altenwohn- und Pflegeheim vermitteln, wo sie sich bestens bewährt hat. Nebenbei hat sie – auf eigene Kosten – eine Ausbildung zur Heimhelferin absolviert, mit der sie mittlerweile eine dauerhafte Anstellung in diesem Wohnheim gefunden hat. Ihr Einkommen aufgrund dieser Beschäftigung und speziell die damit einhergehende Selbsterhaltungsfähigkeit der Familie machen nun das Warten auf eine hoffentlich baldige Entscheidung im Asylverfahren etwas leichter. Es ist schön, zu beobachten, wie wohl sich Frau B. mit der neuen Arbeit fühlt und welch positive Auswirkungen die Möglichkeit einer sinnvollen und regelmäßigen Beschäftigung hat (Cater-Sax, 2021).

Um AsylwerberInnen eine möglichst rasche Teilhabe in unserer Gesellschaft zu ermöglichen, ist u. a. in Zusammenarbeit mit den Sozialpartnern und Bildungseinrichtungen ein Bündel an Qualifizierungsmaßnahmen für den Arbeitsmarkt zu forcieren. Standardisierte Integrationsprogramme (so zum Beispiel ein »Integrationsjahr« in Österreich) und eine rasche Anerkennung von im Ausland erworbenen Qualifikationen sind dabei ebenso zu nennen wie die Weitung des Angebots von gemeinnützigen Tätigkeiten. Zudem braucht es konkrete Anreize für ArbeitgeberInnen (etwa gestaffelte Übernahme von Personalkosten), Fachsprachkurse, Vorstudienlehrgänge und »Brückenkurse« zur Vorbereitung auf den Umstieg von der Pflichtschule auf die Lehre. Eine besonders große Herausforderung ist auch die Integration von Frauen und Mädchen mit Migrationshintergrund am Arbeitsmarkt, die es durch gezielte Beratungs- und Informationsformate weiterhin zu fördern gilt.

Gerade in sog. Mangelberufen[83] greifen potenzielle ArbeitgeberInnen in Österreich gerne auf asylsuchende Menschen zurück, wobei hier das jeweilige Kontingent kontinuierlich zu evaluieren und bedarfsgerecht anzupassen wäre. Jungen Asylsuchenden wird unter anderem auch die Möglichkeit einer Lehrausbildung in Mangelberufen angeboten. Viele haben davon schon mit Erfolg Gebrauch gemacht. Eine Arbeitgeberin brachte es dabei auf den Punkt: »Dieser junge Afghane bringt alles mit, was wir bei einheimischen Lehrlingen seit sehr langer Zeit vermissen« (Falkner, 2021). Leider ist eine Lehrausbildung faktisch keine anerkannte Leistung für den Verbleib in Österreich (siehe unten). Auch dies gehört schnellstens revidiert. Das in Deutschland erfolgreiche 3+2-Modell – drei Jahre Ausbildung und dann zwei Jahre in diesem Beruf tätig – verhilft rasch und unbürokratisch zu einem Bleiberecht. Beide Seiten sind dabei Gewinner.

Im Herbst 2022 wurde auch das große unausgeschöpfte Arbeitskräftepotenzial von qualifizierten und arbeitssuchenden Menschen mit Beschäftigungsbewilligung aus der Ukraine diskutiert. Möglichkeiten der Arbeitsmarktintegration liegen nach der Erstversorgung und adäquaten Unterbringung v. a. im Abbau bürokratischer Hürden (bei Nostrifizierungsprozessen etc.), im ausreichenden Kinderbetreuungsangebot, in zusätzlichen Deutschkursen und in der Kooperation mit dem AMS.

Adäquate Wohnverhältnisse und faire soziale Absicherung

Wenn in Österreich die Grundversorgung mit der Asylberechtigung nach einer Übergangsfrist von vier Monaten endet, ist auch die betreute Unterkunft zu verlassen. Erhöhte Wohnkosten und Wohnungsknappheit erschweren damit sogar jenen ehemaligen AsylwerberInnen, die eine Arbeit gefunden haben, ein eigenständiges Wohnen. Um sozial segregierte Wohnverhältnisse zu vermeiden, braucht es eine Wohnbaupolitik, die die Integration von Menschen mit Migrationshintergrund bewusst forciert. Anstelle dessen gibt es »nur« die Mindestsicherung – mit all den Begleitumständen wie überteuertes Wohnen, verschärft durch die Hürde eines mehrjährigen Aufenthalts im Land, um Anspruch auf eine Gemeindewohnung zu haben. Es gereicht uns allen zum Vorteil, wenn geeigneter, leistbarer Wohnraum auch Asylberechtigten, als Mitglieder unserer Gemeinschaft, zur Verfügung gestellt wird und Ghettoisierungen damit vermieden werden.

Dringend notwendig wäre nach dem Auszug aus der Einrichtung der organisierten Grundversorgung auch eine »Nachbetreuung« – denkbar sind mobile Begleitung oder Sprechstunden – bestenfalls sogar die Schaffung eines Übergangsheims. Denn während sich die AsylwerberInnen in der Grundversorgung in der betreuten Unterkunft nie um Dinge wie Betriebskosten, Miete oder Strom kümmern mussten, kommt es dann oft zu Überforderungen, Zahlungsverzügen und anderen an sich vermeidbaren Konflikten. Gemeinden oder Gemeindeverbände sind gut beraten, »IntegrationshelferInnen« mit spezifischen Qualifikationen zu beschäftigen, die den Zugezogenen in allen Fragen des Ankommens in der Gemeinde behilflich sind und die häufigsten Problemfelder (Wohnung, Sprachbarrieren, Lärm, Müllvermeidung, Wege zu den Ämtern, Schulbesuch, Arztbesuche, …) kennen. Mit einer rechtzeitigen Anleitung und Bewusstmachung von alltäglichen Anforderungen werden Integrationsschwierigkeiten nicht zu »sozialen Entzündungsherden« auswachsen.

Die Dringlichkeit einer existenziellen Absicherung ist jedenfalls gegeben, ohne die der weitere Integrationsprozess – und insbesondere auch der Einstieg in den Arbeitsmarkt – nur schwer gelingen kann. Sozial- und Familienleistungen müssen allen rechtmäßig Niedergelassenen in einem Land zuteilwerden. Eine Politik des »Hinausgrausens« führt zu sozialen Aggressionen und zum Anstieg einer gefährlichen Gruppe von Sozialfällen.

Im vielschichtigen Prozess der Integration tragen alle Verantwortung

Im wechselseitigen Kommunikationsprozess der Integration müssen alle Beteiligten Schritte aufeinander zugehen – ein beständiges Anteilgeben und Anteilnehmen am öffentlichen Leben. Eine Aufnahmegesellschaft ist gut beraten, für Strukturen und Voraussetzungen zu sorgen, die eine rasche Beteiligung von Menschen mit Migrationsgeschichte ermöglichen. Menschen, die an der Mehrheitsgesellschaft – an ihren politischen, kulturellen und ganz alltäglichen Lebensvollzügen – nicht wirklich Anteil nehmen können, werden sich früher oder später in eine destruktive Oppositionshaltung begeben. Wer auf die Verliererstraße gedrängt wird, baut bewusst oder unbewusst ein gefährliches Aggressionspotenzial im Vis-a-Vis zur Mehrheitsgesellschaft auf. Integration bedeutet auch nicht die vollkommene Zurücknahme oder Verleugnung kultureller und religiöser Prägungen, die Menschen in unser Land mitbringen. Das wäre eine Assimilation, die zum Nachteil aller Beteiligten gereicht, nicht zuletzt auch deshalb, weil sich die Aufnahmegesellschaft einer kulturellen Inspiration und einer immer nötigen »Befruchtung« von außen beraubt.

Rechte und Verpflichtungen hängen zusammen

Integration kann aber auch kein Freibrief für Verhaltensweisen sein, die keine Rücksicht auf Kultur und Lebensgewohnheiten im Aufnahmeland nehmen. Von den Zugezogenen ist nicht nur die Bereitschaft zum Erwerb der Sprache zu erwarten, sondern auch die Anerkennung der universellen Gültigkeit der Menschenrechte und der demokratischen Verfassung eines Staates, ebenso Religionsfreiheit, Rechtsstaatlichkeit und die gleichberechtigte Stellung von Mann und Frau. All das verpflichtet alle Mitglieder einer Gesellschaft, ob schon seit Generationen dort lebend, dort geboren oder kürzlich zugewandert. In diesem Sinne geht es um den Erhalt und die Verpflichtung zu einer gemeinsamen »Hausordnung«. Damit wird aber nicht einer gesellschaftlichen »Monokultur« das Wort geredet, die allen übergestülpt werden sollte. Es geht um einen tatsächlichen Respekt vor den jeweiligen Wurzeln des anderen sowie um das soziale Miteinander unterschiedlicher Identitäten. »Identität und Dialog sind keine Feinde. Die eigene kulturelle Identität wurzelt im Dialog mit denen, die anders sind, und wird durch ihn bereichert. Echte Bewahrung ist keine verarmende Isolation« (Papst Franziskus, 2020a).

Fallbeispiel: Im Bezirk Reutte im Tiroler Außerfern zeichnet sich eine Änderung in der Frage des Bestattungsortes ab. Bisher wurden verstorbene Muslime auf eigenes Betreiben – zumeist handelte es sich dabei um TürkInnen beziehungsweise ÖsterreicherInnen mit türkischem Migrationshintergrund – jahrzehntelang in ihre Herkunftsländer ausgeflogen und dort bestattet. Nun sollen auf einem Friedhof, welcher Mitte der Neunzigerjahre errichtet wurde und nahezu ohne christliche Symbole auskommt, auch Verstorbene anderer Religionen beigesetzt werden. Das erste islamische Begräbnis fand hier 2020 statt. Ein Kompromiss in den Bestattungsriten (zum Beispiel dem Sarg Erde beizugeben oder die Ausrichtung der Gräber nach Mekka) ist notwendig und selbstverständlich möglich (vgl. hierzu auch Mittermayr, 2022).

Sicherheit im Aufenthaltsrecht

Fallbeispiel: N. kam als 16-Jähriger ins UMF-Heim Scharnitz. Nach kurzer Zeit und mit mäßigen Deutschkenntnissen konnte für ihn eine Lehrstelle als Hotel- und Gastgewerbeassistent (Rezeption und Service) in Innsbruck gefunden werden – noch rechtzeitig, bevor die politische Weisung im August 2018 AsylwerberInnen eine Lehre verunmöglichte. N. erbrachte eine unglaublich gute Arbeitsleistung, sein Deutsch wurde immer besser. Leider traute er sich die Lehrabschlussprüfung nicht zu. Im Frühjahr 2021 erhielt N. ein halbes Jahr vor dem Auslaufen seines 3-jährigen Lehrvertrags den Ablehnungsbescheid in zweiter Instanz. Mit einem privaten Anwalt wurde ein Revisionsantrag gestellt. Parallel bemühte sich der Arbeitgeber ab August 2021 mehrfach um eine Verlängerung der Arbeitserlaubnis seitens des AMS. Leider vergeblich. So war der letzte Arbeitstag am 16.10.2021 ein besonders trauriger für N. und sein ganzes Kollegium. Anspruch auf Arbeitslosengeld hatte er trotz Versicherungszeiten von da an keinen, immerhin halte er sich ja illegal in Österreich auf. Aufgrund der veränderten Sicherheitslage in Afghanistan stellte N. am 21.10.2021 einen Folgeantrag. Somit ist N. auf einem Ist-Stand ganz genau wie bei seiner Ankunft im Jahr 2016. Da ein Umzug von der eigenen Wohnung ins Flüchtlingsheim eine zu große Belastung für ihn gewesen wäre, ist er seither privat untergebracht. Sein Antrag auf Grundversorgung liegt noch immer bei der Tiroler Landesregierung »zur Prüfung der Bedürftigkeit«.

Fazit: Ein ausgelernter Restaurantfachmann mit dreijähriger Berufserfahrung mit besten Sprachkenntnissen, fester Stellenzusage seines ehemaligen Arbeitgebers und tadellosem Leumund sitzt nun untätig und mittellos im Ötztal, während in den Medien unermüdlich der dramatische Lehrlings- und Fachkräftemangel in allen Branchen beklagt wird (Falkner, 2021).

Nicht oft genug kann im Sinne einer ganzheitlichen Betrachtung von Integration für eine realistische Gesamtbeurteilung und sorgfältige Abwägung aller Lebensbereiche im Asylverfahren plädiert werden. Leider wird die Möglichkeit eines humanitären Bleiberechts dabei viel zu wenig aufgegriffen, politisch viel zu oft bewusst verweigert. Dem Schutz der Kinder und ihren Entwicklungschancen wie auch dem Recht auf Zusammenleben der Familien wird beispielsweise nicht immer Vorrang eingeräumt. Immer wieder werden auch Lehrlinge, die kurz vor ihrer Lehrabschlussprüfung stehen, abgeschoben, weil sie keine oder aus unterschiedlichen Gründen zu wenig ausreichende Asylgründe haben oder vorlegen konnten. Deren Arbeitsleistungen und völlige Unbescholtenheit werden dabei oft zu wenig berücksichtigt. In diesem Zusammenhang muss die deutliche Forderung wiederholt werden, dass humanitäres Bleiberecht[84] kein totes Recht sein darf. Die Entscheidung über eine rechtmäßige Inanspruchnahme muss auf regionaler Ebene erfolgen und das Umfeld der betroffenen Person(en) – Schule, Kindergarten, ArbeitskollegInnen etc. – miteinbeziehen. Vernünftig wären sowohl aus Sicht der Wirtschaft wie auch der Lehrlinge weitere rechtlich mögliche Aufenthalte zu erwägen – beispielsweise in Österreich die Ausstellung einer Rot-Weiß-Rot-Karte (bei Fachkräftemangel, bereits getätigten Investitionen des Unternehmens in den Lehrling etc.).

Gerade im Bereich Familien-, Europa-, Asyl- und Bleiberecht haben NGOs meist eine hohe Expertise, die es jedenfalls zu beachten gilt. Ihre Forderungen gehen beispielsweise in Richtung Verbesserungen im Einbürgerungsrecht (etwa durch Abbau von hohen Verleihungsgebühren oder eine bessere Berücksichtigung der »zweiten Generation«), ausreichende Unterstützungsangebote bei Aberkennungsverfahren; Statusverlängerungen beim Umstieg auf Aufenthaltstitel nach dem Niederlassungs- und Aufenthaltsgesetz, Weiterentwicklung und Ausbau von aufenthaltssichernden Maßnahmen und eine unabhängige Beratung und Struktur in sozialrechtlichen und aufenthaltsrechtlichen Fragen. Auch wenn die uneingeschränkte Achtung der Menschenwürde und aller Rechte während des ganzen Asylverfahrens selbstverständlich sein muss, darf hier nochmals ausdrücklich auf den entsprechenden Schutzauftrag jedes Mitgliedstaates hingewiesen werden. Die diesbezügliche Entwicklung, Geflüchtete von Rechtsvertretern, die vom Bundesministerium für Inneres dazu beauftragt wurden, vertreten zu lassen, ist weiterhin zu hinterfragen.

Unterstützte Freiwilligentätigkeit

Wirkliche Begegnungen, also offenes Aufeinander-Zugehen und Eintreten in die Kultur anderer, nimmt Ängste auf beiden Seiten und ist der wichtigste Nährboden für eine gelungene Integration.

So gilt es, Netzwerke zu schaffen: Beziehungen im Dorf, in Pfarren und anderen Religionsgemeinschaften und in politischen Gemeinden, vom Fußballverein bis hin zur Musikkapelle. Ebenso sind die Kontakte mit Freiwilligen wertvoll, Begegnungsfeste und andere Initiativen, die ein Ankommen in unserem Kulturkreis ermöglichen. Mit allen Beteiligten geht es um einen menschlich wertvollen Austausch von Lebenswissen und Lebenserfahrung auf Augenhöhe. Integration findet zuerst und zuletzt auf dieser zwischenmenschlichen Ebene statt.

Die Einbindung und Wertschätzung zivilgesellschaftlicher Initiativen und überregionale Strukturen der Freiwilligenarbeit sind dabei ebenso wichtig wie die Unterstützung, Koordination und professionelle Begleitung der freiwillig Engagierten – in Form von Ausbildungen, laufender Betreuung und Supervision. Überforderungen sollten dadurch vermieden werden, ebenso braucht es Infoveranstaltungen, um die Lage der MigrantInnen besser verstehen zu können.

Fallbeispiel: Das Integrations- und Patenschaftsprojekt »Buddy« der Caritas bietet Freiwilligen die Möglichkeit, anerkannten Flüchtlingen, subsidiär Schutzberechtigten oder Asylwerbenden bei der Bewältigung ihres Alltags im neuen Land zu helfen. Als besonders erfreuliches Erfolgsprojekt möchte ich in diesem Zusammenhang auch das Projekt »Tiroler-Patin« nennen, das freiwilligen Patinnen die Möglichkeit gibt, kriegsvertriebenen Frauen bei der Bewältigung ihres Alltags in Tirol zu helfen. In der Diözese Innsbruck finden außerdem mehr als zwanzig »Freundeskreise« in der Caritas eine Interessenvertretung, sowie eine Austausch-, Informations- und Vernetzungsplattform. »Freundeskreise« sind Gruppierungen von Freiwilligen, die sich österreichweit ausgehend von der Flüchtlingskrise im Jahr 2015 zumeist im Umfeld von Asylquartieren gebildet haben und die wertvolle Integrationsarbeit an der Basis leisten. Sie helfen Menschen mit Fluchthintergrund bei der Alltagsbewältigung in den unterschiedlichsten Belangen (Sprache, Wohnungs- und Arbeitsintegration, Schulbildung, Ämterbesuch etc.).

Integration braucht mehr und nicht weniger Europa

Integration lebt vom Bekenntnis zu einer offenen Gesellschaft, das heißt vom Miteinander unterschiedlicher weltanschaulicher, politischer und religiöser Überzeugungen. Diese Pluralität ist das Grundmerkmal heutiger Gesellschaft in allen europäischen Ländern. Innerhalb dieser Diversität braucht es den Respekt vor persönlichen Überzeugungen und individuellen Lebensstilen ebenso wie den beherzten Einsatz für das Gemeinwohl. Die Balance zwischen den Interessen des Individuums und jenen der Gemeinschaft – auf nationaler wie auch auf gesamteuropäischer Ebene – ist immer neu zu suchen. Humanitäre Krisen, die sich an fast allen Außengrenzen der EU abspielen, und engstirnige Nationalismen stellen bedauerlicherweise die Vision eines geeinten Europas immer mehr infrage. Dementgegen wäre die Ausweitung und Weiterentwicklung einer »sozialen Intelligenz« Europas, wie sie sich jetzt in Anbetracht des russischen Angriffskriegs gegen die Ukraine zeigt, auch weiterhin von höchster Dringlichkeit.

In der Enzyklika »Fratelli tutti« spricht Papst Franziskus eindringlich von der Notwendigkeit einer »sozialen Freundschaft« und dem Aufbau einer »globalen Geschwisterlichkeit«, die auch angesichts der weltweiten Corona-Krise besonders an Bedeutung gewonnen hat (Papst Franziskus, 2020b). Es wird in Zukunft nicht möglich sein, dass einige Mitgliedstaaten mit der »Last« der Integration der nach Europa Geflüchteten größtenteils allein-

gelassen werden. Wir brauchen angesichts der herausfordern-
den Flüchtlingsthematik mehr – und nicht weniger – Europa!
Ein Europa, das beständig, krisenfit und flexibel auf zukünftige
Herausforderungen reagieren kann, mit einem starken Herz für
Schutzsuchende sowie andere, besonders vulnerable Personen.
Integration bleibt für Europa insgesamt und für jedes Mitgliedsland, das sich den Menschenrechten verpflichtet weiß, ein Dauerauftrag. Wie gut dies bei all den genannten Voraussetzungen
gelingen kann, zeigt das Beispiel des jungen Mulham aus Graz:

Fallbeispiel: Ein junger Mann aus Syrien, Aleppo, Mulham, der
bereits am 1. Tag nach seiner Ankunft in seiner Unterkunft in
der Südsteiermark eine Initiative und engagierte Dorfbewohne-
rInnen kennenlernen konnte, absolvierte an der FH Joanneum
im Zuge eines Projekts einen Deutschkurs, Ergebnis C1. Während seines Asylverfahrens spielte er als Musiker bereits mehrere
Konzerte, gemeinsam mit österreichischen und internationalen
MusikerInnen. Er fand vielerorts Anschluss und Freunde. Lern-
te spielerisch unsere Gebräuche und Kultur kennen und wurde
selbst auch zum Vermittler seiner Kultur. Er fand Arbeit, veröffentlichte seine eigene CD, war nach seinem positiven Asylbe-
scheid nie von sozialer Hilfe abhängig. Nach 5 Jahren gemeinsamen Wohnens mit einer österreichischen Familie mietete er sich
eine eigene Wohnung und beantragte heuer die österreichische
Staatsbürgerschaft.

Das ist nur eines von vielen gelungenen Integrationsbeispielen,
von denen ich persönlich Kenntnis habe. Immer waren es Menschen, die von Anfang an mit großer sozialer Aufmerksamkeit in
unsere Gemeinschaft aufgenommen wurden. Und oftmals wurden sie persönlich dabei auch von christlichen Wertvorstellun-

gen und Lebenshaltungen inspiriert, geleitet und gestärkt. Das ist kein Zufall. Obwohl Europa als Kontinent mit der am weitesten fortgeschrittenen Säkularisierung gilt, prägen religiöse Werte und Traditionen – die vor allem dem breiten Spektrum christlicher Kirchen entstammen – bis heute den gesellschaftlichen Grundkonsens. Sie tragen wesentlich zum Aufbau und zur Stärkung eines gemeinsamen Europas der Vielfalt bei, in dem der Geist der Geschwisterlichkeit eine Balance zwischen der Bewahrung der je eigenen kulturellen und religiösen Identitäten und der Offenheit für die Chancen einer komplexen pluralen Gesellschaft erwirkt. Christliche Spiritualität ist ein klares Bekenntnis zum Schutz des Lebens in seinen vielen Facetten, zur kompromisslosen Bewahrung der Schöpfung und eine klare Absage an alle Formen von Fremdenfeindlichkeit und Diskriminierung – zusammengefasst: ein anderes Wort für »Leben in Verbundenheit«.

FORDERUNGEN:

- Förderung der Integration von Beginn an – ab Zulassung zum Asylverfahren durch zum Beispiel individualisierte Betreuungs- und Unterstützungssysteme, kostenlose frühestmögliche Deutschkurse (auch über Level B1 hinaus), Erhöhung der Anzahl von Inklusionsfachkräften in Schul- und Bildungseinrichtungen, Ausweitung der Praktikumsplätze auf Unternehmen aus allen Branchen, Nachbetreuung/Schaffung eines Übergangsheims nach Auszug aus der Grundversorgungseinrichtung.
- Sicherstellung eines breiten Zugangs zum Arbeitsmarkt bereits im Asylverfahren sowie weitere Harmonisierungen des Niederlassungs- und Beschäftigungsrechts.

- Rasche Anerkennung von im Ausland erworbenen Qualifikationen.
- Erleichterung des Verbleibs in Österreich/Europa bei Fertigstellung einer Lehrausbildung.
- Einführung von Verteilungsquoten, um Belastungen bestimmter MS zu reduzieren und zugleich dadurch besser eine uneingeschränkte Achtung aller Rechte während des gesamten Asylverfahrens zu gewährleisten.
- Verlagerung der Entscheidung über Bleiberecht auf die regionale Ebene unter Miteinbeziehung des unmittelbaren Umfelds des/r Betroffenen.

PATINNEN FÜR KINDER AUF DER FLUCHT

Mag.ᵃ Erika Kudweis, Verein PatInnen für alle

MMag. Corinna Geißler, UNICEF Österreich

Die Zahl unbegleiteter minderjähriger Flüchtlinge (UMF) nach Europa nimmt seit Jahren zu. UMF-HelferInnen und Beispiele für nachhaltig wirksame Betreuungsprojekte berichten: Warum Kinder auf der Flucht von Anfang an eine besondere Betreuung brauchen und daher die Obsorge vom ersten Tag unbedingt notwendig ist. Warum Patenschaften sowohl für die Kinder als auch für die Aufnahmegesellschaft Sinn machen, und wie PolizistInnen, Grenz- und Verwaltungspersonal besser auf den Umgang mit Kindern auf der Flucht vorbereitet werden können.

Erika Kudweis ist Gründerin und Obfrau des Vereins »PatInnen für alle«, der sich für die Rechte von Kindern mit Fluchthintergrund einsetzt. Corinna Geißler leitet den Bereich Advocacy & Kinderrechte-Programme bei UNICEF Österreich.

Geflüchtete Kinder – was hinter den Zahlen steckt

Seit Herbst 2021 kommen wieder vermehrt UMF – unbegleitete minderjährige Flüchtlinge, die ohne Eltern/erwachsener Bezugsperson unterwegs sind – nach Österreich beziehungsweise nach Europa. UNICEF schätzt, dass im Jahr 2021 16.900 UMF in Europa angekommen sind und sich bis Ende 2021 95.000 Kinder in Griechenland, Italien, Bulgarien, Serbien, Bosnien und Herzegowina und Montenegro aufhielten (UNICEF, 2022). 5.605 UMF haben im

Jahr 2021 einen Asylantrag in Österreich gestellt (BMI, 2021b), mit November 2022 befanden sich über 2.000 UMF in Österreich in Grundversorgung (BMI, 2022c). Seit Ausbruch des Krieges in der Ukraine im Februar 2022 haben zahlreiche Menschen ihr Zuhause verloren und suchen Schutz und Sicherheit in den Nachbarländern und weiteren europäischen Ländern. Viele Kinder sind von Familienmitgliedern getrennt worden und reisen in Begleitung von anderen Erwachsenen. Die besondere Schutzwürdigkeit von Kindern, wie sie insbesondere in der UN-Kinderrechtskonvention festgelegt ist, ist angesichts dieser Entwicklungen aktueller denn je.

Egal, ob sie aus der Ukraine, aus Afghanistan oder aus Syrien kommen, mit sieben oder acht Jahren sind es meist sehr junge Kinder. Manche von ihnen sind nicht nur psychisch, sondern auch physisch verletzt. Das jüngste Brüderpaar, das wir getroffen haben, war sieben und zwölf Jahre alt, als sie im November 2021 in Wien ankamen. Allein aus Afghanistan. Wir gingen gemeinsam zur Polizei. Der Ältere der beiden hielt seine Hände immer versteckt. Bei der Polizei fiel dies auf und er wurde nach seinen Händen gefragt. Als er sie zeigte, wurde der Polizist ganz blass im Gesicht: Wie sich herausstellte, hatte dem Buben jemand auf dem Fluchtweg Säure über die Hände gegossen, und so sahen sie dann auch aus. Als der Kleinere mein (Anm. Erika Kudweis') Gesicht sah, hielt er mir die Augen zu. Eine sehr berührende Erfahrung.

Recht auf Kinderschutz auf den Fluchtrouten und an den Grenzen

Kinder und Jugendliche sind auf der Flucht besonderen Gefahren ausgesetzt. Die Geschichte des afghanischen Brüderpaars ist eines von vielen Beispielen dafür. Kinderflüchtlinge sind extrem gefährdet, Opfer von Gewalt und Missbrauch zu werden.

Die Gefahr für Menschenhandel oder Ausbeutung ist für Kinder und Jugendliche um ein Vielfaches höher als für Erwachsene. Das Risiko der Ausbeutung steigt für Kinder, die allein flüchten sowie für Kinder mit niedrigem Bildungsniveau. Bei optisch als »fremd« erkennbaren Kindern und Jugendlichen erhöhen Rassismus und Fremdenfeindlichkeit der jeweiligen Bevölkerung auf der Fluchtroute die Risiken nochmals (UNICEF, 2017a; UNICEF, 2017b). Hinzu kommen Traumatisierungen und psychische Belastungen durch Krieg und Fluchterfahrungen. Diese betreffen sowohl die Kinder selbst als auch erwachsene Begleitpersonen, was dazu führen kann, dass begleitete Kinderflüchtlinge zusätzlich auch die Belastungen ihrer Eltern spüren (Frische et al., 2019).

Der aktuelle Krieg in der Ukraine hält uns in Europa deutlich vor Augen, dass Kinderschutz kein Luxus ist, sondern gerade für Kinder auf der Flucht immer garantiert sein muss: vom Aufbruch der Kinder aus ihrem Herkunftsland bis zur Ankunft im Aufnahmeland inklusive des dortigen Asyl- oder Niederlassungsverfahrens sowie der Unterbringung und Betreuung. All dies um Kinder möglichst schnell wieder in eine sichere Umgebung mit Zugang zu Unterstützung (inklusive Betreuung, Gesundheitsversorgung, psychosozialer Unterstützung und Zugang zu Bildung) zu bringen.

Legale Fluchtkorridore schützen Kinder und verhindern Schlepperwesen und Menschenhandel

Die Hilfe von Schleppern wird nur dann in Anspruch genommen, wenn sich Menschen illegal durch ein Land bewegen und vor allem illegal Grenzen überqueren müssen. Sobald es sichere

Fluchtkorridore gibt, gibt es den Bedarf für Schlepper nicht mehr (UNICEF, 2017a). Können Kinder und Jugendliche legal eine Grenze passieren, schützt sie dies vor Ausbeutung und vor illegalen Handlungen und unterbindet so das Schlepperwesen. Für Behörden an der Grenze bedeutet ein legaler Grenzübertritt von Kindern, dass geschultes Grenzpersonal notwendig ist, damit Kinder den notwendigen Schutz bei der legalen Überquerung der Grenzen erhalten und nicht in die Hände von Schleppern und Menschenhändlern geraten können. Genauso kann durch Bewusstsein und geschultes Personal erkannt werden, wenn reisende Kinder unter Zwang oder Ausbeutung stehen.

Kinderschutz auf Fluchtrouten, an den Grenzen und in der Unterbringung sind daher essenziell, um Risiken zu minimieren, auf die Bedürfnisse von Kindern einzugehen, ihre Rechte zu wahren, sie angemessen zu versorgen sowie auf Gefahren reagieren zu können.

Einige gute Beispiele zeigen, wie Kinderschutz für diese besonders schutzwürdige Gruppe aussehen kann. Das Ziel muss sein, diese Konzepte als Standards zu etablieren und in europäischen Ländern von den Erfahrungen der anderen EU-Mitgliedstaaten zu lernen.

»Blue Dot«-Familienzentren zum Schutz von Kindern und Müttern entlang der Fluchtroute

Das Blue-Dot-Konzept von UNICEF wurde speziell für Krisensituationen entwickelt. Die Zentren für den Schutz von Kindern und Familien entlang von Fluchtrouten bündeln wichtige Unterstützungsdienste unter einem Logo, dem blauen Punkt – »Blue Dot«. Sie wurden erstmals 2015/2016 während der starken Fluchtbewegungen in Südosteuropa eingesetzt. Für Kinder bieten die Familienzentren einen sicheren Raum, in dem sie sich ausruhen, spielen und kurz einfach nur Kind sein können. Die Familienzentren ermöglichen es UNICEF und seinen Partnern, gefährdete Kinder und Frauen zu identifizieren und sie mit spezieller Betreuung zu erreichen.

Die Blue Dots fungieren als Informations- und Beratungsstellen, die über verfügbare Unterstützung und Dienstleistungen informieren und kinderfreundliche Räume bieten, in denen Kinder sich ausruhen und spielen können sowie psychosoziale Unterstützung durch geschultes Personal erhalten. Sie bieten spezielle Räume für Mütter, Babys und Kleinkinder, in denen Frauen ihre Babys in geschützten Bereichen stillen und wickeln können. Es wird Beratung und psychosoziale Unterstützung sowohl für die Kinder als auch für die Eltern und Begleitpersonen angeboten, die aufgrund ihrer Erlebnisse mit erheblichen Traumata und Stress konfrontiert sind. PsychologInnen, SozialarbeiterInnen und geschulte Fachkräfte stehen bereit, um Kinder zu identifizieren, die möglicherweise weitere Unterstützung benötigen. Es findet Weitervermittlung statt, vor allem in Fällen von Gewalt, bei gesundheitlichen Problemen und anderen Umständen, die spezielle Unterstützung erfordern, ebenso wie medizinische und psychosoziale erste Hilfe für Kinder und Mütter. Es gibt sichere Schlafplätze, an denen sich Menschen mit besonderen Bedürfnissen kurzzeitig ausruhen können oder an längerfristige Notunterkünfte verwiesen werden. Außerdem werden dringend benötigte Hilfsgüter wie zum Beispiel Kleidung, Hygieneartikel und Decken für besonders schutzbedürftige Kinder und Frauen, einschließlich Kinder mit Behinderungen, zur Verfügung gestellt. Mobile Teams bieten Schutz und Unterstützung für alle (UNICEF, Österreich 2022).

Dublin-Familienzusammenführung

Jeder Asylantrag, der in der Europäischen Union gestellt wird, muss individuell geprüft werden. Die Dublin-Verordnung gibt Kriterien vor, um zu entscheiden, welcher Mitgliedstaat für die Bearbeitung eines Asylantrages zuständig ist. Die Grundregel besagt, dass das Asylverfahren in jenem Staat durchgeführt werden muss, der die Einreise in die EU zugelassen hat. Für unbegleitete Minderjährige ist das Land zuständig, in welchem der/die Minderjährige sich befindet. Minderjährige sollen auch, »sofern es dem Wohl des Minderjährigen dient«, mit ihren Familienmitgliedern zusammengeführt werden, wobei ein weiter gefasster Familienbegriff zur Anwendung kommt: Minderjährige Flüchtlinge können nicht nur mit ihren Eltern, sondern auch mit anderen Verwandten (Geschwister, Onkel, Tante, Großeltern) zusammengeführt werden. Zuständig für die Durchführung des Verfahrens ist dann der Staat, in dem sich diese Verwandten aufhalten (asylkoordination österreich, 2016).

In jenen Fällen, die dem Verein PatInnen für alle bekannt sind, dauerte diese Überstellung zu den Verwandten allerdings immer 15 oder 16 Monate. Im Leben eines Kindes ist dies ein viel zu langer Zeitraum, dies entspricht fast eineinhalb Schuljahren.

Eine schnelle Familienzusammenführung verhindert die gefährliche Weiterflucht, bietet den Kindern Sicherheit und trägt zur Wahrung des Familienzusammenhalts bei.

Kinderschutz im Aufnahmeland und im Asylverfahren

Eine Obsorge für UMF ist ab dem ersten Tag sicherzustellen
Eine weitere Erfahrung zeigt, wie dringend besserer Schutz für minderjährige Flüchtlinge notwendig ist. Der siebzehnjährige

Jamal[85] aus Afghanistan war im Frühjahr 2021 im Erstaufnahmezentrum Ost in Traiskirchen untergebracht. Um seinen Bruder zu besuchen, gab er dessen Wohnort an und verließ mit Erlaubnis das Lager. Als er sich abends rechtzeitig vor vereinbarter Zeit im Erstaufnahmezentrum meldete, hieß es, er sei abgemeldet und solle weggehen. Er stand damit abends vor für ihn verschlossenen Toren. Jamal rief seinen Bruder an und dessen Patin holte ihn ab. Für ihn gab es Schutz aus der Zivilgesellschaft. Aber ist das wirklich ihre Verantwortung?

Eine Minderjährige / einen Minderjährigen unbetreut von einem Quartier wegzuweisen, hat jedoch unvorhersehbare Folgen: In Österreich verschwinden Kinderflüchtlinge – laut der Asylkoordination Österreich waren es im ersten Halbjahr 2022 bereits 5.140 Kinder (asylkoordination österreich, 2022). Dies stellt eine Gefährdung der Kinder dar, weil nicht nachvollziehbar ist, wo sich diese aufhalten, ob diese bereits in ein anderes Land weitergeflohen sind oder ob sie Opfer von Gewalt, Kriminalität oder Kinderhandel wurden.

Das Grundproblem ist, dass die Obsorge für diese Kinder erst zu einem späteren Zeitpunkt – und zwar erst nach Zulassung zum Asylverfahren und erfolgter Zuteilung eines fixen Wohnplatzes in einem Länderquartier – übernommen wird. Davor ist – mit Ausnahme der Unterbringung in einem Grundversorgungsquartier des Bundes und der Rechtsvertretung im Asylverfahren – niemand für sie zuständig und es fühlt sich auch niemand für sie zuständig. Es muss unbedingt eine volle Obsorge[86] ab Tag eins umgesetzt werden (UNHCR et al., 2016).

In seinen Empfehlungen von Februar 2020 hat der UN-Kinderrechteausschuss dem österreichischen Staat empfohlen, Obsorgeberechtigte für unbegleitete Kinder und Jugendliche umgehend zu bestellen. Eine schnelle Obsorge ist auch Teil des aktuellen österreichischen Regierungsprogramms. Die oben genannten Zahlen und das Beispiel von Jamal zeigen, dass hier dringend Handlungsbedarf besteht. Dies forderte auch die Menschenrechtskommissarin des Europarats Dunja Mijatović nach ihrem Besuch in Österreich im Dezember 2021 (Council of Europe, 2021a). Auch die 2021 vom österreichischen Bundesministerium für Justiz eingesetzte Kindeswohlkommission unter dem Vorsitz von Dr. Irmgard Griss betont in ihrem abschließenden Bericht vom Juli 2021 die Notwendigkeit für eine Änderung und kommt darüber hinaus zu dem Schluss, dass es »auch nach Zulassung von UMF zum Verfahren und Zuweisung in die Grundversorgung der Länder [...] kein bundesweit einheitliches Vorgehen der KJHT [Kinder- und Jugendhilfeträger] bei der Beantragung, Übernahme und Ausübung der Obsorge für UMF [gibt].« (Kindeswohlkommission Österreich, 2021a: 139)

Kinderschutz in allen Phasen des Asylverfahrens

Auch im Asylverfahren muss von Anfang an mit multidisziplinären Teams gearbeitet werden, egal, an welchem Ort das Asylverfahren stattfindet. Dazu gehören PsychologInnen, SozialarbeiterInnen von Kinderschutzbehörden, geschultes Grenz- und Verwaltungspersonal oder PolizistInnen.

Die aktuelle Forderung von UNICEF, in der EU-weiten Koordinierung der Aufnahme von geflüchteten Kindern und Frauen aus der Ukraine eine Identifizierung von Kindern sicherzustellen, betont einmal mehr, dass Kinder besondere Aufmerksamkeit in dieser Ausnahmesituation benötigen, um nicht weiteren Gefahren ausgesetzt zu sein und auch dort, wo möglich, den Familienzusammenhalt zu wahren.

Beispiel Barnahus: Kindergerechte Interviewmethoden

Das Barnahus (»Kinderhaus«) Konzept aus Skandinavien ist ein Good-practice-Beispiel dafür, wie in einem kindgerechten Setting an einem Ort interdisziplinär gearbeitet wird. Das Barnahus kommt ursprünglich aus dem Kontext »Opfer von sexueller Ausbeutung«. Es bringt soziale Dienste, Polizei, forensische Experten, KinderärztInnen und PsychologInnen (hauptsächlich) in der Anfangsphase zusammen und fördert die Koordination und Zusammenarbeit. Interviews mit Kindern werden in einem Setting abgehalten, in dem die Kinder sich wohlfühlen. Es wird mit kindgerechten Interviewmethoden gearbeitet. In manchen Ländern werden auch UMF im Barnahus untergebracht. Das Barnahus-Konzept zeigt, dass die Anhörung von Kindern und somit die Einhaltung ihrer Rechte bespielsweise in einem Asylverfahren auch so gestaltet werden kann, dass die Erfahrung des Kindes im Mittelpunkt steht und Kinderschutz als wichtiges kinderrechtliches Prinzip auch in der Befragung eingehalten wird (Council of Europe, 2018a; Council of Europe, 2018b).

In jedem Fall müssen Verfahren und Kindeswohlbestimmungen kindgerecht durchgeführt werden und dürfen nicht zu Re-Traumatisierungen führen, indem durch unpassende Fragen dem Kind weiterer Schaden zugefügt wird. Eine Studie von UNICEF Österreich und der asylkoordinaton österreich hat gezeigt, dass in Asylverfahren von Familien, und somit von begleiteten Kinderflüchtlingen, die Praxis nicht immer einheitlich ist, ob Kinder die Möglichkeit haben, ihre eigenen Fluchtgründe vorzubringen beziehungsweise eigens befragt werden, wenn sie es wünschen (Frische et al., 2019).

Kindeswohlvorrangigkeitsprinzip in Verfahren und Wege zum regulären Status für Kinder

Was Kinder brauchen, sind eine langfristige Perspektive und rechtliche Sicherheit. Im abschließenden Bericht der oben genannten Kindeswohlkommission wird für Österreich empfohlen: »Es soll geprüft werden, ob UMF (wie in Frankreich) ein Bleiberecht bis zur Volljährigkeit gewährt werden soll, wenn und soweit kein Grund für die Aberkennung von Asyl, subsidiärem Schutz oder eines Aufenthaltstitels vorliegt. Nützen UMF ihre Chance, machen sie sich mit unseren Werten vertraut, halten sie sich an die Gesetze, lernen sie Deutsch und beginnen oder schließen sie eine Ausbildung ab, dann sollte entschieden werden, ob sie auf Dauer bleiben dürfen. Das würde viel an Belastungen durch die existenzielle Unsicherheit und Re-Traumatisierungen verhindern« (Kindeswohlkommission Österreich, 2021b: 53f.).

Die Ausweitung von zusätzlichen rechtlichen Schutzmöglichkeiten (über Asyl und subsidiären Schutz hinaus) ist von entscheidender Bedeutung, um irreguläre Migration und langwierige Phasen der rechtlichen Unsicherheit zu verhindern und somit eine dauerhafte Lösung zu erreichen.

Eine dauerhafte Lösung hat wesentliche Auswirkungen auf die langfristige Entwicklung des Kindes zum Erwachsenen. Daher muss sie dem Grundsatz des Kindeswohlvorrangs folgen und Informationen aus einer strukturierten und verbindlich verankerten Kindeswohlbestimmung berücksichtigen, die unter Beachtung höchster Verfahrensgarantien durchgeführt wurde. Auch hier kam die österreichische Kindeswohlkommission zu folgendem Schluss: »In allen Entscheidungen im Rahmen des Asyl- und Fremdenrechts, die Kinder betreffen, soll eine umfassende Prüfung des Kindeswohls und der Auswirkungen der Ent-

scheidungen auf die Rechte des Kindes gewährleistet werden«
(Kindeswohlkommission Österreich, 2021a: 234).

Das Wohl der Kinder sollte bei der Gewährung von internationalem Schutz, bei der Beantragung anderer rechtlicher Schutzmaßnahmen oder beim Zugang zu anderen Formen des regulären Status' (zum Beispiel Recht auf vorübergehenden oder dauerhaften Aufenthalt aus humanitären Gründen, Duldung oder Aufenthaltserlaubnis, Legalisierung) vorrangig berücksichtigt werden, unabhängig davon, ob es sich um unbegleitete Kinder oder um Kinder handelt, die in einer Familieneinheit leben. Nur eine solide verfahrenstechnische Integration von Überlegungen zum Wohl des Kindes in jedem Schritt des Asyl-, Grenz- und Rückführungsverfahrens unter der Leitung von Kinderschutzakteuren kann Rückführungen verhindern, die Kinder gefährden und ihrem Wohl zuwiderlaufen.

Bei der Bestimmung des Kindeswohls sollte nie das Ziel aus den Augen verloren werden. Dieses besteht darin, von Anfang an die individuellen Umstände des Kindes zu untersuchen, um zu verstehen, welche Lösung dem Kindeswohl entspricht (UNHCR/UNICEF, 2016). Dafür notwendig ist eine nach einheitlichen Kriterien strukturierte und nachvollziehbar dokumentierte Kindeswohlprüfung, die auch unter Einbindung von ExpertInnen verschiedener Disziplinen stattfinden kann. Vorlagen bieten hier etwa von UNICEF und UNHCR entwickelte Kriterienkataloge und Standards sowie die von der Kindeswohlkommission als Goodpractice-Beispiel genannte Handlungsanleitung der schwedischen Migrationsbehörde zum Kindeswohl im Asylverfahren (Kindeswohlkommission Österreich, 2021a: 209f.).

Das Ziel muss sein, die bestmögliche und nachhaltigste Lösung für das Kind zu verwirklichen. Die oben genannte Empfehlung in Bezug auf Zugang zu rechtlichem Status gibt ein

Beispiel vor, an dem sich europäische Staaten orientieren sollten. In Frankreich werden UMF von der Kinderschutzbehörde betreut, erhalten ein Bleiberecht und nach drei Jahren besteht die Möglichkeit, die Staatsbürgerschaft zu beantragen (UNHCR/UNICEF, 2016).

Unterkunft und Integration

Mindeststandards für Kinderschutz in Flüchtlingsunterkünften
Während für die Aufnahme von Flüchtlingen bereits Standards in Bezug auf die Größe der Unterkunft oder die Infrastruktur bestehen, sind Maßnahmen zum Kinderschutz nicht geregelt. UNICEF hat mit der Entwicklung von Mindeststandards hier eine Lücke geschlossen und hat eine Grundlage geschaffen, Maßnahmen zum Kinderschutz österreichweit zu verankern. Die »Mindeststandards zum Kinderschutz in Flüchtlingsunterkünften in Österreich« wurden in einem von UNICEF koordinierten Prozess unter Einbindung von zahlreichen ExpertInnen und Nichtregierungsorganisationen mit Erfahrung in der Betreuungsarbeit von geflüchteten Kindern, VertreterInnen der Bundesländer, den Kinder- und Jugendanwaltschaften, der Volksanwaltschaft sowie UNHCR und IOM entwickelt.

Die Mindeststandards dienen als Werkzeug, um Kinderschutz für alle geflüchteten Kinder in Österreich Realität werden zu lassen, und können auch als Grundlage für gemeinsame europäische Überlegungen in diesem Bereich dienen. Ziel der Mindeststandards ist die Sensibilisierung für die besonderen Schutzbedürfnisse von geflüchteten Kindern, das Erarbeiten eines Schutzkonzepts für jede Einrichtung beziehungsweise Trägerschaft sowie die Förderung einer Organisationskultur, in der Gewalt vorgebeugt und die Widerstandsfähigkeit der Kinder gestärkt wird.

Die sechs Mindeststandards sind (1) ein einrichtungsinternes Schutzkonzept; (2) Personal und Personalmanagement; (3) Rahmenbedingungen (dazu gehören die Einrichtung und Betreuung von kinderfreundlichen Orten und Angeboten, wie beispielsweise Spiel- und Lernangebote oder psychosoziale Unterstützung, eine ständige Ansprechperson für Fragen des Kinderschutzes, eine für Kinder verständliche Hausordnung, der Schutz der Privatsphäre sowie die lokale Vernetzung und Kooperation mit externen Gewaltschutzeinrichtungen, der Kinder- und Jugendhilfe und weiteren relevanten Behörden); (4) Prävention von Gewalt; (5) Umgang mit Gewalt; sowie ein entsprechendes (6) Monitoring der entwickelten und umgesetzten Maßnahmen (UNICEF Österreich, 2018).

Unterbringung in kleinen Strukturen und in Pflege-/Gastfamilien sowie aktive weitere Integration

Für die Integration der Kinder ist es von großer Bedeutung, sowohl begleitete Kinderflüchtlinge mit ihren Familien als auch Unbegleitete in Fremdbetreuung in kleinen Strukturen unterzubringen: Dies ist ein wichtiger Faktor für ihre Akzeptanz in der Bevölkerung und damit für die aktive Integration im Aufnahmeland.

Idealerweise sollen besonders jüngere unbegleitete Kinder (zum Beispiel unmündige Kinder bis 13 Jahre) in Pflege-/Gastfamilien untergebracht werden, da sich das familiäre Umfeld auf ihre Entwicklung besonders positiv auswirkt.

Die weitere aktive Integration durch Bildung und Anbindung an die Gesellschaft des Aufnahmelandes durch zivilgesellschaftliche Initiativen wie Kinderpatenschaften/Mentoring ist festzusetzen und finanziell zu unterstützen.

Kinderpatenschaften – ein unterstützendes Beziehungsangebot

Will man Kinderflüchtlinge beziehungsweise das Kindeswohl unterstützen, so sind Patenschaftsmodelle und auch Mentoringprogramme sehr effizient: Es ist eine 1:1 Beziehung, die Halt und Orientierung bietet. Im Fokus steht das Kind beziehungsweise die/der Jugendliche.

Hierbei werden die angehenden PatInnen auf ihr Ehrenamt mit mehreren Ausbildungsmodulen und Beratungsgesprächen vorbereitet, ihre Unbescholtenheit wird überprüft und nach Vermittlung der Patenschaft werden sie durch regelmäßige Reflexionsrunden, Beratungen, Weiterbildungsangebote und gemeinsame Aktivitäten professionell begleitet. Auch die Kinder, Jugendlichen und ihre Betreuungspersonen/Eltern werden auf die Patenschaft vorbereitet. All dies sichert die Nachhaltigkeit der Patenbeziehung.

Die PatInnen als Vertrauens- und Bezugspersonen sind eine wichtige Stütze für die Jugendlichen. Darüber hinaus fördert die Patenschaft auch die Anbindung an die Gesellschaft des Aufnahmelandes, das Erlernen der Landessprache steigert die Resilienz und psychische Gesundheit der Jugendlichen und leistet darüber hinaus einen Beitrag zur Gewalt- und Extremismusprävention.

Diese Projekte zu unterstützen, findet sich beispielsweise im aktuellen österreichischen Regierungsprogramm: »Es gilt die vorhandenen Patenschafts- und Mentoringprojekte finanziell zu unterstützen und weitere regionale Projekte zu initiieren« (BKA, 2020: 204, 283f. & 299). Das gilt es nun verstärkt umzusetzen und gleichzeitig auch in den anderen EU-Mitgliedstaaten eine solche Zielsetzung zu verankern.

Fazit: Forderungen für Kinder und Jugendliche mit Fluchthintergrund

Die in diesem Artikel beschriebenen Beispiele zeigen, was möglich ist und wie Kinderschutz für geflüchtete Kinder zur Realität werden kann. Auch die aktuelle Situation der Aufnahme von ukrainischen Flüchtlingen macht deutlich, dass viele Unterstützungsleistungen und die Einhaltung von kinderrechtlichen Prinzipien in kurzer Zeit umsetzbar sind. Zusammenfassend lassen sich folgende Forderungen formulieren:

FORDERUNGEN:

Ziel muss die Etablierung von **Maßnahmen zum Kinderschutz für minderjährige Flüchtlinge** sein, die Kinder **ununterbrochen** erreichen – vom Aufbruch aus dem Herkunftsland bis zur Ankunft im Aufnahmeland. Auf jeden Fall sollte sichergestellt sein:

- **Erleichterung des Zugangs zu Unterstützung für Kinderflüchtlinge** in den EU-Mitgliedstaaten (Gesundheitsversorgung, psychosoziale Unterstützung, Bildungszugang)
- Schaffung **sicherer Fluchtkorridore für Kinderflüchtlinge.** Kinder werden dementsprechend verstärkt identifiziert und registriert, leichter über die Grenze gelassen und in sicheren und kindgerechten Familienzentren untergebracht oder versorgt.
- **Verbindlich verankerte Kindeswohlprüfungen** und verstärkte Berücksichtigung der individuellen Umstän-

de im Asylverfahren sowie im Rückführungsverfahren und Verfahren zur Erlangung anderer Aufenthaltstitel.

- **Kindgerechte Asylverfahren**, inklusive kindgerechter Rechtsberatung und Interviewmethoden auch in Familienverfahren.
- Verstärkte **Schulungen hinsichtlich der Kinderrechte** und des Umgangs mit minderjährigen Flüchtlingen von PolizistInnen sowie Grenz- und Verwaltungspersonal.
- Beschleunigung der Dublin-Familienzusammenführungen für UMF auf maximum einen Monat.
- Sicherstellung einer **Obsorge** für in der EU angekommene UMF **ab Tag eins** in allen Mitgliedstaaten.
- Schaffung einer europäischen Mindestnorm eines **Bleiberechts für UMF**, die keinen internationalen Schutz oder einen Aufenthaltstitel erhalten, bis zur Volljährigkeit.
- Regelmäßige Unterbringung unbegleiteter Kinder bis 13 Jahre in Pflege- oder Gastfamilien.
- Etablierung **niederschwelliger Anlaufstellen**, die geflüchtete Kinder und Familien mit **Information und Beratungsangeboten** zur Seite stehen.

DIE INTEGRATIONSSEGEL NEU SETZEN

Dr.[in] Beate Winkler

Wer die einheimische Bevölkerung links liegen lässt, überlässt sie der Angst vor dem Unbekannten und Fremden. Wie klare Regeln, ein starkes Sicherheitskonzept und eine positive Integrationspolitik gemeinsam gelingen können und warum eine offene Politik wie diese bisher aber die Ausnahme blieb.

Beate Winkler, zuletzt Direktorin der EU-Grundrechteagentur, war vier Jahrzehnte im Arbeitsfeld Migration und Integration wissenschaftlich und politisch tätig.

Was braucht Europa jetzt – im Bereich von Migration und Integration? Was brauchen Menschen, Gesellschaft und Politik, wenn es um die Gestaltung dieser großen Herausforderungen geht? Wo liegen wirksame Hebel für positive Veränderungen?

Blick zurück nach vorn: Nach vierzig Jahren Auseinandersetzung mit den Themen Migration und Integration schaue ich auf manches Gelingen, doch noch mehr auf das Scheitern von Politik und Gesellschaft – als Mitarbeiterin der Integrationsbeauftragten der deutschen Bundesregierung, als Direktorin der europäischen Beobachtungsstelle von Rassismus und Fremdenfeindlichkeit (EUMC), dann der jetzigen EU-Grundrechtsagentur und als Autorin. Ich werfe den Blick auf »blinde Flecken«, die uns an einer wirkungsvollen, balancierten und menschenrechtskonformen Migrations- und Integrationspolitik hindern. Es ist gleichzeitig eine Einschätzung von Notwendigkeiten und Chancen, die noch immer weitgehend unberücksichtigt bleiben, aber entscheidende Hebel zu einer erfolgreichen Veränderung sind. Sie sollten nach meiner langjährigen Erfahrung wesentlich stärker bei der Gestaltung von Politik auf europäischer und nationaler Ebene und bei politischen und öffentlichen Diskussionen aufgegriffen werden. Sie sind zentral für unseren Erfolg.

Um welche »ungehobenen Schätze« handelt es sich – und kann es solche denn überhaupt bei so komplexen und widersprüchlichen Themen wie denen der Migration und Integration geben? Ja. Es gibt wirkungsvolle Hebel zu positiver Veränderung – an dieser Stelle seien zwei wesentliche genannt.

Perspektivenwechsel und politische Orientierung: von Bedrohungsszenarien zu positiven Zukunftsbildern für ein neues WIR

Unsere Gesellschaften befinden sich in einer großen Identitätskrise, bei der politische Orientierung fehlt. In fast allen Bereichen unseres Lebens findet ein tiefgreifender Wandel statt: Krieg, Inflation, Digitalisierung, Big Data, Klimawandel, radikale Ökonomisierung unseres Lebens, Migration, Globalisierung, Wertewandel, immer mehr Gruppen bleiben unter sich, bewegen sich in »Echoräumen«, die Toleranz gegenüber der Meinung anderer hat abgenommen, wie es die Debatten um das Impfen gegen COVID-19 zeigen – um nur einige Beispiele zu nennen. Verschärft wird dies noch durch das »Wegbrechen« der alten Mitte, die sich als Verlierer der Globalisierung sieht und sich mit Wut gegen die Eliten, »Fremde« und auch Europa wendet, sich nicht wahrgenommen fühlt in ihrem Bedürfnis nach Sicherheit. Diese Entwicklungen sind unabhängig von COVID-19 geschehen– doch ihre Auswirkungen werden durch die weltweite Pandemie noch verschärft. Viele Menschen fühlen sich verunsichert – das Alte ist weg und das Neue ist noch nicht da. In einer solchen Situation werden Flüchtlinge leicht zu BotschafterInnen der Veränderung, die fast niemand will. Veränderungen, die wir gestalten könnten, wenn wir Zukunftsbilder hätten, die positiver sind als die Abwehr, die mit jeder Veränderung einhergeht. Doch daran fehlt es. Wir leben in einer visionslosen Gesellschaft – auch was das Zusammenleben von zugewanderter und einheimischer Bevölkerung betrifft. Stattdessen wird das Thema von einigen nationalen Regierungen missbraucht – auch um einfache Antworten für hochkomplexe Fragen unserer Zeit zu geben.

Die Politik auf nationaler und europäischer Ebene hat es versäumt, eine Migrations- und Integrationspolitik zu formulieren, die der einheimischen und der zugewanderten Bevölkerung klare Perspektiven vermittelt und notwendige Rahmenbedingungen setzt, wie es zum Beispiel der belgische Bürgermeister Bart Somers für die Stadt Mechelen seit Jahren erfolgreich praktiziert: Eine offene, positive Integrationspolitik, die gleichzeitig ein starkes Sicherheitskonzept verfolgt und auf klare Regelungen setzt. Er ist eine Ausnahme: Obwohl die Probleme in diesem Bereich seit Jahrzehnten bekannt sind, hat sich wenig getan. 1991 schrieb ich das Buch »Zukunftsangst Einwanderung«, das auf sehr starke öffentliche Resonanz stieß. Nach dreißig Jahren muss ich leider sagen: Mindestens achtzig Prozent des Inhalts könnte ich heute 1:1 übernehmen – so wenig hat sich geändert.

Einen Ansatz wie Bart Somers zu verfolgen heißt politische Orientierung zu geben und das Thema Integration und Migration in der öffentlichen Diskussion und unter Beteiligung der Bevölkerung zu besetzen. Es geht darum, positive Zukunftsbilder für das Zusammenleben auf Grundlage der Menschenrechte und der Rechtsordnung zu entwerfen, sie zu begründen – und gleichzeitig bestehende Probleme nicht zu verschweigen. Das ist notwendig, wenn die Europäische Union mit ihren Mitgliedstaaten zukunftsfähig und wirtschaftlich erfolgreich sein – und im Einklang mit den Werten der Europäischen Grundrechtscharta handeln will. Es ist notwendig, weil Europa nicht nur aufgrund seiner demografischen Entwicklung auf Einwanderung angewiesen ist, sondern auch, weil die Gesellschaften und Unternehmen in Europa wirtschaftlich am erfolgreichsten sind, die offen für das »Fremde« sind, also die Toleranz, interkulturelle Verständigung und gegenseitigen Respekt fördern. Das ist eine Erkenntnis, die seit vielen Jahren sowohl von Sozial- und WirtschaftsforscherInnen und UnternehmensberaterInnen als auch von MigrationsexpertInnen einstimmig im Chor verkündet wird (Markt und Mittelstand, 2017). Doch in dem öffentlichen Diskurs wird dies kaum wahrgenommen. Zum Nachteil unserer Zukunft. Politik kann und sollte dies ändern, indem sie klare, politische Botschaften für ein gesellschaftliches Zusammenleben formuliert und in praktische Politik umsetzt. Nur so können wir unsere gemeinsamen gesellschaftlichen Herausforderungen erfolgreich gestalten.

Eine klare politische Orientierung wird auf die Einstellung der Bevölkerung Einfluss haben – mit glaubwürdiger Kommunikation, die die Gefühle erreicht, guten Argumenten und offensivem, öffentlichem Diskurs. Aus der Antisemitismusforschung wissen wir zum Beispiel, dass der Antisemitismus dann zurückgeht, wenn in der Öffentlichkeit klar vermittelt wird: Antisemitismus wird nicht akzeptiert! Ein weiteres Beispiel sei erwähnt: die öffentliche Positionierung der britischen Regierung gegen Fremdenfeindlichkeit nach den sogenannten »London bombings«, die zu einer unmittelbaren Reduzierung von Gewalt führte. Als nach den Terroranschlägen vom 7. Juli 2005 die Gewalt gegenüber fremd aussehenden Menschen in London um 500 Prozent innerhalb kurzer Zeit anstieg, ergriff die britische Regierung öffentlich Position. Gemeinsam mit der Polizei und VertreterInnen von ethnischen Minderheiten kommunizierte sie breit in die Gesellschaft: Gewalt gegenüber Minderheiten wird nicht akzeptiert. Mit dem Ergebnis, dass in kurzer Zeit die Gewalt wieder auf das vorherige Maß zurückging.

Fazit: All dies ist eine Aufforderung an die Politik, im Bereich der Migrations- und Integrationspolitik klare, politische Orientierungen zu geben, positive Zukunftsbilder für das Zusammenleben zu formulieren, die die Probleme nicht verschweigen, und dies in praktische Politik umzusetzen. Europa und seine Mitgliedstaaten wären dann für die Zukunft besser gerüstet.

Kompetenterer Umgang mit unseren Gefühlen, Projektionen, Vorurteilen – besonders mit Angst, Neid und Hass.

Der ganze Bereich »Zusammenleben von EinwanderInnen, Minderheiten und einheimischer Bevölkerung« und das Thema »Multikulturelle Gesellschaft« sind zutiefst von Projektionen, Ängsten und Vorurteilen geprägt. Ich nenne Beispiele:

Eurobarometer-Umfragen zeigen seit vielen Jahren, dass Europäer und Europäerinnen meist keine negativen Erfahrungen mit Minderheiten im Alltag haben. Doch gleichzeitig haben sie starke Vorbehalte gegen eine multikulturelle Gesellschaft. Die Vorurteile sind vielfach dort am stärksten, wo ein geringer Anteil an Minderheiten und MigrantInnen lebt. Zum Beispiel ist die Fremdenfeindlichkeit im Osten Deutschlands mit dreißig Prozent weiter verbreitet als im Westen Deutschlands mit 24 Prozent. Der Anteil der Bevölkerung mit einem Migrationshintergrund ist im Osten mit zirka fünf Prozent hingegen wesentlich niedriger als im Westen mit bis zu 16 Prozent (Bundeszentrale für politische Bildung, 2022).

Das bedeutet nicht: Je höher die Einwanderungsquote desto weniger Vorurteile; sondern zeigt allein, dass die Vorstellungen, die Menschen von Tatsachen haben, einflussreicher sind als die Tatsachen selbst. Das »Fernbild des Fremden« – das eben von Vorstellungen geprägt ist – ist wesentlich negativer als die Tatsachen selbst: die alltäglichen, positiven Erfahrungen von Millionen von Menschen mit Minderheiten, Migrantinnen und Migranten. Das heißt nicht, bestehende Probleme zu verschweigen, wie zum Beispiel die Angst vieler Eltern vor verminderten Bildungschancen ihrer Kinder bei einem hohen Anteil von MigrantInnen in der Schulklasse. Es geht hier in erster Linie darum, auf die Macht unserer Vorstellungen und unserer Gefühle hinzuweisen.

Das spiegelt sich auch bei unseren Entscheidungsfindungen wider: Achtzig Prozent unserer Entscheidungen werden gefühlsmäßig getroffen – und nicht rational. Anstatt dies zu berücksichtigen und Gefühle aufzugreifen, um etwas zu bewirken, argumentieren wir in der Regel nur – und erreichen unser Gegenüber nicht, sind wirkungslos. Das wird leider auch eindrucksvoll in einem anderen Bereich bestätigt: bei den Diskussionen um das Impfen gegen COVID-19 – eine Diskussion, die mehr von Emotionen als von der Auseinandersetzung mit Tatsachen geprägt ist, die Gefühle oft unberücksichtigt lässt und zu erstarrten Fronten führt.

Die Macht der Vorstellungen und fehlende »Gefühlskompetenz«

Ein kleiner Exkurs, weil ich den Aspekt der Macht der Vorstellungen und die Kompetenz im Umgang mit Gefühlen für einen Kernpunkt und gleichzeitig für einen großen »blinden Fleck« innerhalb des politischen Diskurses halte: Trotz des ungeheuren Wissens in vielen wissenschaftlichen Disziplinen sind unsere Kenntnisse über den Ursprung und den Umgang mit Gefühlen, Ängsten und Aggressionen viel zu gering. Wir »lernen« es nirgendwo – nicht in der Schule und meist nicht in der Familie, noch gibt es Training – zum Beispiel für JournalistInnen, wie sie Bedrohungsszenarien in Fernsehbeiträgen vermeiden können. So überlassen wir – oft unbewusst und ungewollt - den Umgang mit Angst Populisten, die in Wahlkämpfen immer wieder mit dem Schüren von Überfremdungsängsten erfolgreich waren und sind.

Es ist eine »Leerstelle« und damit »Lehrstelle« in unserem Leben, die auch das Zusammenleben, die Debatte um die multikulturelle Gesellschaft, die Frage der Integration »des Fremden«, zutiefst beeinflusst. Das »Fremde« gilt meist als das Bedrohliche, das nicht eingeordnet werden kann und oftmals erst durch die eigene Sichtweise entsteht – wie etwa der »Antisemitismus ohne Juden«. Der Anteil der jüdischen Bevölkerung in Deutschland betrug 0,9 Prozent im Jahr 1933 – das heißt, er lag unter einem Prozent. Trotzdem gelang es den Nazis, den Wahn der Überfremdung zu erzeugen.

Das Fremde kann aber auch das Exotische und das Faszinierende, Anziehende sein. Das Streben nach Ungestörtheit, nach wenig Irritation und nach Harmonie will aber das Fremde im Menschen leugnen, auch die persönlichen Spannungsfelder, derer man sich nicht bewusst ist. Das Fremde ist oft Abgespaltenes und verdrängtes Eigenes. Und dies spiegelt sich unmittelbar in der Abwehr gegen die Realität der multikulturellen Gesellschaft wider. Sie wird nach wie vor in Frage gestellt. Gleichzeitig sind wir in U-Bahnen, Schulen oder Restaurants permanent damit konfrontiert. Die Verleugnung der Realität über Jahrzehnte hinweg zeigt, wie tief das Thema von der »Angst vor dem Fremden« geprägt ist, von der Angst vor der Angst, der Angst vor »dem Fremden in uns«, der Angst vor der vermeintlichen Überfremdung. Folge davon ist, dass der Umgang mit Gefühlen bei der Erarbeitung von Konzeptionen, Strategien und Maßnahmen sowie bei der Öffentlichkeitsarbeit kaum eine Rolle spielt.

Den Medien kommt bei diesem Themenkomplex eine besondere Bedeutung zu: Wie kaum ein anderer Bereich sind sie in der Lage, Gefühle zu beeinflussen. Bilder können unsere Gefühle stärker beeinflussen als jedes Wort. Wie kaum ein anderer Bereich emotionalisieren Medien durch Musik. Und Musik ist das kulturelle Medium, das Menschen wie kein zweites bewegen kann. Musik ist stärker als jedes Bild, und Bilder sind stärker als jedes Wort. Bilder und Musik werden vielfältig eingesetzt: bei der Berichterstattung, bei Dokumentationen, bei Spielfilmen zum Thema Einwanderung. So sind Medien nicht nur ein Mittel zur Information und zur Verbreitung von Erkenntnissen, sondern ein immer noch unterschätztes und ungenutztes Mittel zur Sensibilisierung, zur Gewinnung von Mitgefühl – ein Bündnispartner für neue Formen der Zusammenarbeit auf lokaler, nationaler und europäischer Ebene zum Thema Einwanderung.

Fazit: Der Umgang mit Gefühlen ist eine »Leerstelle«: Bei der Entwicklung von Strategien, Aktionsprogrammen und Initiativen in der Politik und darüber hinaus und bei der Öffentlichkeits- und Medienarbeit zum Thema Migration und Integration sollte der Aspekt »Umgang mit Gefühlen« und »mit Fremdheit« einbezogen und kompetent behandelt werden. Nicht um Abwehrhaltungen zu erzeugen, sondern um sich positiv wesentlichen Zukunftsfragen kompetent stellen zu können. Die Kompetenz, mit Gefühlen umzugehen, sollte vor allem durch den Bildungsbereich gestärkt werden.

Die Gesellschaften in Europa sind in einer tiefen Identitätskrise, weil wir mit tiefgreifenden Veränderungsprozessen in fast allen Lebensbereichen konfrontiert sind. In einer solchen Situation ist politische Orientierung gerade bei den Themen Integration und Migration gefordert. Wir brauchen eine politische Orientierung, die Chancen formuliert, Probleme nicht verschweigt und Zukunftsbilder vermittelt. Eine Politik, die Emotionen aufgreift und Kompetenz im Umgang mit ihnen fördert. Wir stehen vor großen gesellschaftlichen Herausforderungen, aber wir haben viele Gründe, darauf zu vertrauen, dass wir sie bewältigen können, denn es gibt Wegweiser bei unserer Expedition zu neuen Kontinenten »Wir können den Wind nicht ändern, aber die Segel anders setzen« – das ist die Ermutigung von Aristoteles an uns.

FORDERUNGEN:

- Verstärkte **positive Positionierung gegenüber Flucht/ Einwanderung** seitens Politik und Medien in der Öffentlichkeit – ohne die Probleme zu verschweigen.
- Inkludierung dieser **in Parteiprogrammen, Resolutionen, Aktions- und Arbeitsprogrammen** von politischen Parteien und gesellschaftlichen Institutionen.
- Unterstützung eines breiten öffentlichen Diskurses, zu welcher (toleranten, offenen) Gesellschaft wir uns entwickeln wollen, bei Nutzung zum Beispiel des Grundrechtsforums der FRA
- Reduzierung negativer Vorurteile und Fremdenangst durch verstärkten Kontakt mit MigrantInnen/Flüchtlingen und der Stärkung der Kompetenz im Umgang mit (negativen) Gefühlen und Fremdheit.
- Verstärkte Inkludierung von **Schulungen zum Umgang mit Gefühlen/Emotionen/Fremdheit** in Strategien der Politik, Öffentlichkeits- und Medienarbeit.
- Einführung in Schulcurricula sowie in Aus- und Fortbildungen von LehrerInnen und JournalistInnen.

VERRÄTERISCHE SPRACHE, KOLLEKTIVE AMNESIE UND DIE MACHT VON VORURTEILEN

Prof. Dr.[in] DDr.[in] h.c. Ruth Wodak

Erst »Flüchtlinge, willkommen«, dann »Grenzen dicht«. Über die Reizthemen Flucht und Asyl wird oft nur noch in Extremen geredet. Eine realistische Migrations- und Asylpolitik beginnt mit einer vorurteilsfreien, aber auch tabulosen Sprache: Eine Bestandsaufnahme des herrschenden Diskurses und Beispiele für mögliche Alternativen.

Ruth Wodak, emeritierte Professorin für Linguistik und Diskurstheorie, lehrt und forscht zu Sprache und Politik in Großbritannien und Österreich.

Das Thema »Flucht« hat mein Leben mehrfach bestimmt. Als Kind von Flüchtlingen – meine Eltern mussten vor den Nationalsozialisten 1938 aus Wien flüchten und haben auf vielen Umwegen und dank der Hilfe vieler Personen und Organisationen den sicheren Hafen in Großbritannien erreicht – bleibt es mir unverständlich, wie viele PolitikerInnen, JournalistInnen und sonstige BürgerInnen meinen, dass jemand tatsächlich freiwillig aus der Heimat flüchtet. Niemand verlässt freiwillig Familie, Arbeit, Ausbildung, FreundInnen und die eigene Heimat; niemand lässt freiwillig den ganzen Besitz, sowie den gewohnten Alltag zurück. Man flieht, um das eigene Leben zu retten. Und niemand kehrt gerne in ein »Land der TäterInnen« zurück. Die Geschichten zu Flucht, Angst, Rückkehr und gefühlter Ohnmacht haben unseren Familienalltag vielfach bestimmt.

Sprache, Sprechen und Sprachverhalten konstituieren Wirklichkeiten – und umgekehrt. Es ist traurig aber nicht überraschend, wie ahnungslos viele Menschen heutzutage negativ über Flüchtlinge und Flucht sprechen und urteilen, wie schnell die Machenschaften der Nazis und des barbarischen Nazi-Regimes vergessen wurden und werden, die Hunderttausende zur Flucht bewegten und Millionen, die nicht flüchten konnten, ermordeten. Eine kollektive Amnesie greift um sich, die das Legitimieren einer immer restriktiveren Asyl- und Migrationspolitik ermöglicht; eine Enthistorisierung, die mit einer zynischen Verrohung des Diskurses einhergeht. Handelt es sich also um:

Verdrängung; Vergessen; fehlendes Wissen und Interesse; fehlende Solidarität; Ahnungslosigkeit? Oder einfach (wieder) um Wegschauen und eine verfehlte Realpolitik?

Rhetorik der Ausgrenzung: Legitimierung von Grenzen und Delegitimierung von Geflüchteten

Eine Rhetorik der Ausgrenzung ist ein wesentlicher Bestandteil eines viel allgemeineren Diskurses über Fremde innerhalb und außerhalb des – in der Tradition eines Nativismus – sogenannten »Volkskörpers«, des Nationalstaates, geworden, nicht nur bei rechtspopulistischen, sondern auch bei »Mainstream«-Parteien (Musolff, 2012). Rechtspopulistische Ausgrenzungsparolen werden immer mehr »normalisiert«, von der politischen Mitte akzeptiert und implementiert, häufig in einer »weicheren« Rhetorik kodiert (rohe Bürgerlichkeit) (Wodak, 2021a; Heitmeyer, 2018).

Zu den ausgegrenzten Minderheiten zählen einerseits die Roma und die Juden, andererseits Flüchtlinge und MigrantInnen, nach dem allgemeinen Motto: »Wir« (das Abendland oder christliche Europa) müssen »uns« gegen »sie« (den Orient: Roma, Juden, Muslime) verteidigen. Parteien mit einer solchen Ausgrenzungsrhetorik stellen sich kontinuierlich als »Retter des Abendlandes« dar, die den »kleinen Mann« und die »kleine Frau« sowohl gegen »die da oben« als auch gegen »die Barbaren« verteidigen, die – so wird angenommen – deutschen (österreichischen, britischen, niederländischen, belgischen, italienischen) ArbeitnehmerInnen deutsche (österreichische, britische, niederländische, belgische, italienische) Arbeitsplätze wegnehmen: Barbaren, »die sich nicht integrieren und sich unserer Kultur nicht anpassen wollen«.

Derartige Parolen mit ähnlichen Bedrohungsszenarien gibt es zuhauf, gerade auch aufgrund der Flüchtlingssituation seit 2014 (eigentlich in expliziter Form schon seit 1989 und dem Fall des Eisernen Vorhangs; Matuschek et al., 1995), oft gespeist von völlig falschen Informationen, Verschwörungsnarrativen und Vorurteilen. Die diskursiven Strategien der »Täter-Opfer-Umkehr«, der Konstruktion von »Sündenböcken«, die Verwendung von Euphemismen und bewusst gesetzte Provokationen und Tabubrüche gehören daher zum unverzichtbaren »Werkzeug« rechtspopulistischer Rhetorik. Kurz, jeder kann potenziell als gefährlicher »Anderer« dargestellt werden, wenn es für bestimmte strategische und manipulative Zwecke nützlich ist.

Der Diskurs über Integration, Migration und Flucht bewegt sich – zusammengefasst – zwischen zwei Extremen: Migration soll entweder gestoppt werden, da MigrantInnen – so wird behauptet – unsere Gesellschaft und sozialen Einrichtungen ausnutzen und unsere Arbeitsplätze wegnehmen, ohne etwas beizutragen. Flüchtlingszahlen sollten begrenzt werden, meinen viele PolitikerInnen, da sie zu viel »kosten«, oder: Migration ist willkommen, wenn es nachweisbare Leistungen gibt – also, wie der seit

2012 hegemoniale politische Slogan lautet: »Integration durch Leistung«! Es bleibt allerdings unklar, wie viel und was genau geleistet werden muss. Der Diskurs über Migration und Flucht ist insofern mehr und mehr ökonomisiert und wird unkritisch von vielen akzeptiert, es geht nicht um Menschen, sondern um finanzielle Vor- oder Nachteile für »uns« und »unsere« Gesellschaft. Hinzu kommt eine vorwiegend negative *mediale Repräsentation*, die unter anderem unlautere Absichten (ökonomische Interessen, ›Missbrauch‹ des Asylsystems etc.) unterstellt, und durch die Verwendung bestimmter Attribute wie »illegal« eine Kriminalisierung und Illegalisierung aller MigrantInnen und AsylwerberInnen bezweckt. Zudem werden Flüchtlinge als anders, fremd oder gefährlich/bedrohlich repräsentiert. Im Einklang damit steht die entmenschlichende Darstellung von Flüchtlingen und MigrantInnen als »Massen, Naturkatastrophe, Flüssigkeiten/Welle/Flut/Strom, Tiere/Parasiten/Seuche, Eindringlinge« etc. (Krzyżanowski, 2018; Lehner, 2022; Matouschek et al., 1995: 146; Rheindorf/Wodak, 2020; Vezovnik, 2018: 46)

Derlei *Kategorisierungen* setzen sich auch in (öffentlichen, politischen, medialen) Diskursen fort, wenn von »illegaler« Migration, »WirtschaftsmigrantInnen«, »Asyltourismus« oder »Asylmissbrauch« gesprochen wird (Baker et al., 2008; Rheindorf/Wodak, 2020: 128-134). Staaten/Politik, Gesetze (inkl. Einreisemöglichkeiten, Aufenthaltstitel usw.) und Medien stellen also maßgeblich den Gegenstand und die Bedingungen von Migration und Flucht her (Will, 2018), was multiple Grenzprozesse impliziert. (Medien)Diskurse und das Recht tragen damit jeweils auf ihre Weise zur kontinuierlichen *Delegitimierung* von bestimmten Mobilitätsformen und Grenzüberschreitungen bei.

Flüchtlinge als anders, fremd oder *gefährlich/bedrohlich* darzustellen dient – in der weiteren Folge – häufig der Legitimation strenger Grenzmaßnahmen zum vermeintlichen Schutz der »eigenen Bevölkerung« beziehungsweise gesamten »Nation«. Komplementär zu diesen Repräsentationsformen bauen nationalistische Grenzdiskurse auf spezifischen räumlichen Vorstellungen von Grenzen, der Nation, der »Festung Europa« auf. Ein typisches Raumkonzept stellt *Ländern als Container* dar, die durch Immigration bedroht und folglich geschützt werden müssen (Charteris-Black, 2006; Rheindorf/Wodak, 2018; Chávez, 2013: 136).

Legitimation und Rechtfertigung von Ausgrenzung

Ausgrenzung muss vor allem in der politischen Öffentlichkeit einer pluralistischen Demokratie in akzeptabler Weise (das heißt gesetzes- und verfassungskonform) begründet werden. Dafür dienen bestimmte Argumente, oft nur Hinweise auf solche Argumente und Rechtfertigungen, die mit dem »gesunden Menschenverstand« vereinbar scheinen. Damit wird auf ein kollektives Einverständnis Bezug genommen, das über Jahre und Jahrzehnte medial und politisch aufgebaut wurde, vor allem durch den Boulevard und rechtspopulistische und ethno-nationalistische Parteien.

Linguistisch gesehen handelt es sich dabei um argumentative Strategien/Topoi, die vor allem dazu dienen, die jeweilige (positive oder negative) Charakterisierung von spezifischen Personen oder Gruppen von Personen wie auch deren Inklusion beziehungsweise Exklusion zu rechtfertigen und zu legitimieren. Als *Topoi* bezeichnen wir inhaltsbezogene Schlussfolgerungsregeln, die ein oder mehrere Argumente mit der Schlussfolgerung verknüpfen (obligatorische explizite oder erschließbare Prämissen im Rahmen der Argumentation) (Wodak, 2021a). Es wird – sozusagen – in einem kommunikativen Abkürzungsverfahren auf vorhandenes Wissen (*endoxa*) beziehungsweise kollektiv geteilte Stereotype rekurriert, ohne Fakten liefern zu müssen: Jede und jeder weiß ohnehin, was gemeint ist, man muss es gar nicht ausführen. Im Diskurs über Flüchtlinge kommen gemäß neuen empirischen Studien zu österreichischen Mediendaten aus 2015-2018 folgende typische Topoi zur Geltung, die immer wieder implizit – auf einen angeblich allgemeinen Commonsense bezogen – begründen, warum in Österreich Flüchtlinge keinen Platz haben sollen, auf diese Topoi wird auch 2022 in Bezug auf Geflüchtete aus der Ukraine rekurriert, wobei diese im Gegensatz zu AsylwerberInnen aus anderen, ferneren Ländern in der gesamten Europäischen Union bevorzugt behandelt werden. Dadurch ergeben sich unterschiedliche »Klassen« von Geflüchteten – jene, die man willkommen heißt, und jene, die nicht erwünscht sind. Auf diese neuen Aspekte kann ich hier allerdings aus Platzgründen nicht eingehen (siehe Tabelle 1 und Wodak, 2021b; Rheindorf/Wodak, 2020: 124):

Topos	Schlussregel (Subtext – implizite, von vielen akzeptierte, Begründung)
Topos der falschen Definition	Die meisten Menschen, die jetzt ankommen, sind nicht verfolgt bzw. gefährdet; *daher* sind sie NICHT Flüchtlinge, sondern Wirtschaftsmigranten bzw. »Asyltouristen«.
Topos der Zahl	So viele Flüchtlinge aufzunehmen, würde Österreich sehr belasten; *daher* kann Österreich nur eine begrenzte Zahl aufnehmen.

Topos der Kultur	Die momentan ankommenden Menschen sind meist ungebildet und Analphabeten; *daher* würden sie eine unakzeptable Belastung für Österreich darstellen.
Topos der Werte	Die momentan ankommenden Menschen teilen unsere Werte nicht und sind daher nicht integrierbar; *daher* kann Österreich nur eine begrenzte Zahl von Flüchtlingen aufnehmen.
Topos der Kultur/ Männlichkeit	Die momentan ankommenden Menschen sind v.a. junge (dunkle) Männer, die nie gelernt haben, ihre Triebe zu beherrschen; *daher* bilden sie eine Gefahr für österreichische Frauen.
Topos der Belastung/ ökonomischer Ressourcen	Österreich verfügt nicht über genügend Ressourcen, um für so viele Menschen zu sorgen; *daher* kann Österreich nur eine begrenzte Zahl von Flüchtlingen aufnehmen.
Topos der historischen Vergleichbarkeit	Die Genfer Konvention war für eine andere Zeit gedacht und ist für die jetzige Situation nicht mehr adäquat; *daher* ist Österreich nicht an deren Bestimmungen gebunden.
Topos von Recht und Ordnung	Gemäß internationalen Verträgen (Dublin II, Genfer Konvention) müssen Flüchtlinge im ersten sicheren Land, das sie erreichen, um Asyl ansuchen; *daher* dürfen sie in den meisten Fällen gar nicht in Österreich ansuchen.

Topos der Kontrolle	Österreich hat ein Recht darauf, seine Grenzen zu kontrollieren und zu wissen, wer sich im Land befindet; *daher* müssen Grenzen geschlossen und Kontrollen verstärkt werden.
Topos der nationalen Verantwortung	*Falls* die EU die Außengrenzen nicht genügend kontrolliert, muss Österreich nationale Maßnahmen implementieren.
Topos der Realität	Das Menschenrecht auf Asyl ist ein theoretisches Ideal; *daher* passen die Menschenrechte nicht mehr in eine andere Realität mit begrenzten Ressourcen
Topos der Solidarität (Nächstenliebe beginnt zu Hause...)	*Weil* es ÖsterreicherInnen gibt (wie wir), die obdachlos, arbeitslos und arm sind, verdienen diese eher Hilfe als Fremde/Flüchtlinge. Den ÖsterreicherInnen muss zuerst geholfen werden.
Topos der Gefahr	Manche ankommenden Menschen könnten sich in der nahen Zukunft radikalisieren und Terroristen werden. *Daher* muss Österreich seine Grenzen schließen und noch schärfere Kontrollen implementieren.

Das *Belastungsargument* lässt sich vor allem seit den 1990er-Jahren feststellen. Früher, als sich die Debatte um die sogenannten »Gastarbeiter« drehte, wurden vor allem kulturelle Topoi ins Treffen geführt, wie beispielsweise, dass diese nicht »zu uns« passten. Man hatte zwar die Gastarbeiter quasi eingeladen, sie also geholt, weil sie bereit waren, niedrig bezahlte Arbeiten, die »wir« nicht machen wollten, zu übernehmen, doch dann war man überrascht, als sie nicht einfach wieder verschwanden, sondern sich »bei uns« wohlfühlten und niederließen (Matouschek et al., 1995; Wengeler, 2003). Heutzutage dreht es sich aber nicht um gewollte und eingeladene Fremde, sondern um andere, die »anders ausschauen« und die gekommen sind, ohne dass man sie holte. Es handelt sich um Flüchtlinge, die sich aus schrecklicher Lebensgefahr zu »uns« retten. In diesem Fall sind, wie der Soziologe Zygmunt Bauman (2000) pointiert behauptet, zwei Reaktionen zu beobachten: Entweder die Aufnahmegesellschaft schluckt die Fremden (sie assimilieren sich), oder sie spuckt sie aus (sie assimilieren sich nicht und dürfen nicht bleiben).

Securitization und Bedrohungsszenarien

Die diskursive Verknüpfung von Flucht, Migration und Sicherheitsthemen – und die behauptete Lösung durch restriktive Grenzmaßnahmen – zeugen von einer zunehmenden Versicherheitlichung beziehungsweise Securitization der Migrations- und Grenzpolitik/regime (Blommaert, 2015). In einer Studie von Baker et al. (2008) beispielsweise, über die Darstellung von Flüchtlingen, Asylsuchenden und MigrantInnen in allen nationalen britischen Zeitungen über zehn Jahre hinweg (1996–2006), konnten die ForscherInnen nachweisen, dass die Bezeichnungen und Benennungen der Geflüchteten und MigrantInnen in der Medienberichterstattung (einschließlich Boulevardzeitungen und Qualitätszeitungen) zu einer schwammigen Gruppe von »Anderen« verschmolzen wurden. Die Ausnahme bildeten die liberalen Qualitätsmedien *The Guardian* und die *Financial Times*.

Dieser Befund entspricht auch anderen wissenschaftlichen Studien: Fast alle Zeitungen transportieren ein gewisses Maß an Negativität bei der Berichterstattung über Flüchtlinge, Asylsuchende und MigrantInnen. Doch Boulevardzeitungen machen dies uneingeschränkt und explizit, während Mitte-Links-Medien auch auf humanitäre Krisen hinweisen und ab und zu über einzelne Leidensgeschichten berichten, besonders, wenn Frauen und Kinder betroffen sind wie 2022 aufgrund des russischen Angriffskriegs gegen die Ukraine. Im Gegensatz dazu entmenschlichen konservative Zeitungen (sowohl Boulevardzeitungen wie Qualitätszeitungen) im Allgemeinen MigrantInnen und Geflüchtete und konzentrieren sich besonders häufig auf junge, nicht-weiße, potenziell gefährliche Männer. Diese Erkenntnisse stimmen mit Studien über die Darstellung von Geflüchteten und Migranten nach 1989 in Österreich überein.

Zudem spielten sich genuin ideologische Kontroversen 2015/16 über die Wahl von Begriffen zur Bezeichnung von »Geflüchteten« ab, als »Asylwerber«, »Asylant«, »Asyltouristen«, »Sozialtouristen« oder gar »illegale Migranten«, weiter zur Festlegung von Quoten als »Obergrenze« oder »Richtwert«, zu »Grenzzaun« oder »Grenzraummanagement«, usw. (Rheindorf/ Wodak, 2018). Die jeweilige Begriffswahl kondensiert sowohl eine Ideologie wie auch ein bestimmtes politisches Programm, der Begriff dient dabei als programmatischer Inhalt:»Obergrenze« bedeutet, dass niemand, kein einziger Verfolgter, mehr aufgenommen werden soll, trotz ratifizierter internationaler Verträge und Konventionen.

»Richtwert« weist hingegen auf eine bestimmte Zahl hin, ohne an ihr ein für alle Mal festzuhalten: Für mit dem Tod bedrohte Flüchtlinge bleibt, so das zugrunde gelegte Argument, unter bestimmten Bedingungen die Grenze offen. Die ausschließliche Verwendung – auch von den österreichischen ÖVP-FPÖ und ÖVP-Grüne Koalitionsregierungen seit 2018 – des Begriffs »illegale Migranten« setzt zudem voraus, dass die Ankommenden nicht Flüchtlinge seien, sondern gefährliche Kriminelle, die sich mit Hilfe eines falschen Etiketts in »unser« Land hineinschummeln. Die im österreichischen Diskurs aufgetretenen charakteristischen Euphemismen, Wortneuschöpfungen und Vagheitsphänomene, die von markanten Formulierungen wie »Holzlattenzaun mit Kapuzinerkresse« (Sperl, 2015), »Tor mit Seitenteilen« (Sperl, 2015) oder »technische[n] Sicherheitsmaßnahme« (Hoang, 2015) reichen, können dabei als Ausdruck der anfangs zögerlichen Akzeptanz der Grenzmaßnahmen (angesichts der vermuteten Ablehnung der WählerInnen) durch die damalige österreichische groß-koalitionäre Regierung (2015/16) auf dem Weg des Legitimierungsprozesses beziehungsweise der Normalisierung interpretiert werden (Rheindorf/Wodak, 2018: 28).

Die Moralisierung von Grenzen

Eines ist sicher: Flüchtlinge wollen nicht weg, sie wollen ihre Heimat nicht verlassen. Sie müssen weg, sie fliehen. MigrantInnen hingegen verlassen – mehr oder weniger – freiwillig ihre Heimat, sie emigrieren mit dem Ziel, ein besseres Leben für sich und ihre Familien zu erreichen. Diskriminierende Benennungen verzerren Realitäten und erzeugen vornweg Angst: Angst vor Fremden, Angst vor Verlust des Arbeitsplatzes, Angst vor einer imaginierten Invasion. Der in Folge verwendete Begriff »Integrationsunwilligkeit«, der vom rechtsextremen Rand in die politische Mitte gewandert ist und schließlich in Gesetzesform gegossen wurde, normalisiert eine Politik der beliebigen Ausgrenzung durch Trugschlüsse und arbiträre Begrifflichkeit.

Dieser Begriff unterstellt zunächst, dass die Zugewanderten sich nicht »unserer« Kultur und unseren Routinen anpassen wollen. Intensive Integrationsarbeit ist zweifelslos notwendig; natürlich müssen Zugewanderte sich an die jeweiligen Gesetze des Gastlandes halten. Integration braucht jedoch Zeit, Motivation auf allen Seiten muss hergestellt und gefördert werden. Integration kann nicht nur aus dem Erwerb der Mehrheitssprache bestehen, es geht um Sprachspiele, um Regeln und Routinen, um Umgangsformen; insgesamt um die Sozialisierung in eine neue, bisher unbekannte Welt (Wodak, 2017; Bauböck/Tripkovic, 2017). Und dies braucht Zeit, Ressourcen und vor allem auch Offenheit auf allen Seiten.

Dass der soziale beziehungsweise politische Umgang mit Flüchtlingen und Asylwerbern und die Grenzpolitik emotional-affektive beziehungsweise ethisch-moralische Fragen aufwerfen, bringt der Politikwissenschaftler Bastian Vollmer (2017) mit dem Konzept der »Moralisierung von Grenzen« auf den Punkt; manche scheinen eine Aufnahme im Gastland eher zu verdienen als andere; Menschen werden also nicht gleichbehandelt, sondern abhängig von ihrer Herkunft, ihrem Alter, von Geschlecht und Ausbildung – und vor allem auch von ihrer Hautfarbe und ihrer Religion. Es handelt sich um rassistische, biologistische und ethnisch-kulturelle Kategorisierungen, die das Leid der Individuen ausblenden:

Eine Moralisierung der Grenze findet dann statt, wenn man zwar bestimmte Menschen ausschließt, aber gleichzeitig Werte vertritt, für die die EU und ihre Mitgliedstaaten einstehen. Diese ausgrenzende Praxis wurde im Laufe der Jahre durch eine Reihe von politischen Rahmenbedingungen moralisch legitimiert [...], auch durch ein Narrativ des Verdienstes, das »wir« (die »Gastgeber«) verwenden, um Menschen zu kategorisieren: ›Manche Menschen verdienen es also nicht, gleich

*behandelt zu werden wie andere; oder so behandelt zu werden, wie
›wir‹, die Gastgeber, gewohnt sind, Menschen zu behandeln.‹ So haben
eine gesteigerte öffentliche Wahrnehmung und ihre moralische Recht-
fertigung die Bereiche der Grenz- und »erforderlichen« Sicherheits-
maßnahmen noch stärker aneinandergekoppelt.* (Vollmer, 2017: 4)[87]

Die Suche nach Sündenböcken, die – so wird unterstellt – »uns« die
Arbeit wegnehmen, zu viel kosten, kriminell sind und integra-
tionsunwillig, ist also nicht neu (Rainer, 2015; Khosravi, 2010).
Leider scheint diese Strategie aufgrund einer Politik der Angst,
des Anfachens von Neid und Ressentiment immer wieder zu
funktionieren: erst Sündenböcke konstruieren und sich dann
als Retter zu stilisieren, im Sinne des Slogans: »Make Austria
great again«.

*PolitikerInnen beriefen sich auf diese negativen Bilder, um die vor-
herrschende Perspektive weg von einer emphatischen Sichtweise auf
die Erfahrungen, Kämpfe, Bedürfnisse und Rechte von Flüchtlingen
zu verdrängen und eine versicherheitlichende Sichtweise wieder-
herzustellen. [...] Dies wurde erreicht, indem Elemente eines bereits
vorhandenen Wissens über gefährliche, fremde Männlichkeit heran-
gezogen und neu konfiguriert wurden.* (Scheibelhofer, 2017: 106)[88]

Alternativen

Den Gegnern einer solchen Politik wird schnell in Form einfacher Verallgemeinerungen vorgeworfen, sie hingen Utopien
nach, seien unverbesserliche ›Gutmenschen‹ und nähmen die
– eben geschürten – Ängste nicht ernst. Solche argumentativen
Strohmänner sind leicht gebaut – denn niemand will eine unre-
gulierte Einwanderung; niemand könnte dies vernünftigerweise

fordern. Natürlich sollen Asylsuchende *gesetzeskonform* registriert und behandelt werden.

Die EU-weite Studie von Field (2019) erweist sich als relevant, da sie sich mit dem Erfolg von verschiedenen *Kommunikationsstrategien und Narrativen* über Flucht/Migration und Geflüchtete beschäftigt. Neben alternativen Narrativen, die von Flüchtlingen selbst produziert beziehungsweise erzählt werden (sollten) oder die auf *positive Begriffe* und Konzepte wie *Hoffnung, Stolz, Solidarität, Handlungsfähigkeit* setzen, erweist sich die Fokussierung auf das Erleben von BürgerInnen als erfolgreiche Strategie[89]:

> *Das Narrativ betrifft daher nicht mehr die Überquerung des Mittelmeers in einem sinkenden Boot, sondern die Reise des Bürgers/der Bürgerin im Gastland von der Angst zur Erkenntnis, dass EinwanderInnen und Flüchtlinge keine Bedrohung darstellen. Die Erzählung darf interne Zweifel und Konflikte nicht ausblenden oder beschönigen, sondern normalisiert die Vorstellung, dass Integration schwierig, aber letztlich lohnend für alle Beteiligten ist.* (Field, 2019: 37)[90]

Die Studie weist allerdings auf einige Leerstellen in den Kommunikationsstrategien von Hilfsorganisationen wie NGOs hin: Sie kritisiert den Schwerpunkt auf das Integrationsthema, während Themen wie das Einfordern beziehungsweise die Wahrung von Rechten von Flüchtlingen oder die Zunahme antimuslimischer Haltungen ausgeblendet werden (op. cit.: 45-47). Ein anderes wichtiges Thema in Bezug auf die Rezeption von Medien ist etwa die Frage, wie sich Flüchtlinge diesen Diskursen gegenüber positionieren (de Fina, 2003: 43; Lehner, 2022) und welchen Einfluss die vorurteilsbehaftete, negative Berichterstattung auf die Selbsteinschätzung und Handlungsfähigkeit der Betroffenen haben.

FORDERUNGEN:

- Schaffung **legaler und sicherer Fluchtwege.**
- Verstärkte Investition in **Maßnahmen zur Integration.**
- **Gesellschaftliche Partizipationsmöglichkeiten** für Zugewanderte und Geflüchtete fördern und **interkulturelle Begegnungsräume** zum gegenseitigen Kennenlernen schaffen.
- Erarbeitung differenzierter Lösungen für die durch die **Klimakrise bedingte Zunahme der Migration** aus Afrika durch sachliche, faktenbasierte **Debatten.**
- Erarbeitung von **Leitlinien zur sachlichen und egalitären medialen Berichterstattung** über MigrantInnen und Geflüchtete.
- Mediale Darstellung von **Erfahrungen und Erzählungen von Geflüchteten**, auch und vor allem im O-Ton durch Geflüchtete.
- Reduktion der Enthistorisierung und kollektive Amnesie in Bezug auf Flucht- und Migrationsprozesse durch **intensivierte Bildungsarbeit.**

KONTROLLE GEGEN MACHTMISSBRAUCH

Dr.[in] Stephanie Krisper

Asyl und Menschenrechte stehen durch populistische Politik mehr denn je unter Druck. Wie es mit konsequenter parlamentarischer Arbeit gelingen kann, Fakten statt Fake News sprechen zu lassen. Warum ein gemeinsames EU-Asylsystem mit mehr Kontrollen an den EU-Außengrenzen, einheitliche Standards und faire Verfahren sowie eine menschenwürdige Behandlung überfällig sind.

Stephanie Krisper ist Menschenrechtsexpertin und war am Ludwig-Boltzmann-Institut für Menschenrechte in Wien tätig. Seit 2017 ist sie Abgeordnete zum Nationalrat der NEOS.

Das Thema Asyl wird in Aufnahmeländern oft politisch missbraucht. In den letzten Jahren hat sich auch in Österreich die Debatte wieder einmal intensiviert – angestoßen von der hohen Anzahl von AsylwerberInnen im Jahr 2015 und nun im Jahr 2022. Nicht etwa durch die 90.000 UkrainerInnen[91], die aufgrund des russischen Angriffskrieges auf die Ukraine in Österreich Schutz fanden, sondern die ungefähr gleich hohe Anzahl an AsylwerberInnen bis November des Jahres (UNHCR, 2022i). Denn diese Herausforderung wurde vonseiten der Politik schlecht gehandhabt. Ihr Versagen versinnbildlichte sich durch Zelte, in denen AsylwerberInnen unter schlechten Bedingungen untergebracht wurden. Auch die Sorgen der Bevölkerung sind daher verständlich.

Verantwortungsvolle Politik würde insbesondere bei diesem sensiblen Thema, bei dem es in Europa um Weichenstellungen für die Schicksale Hunderttausender Menschen geht, bedeuten, sachlich zu kommunizieren und vorausschauend und im Sinne des Rechtsstaates zu handeln.

Haben sich österreichische Regierungen in diesem Sinne bemüht? Dieser Frage kann man als Nationalratsabgeordnete/r mittels parlamentarischer Anfragen nachgehen. Sie gehören zu den politischen Kontrollrechten des österreichischen Nationalrats und sind, weil sie von einer Minderheit von Abgeordneten gestellt werden können, insbesondere für Oppositionsparteien ein wichtiges Instrument zur Überprüfung der Aussagen, der Handlungen und der Geschäftsführung der Bundesregierung im Allgemeinen (Art. 52 B-VG). Auch auf EU-Ebene haben Mitglieder des Europäischen Parlaments das Recht, Organe und Einrichtungen der EU zu befragen (Art 138 GOEP). Durch dieses sogenannte Fragerecht können Abgeordnete zur Versachlichung der politischen Debatte Statistiken erhalten und Missstände aufdecken.

Auch wenn dieses Recht oft – und insbesondere vonseiten der jeweiligen Innenministerin oder des jeweiligen Innenministers – durch mangelhafte Antworten untergraben wird,[92] ergibt sich nach Jahren hartnäckiger Oppositionsarbeit ein klares Bild für die Regierungen ÖVP-FPÖ und ÖVP-Grüne: Rund um die Themen Asyl und Flucht herrscht ein genereller Mangel an Daten (I). Das ermöglicht EntscheidungsträgerInnen, Informationen zu verdrehen sowie Fake News zu propagieren (II). Weiters lassen sich Defizite bei der Wahrung der Menschenrechte und Rechtsstaatlichkeit in diesem Bereich erkennen (III).

Daten und Fakten, her mit euch!

Es mangelt in Österreich an öffentlich zugänglichen Daten zum Thema Asyl. Nur mit ausreichenden Daten kann man evidenzbasiert, effizient und rechtsstaatskonform arbeiten. Der Unwille zur Transparenz zeugt daher davon, wie wenig diese Ziele in der täglichen Arbeit des Innenministeriums verfolgt werden. Durch zahlreiche Statistik-Anfragen konnte ich eine Datenerhebung und deren Veröffentlichung forcieren. Im Folgenden ein kleiner Auszug daraus.

Anhand der erhaltenen Daten konnten wir beispielsweise ans Licht bringen, wie schlecht die erste Instanz im Asylverfahren arbeitet: Die Fehlerquote des Bundesamtes für Fremdenwesen und Asyl lag im Geschäftsjahr 2022[93] bei 57,3 Prozent (11621/AB XXVII GP. 4). Diese Daten werden seitens des Innenministeriums nicht freiwillig veröffentlicht – durch sie würde nämlich sofort klar, wieso Asylverfahren so lange dauern, und es könnte berechnet werden, welche Ressourcen dafür verschwendet werden. So beliefen sich im Jahr 2018 die Kosten, die aufgrund des fehlerhaft arbeitenden Bundesamtes für Fremdenwesen und Asyl entstanden, auf über hundert Millionen Euro (Meinhart, 2019).

Wenn Zahlen und Daten durch Anfragen bekannt werden, spart das Innenministerium keine Mühe, diese zur besseren Selbstdarstellung irreführend darzustellen. So stellte ich im Sommer 2022 eine umfassende Anfrage zu Asylzahlen (11922/J XXVII GP.), die Antwort dazu traf spätabends ein – frühmorgens am nächsten Tag veröffentlichte das Innenministerium die eigene Statistik, samt eigener Interpretation! So wurde beispielsweise der Anzahl der Schutzgewährungen die Anzahl der rechtskräftig negativen Entscheidungen gegenübergestellt – ohne zu erläutern, dass für einen negativen Ausgang über einen Asylantrag drei Punkte negativ entschieden werden müssen.[94] Weiters unterstrich Innenminister Karner die hohe Anzahl von Personen aus »Urlaubsländern«[95], ohne zu erwähnen, dass die Top-2-Herkunftsländer der AntragstellerInnen nach wie vor Afghanistan und Syrien sind. Und bei seinem Verweis auf die Außerlandesbringungen[96] wurde unterschlagen, dass der Großteil der Abschiebungen EuropäerInnen betrifft, obwohl deren Asylanträge weniger als ein Prozent der Asylanträge darstellen. Die meisten Außerlandesbringungen betreffen also nicht, wie man es glauben könnte, abgelehnte AsylwerberInnen. Der statistische Zusammenhang zwischen Asyl und Abschiebungen wird fabuliert (11823/J und 11630/AB XXVII GP. 71-77)! Daher ist es auch trügerisch, die Außerlandesbringungen in der Asylstatistik darzustellen.

Manche Daten sind weiterhin nicht bekannt, weil sie vom Innenministerium entgegen öffentlicher Annahme nicht erhoben werden. Beispielsweise werden Daten zu Abschiebungen grundsätzlich nach Staatsangehörigkeit und nicht nach Destinationsland der Abschiebung geführt (4901/AB XXVII GP. 15). Die Anzahl der als vulnerabel identifizierten AsylantragstellerInnen bleibt ebenso unbekannt wie die Anzahl der jährlich durchgeführten Rechtsberatungen (4887/AB XXVII GP. 4). Auch Daten zu den monatlichen Kosten für die Versorgung unmündiger, unbegleiteter, minderjähriger AsylwerberInnen werden nicht erhoben (8348/AB XXVII GP. 10) – all diese Daten wären notwendig, um beurteilen zu können, ob der Umgang mit asylsuchenden Menschen fair und gesetzeskonform ist.

Welche Konsequenz hat fehlende Evidenz? Fakten tragen grundsätzlich dazu bei, die öffentliche Debatte sachlich zu führen und populistische Aussagen einfacher widerlegen zu können. Fehlen sie, so können politische EntscheidungsträgerInnen leichter die Realität verschleiern und Falschaussagen verbreiten.

Und genau dazu wird der selbstverursachte Mangel an Daten auch genutzt.

Inszenierung erodiert dank Fakten

Anfragen sind auch ein wichtiges Instrument, um politische Inszenierung in einem derart sensiblen Bereich aufzudecken – und damit politische Diskussionen auf Basis der Fakten zu ermöglichen. So präsentierte sich der damalige Innenminister Nehammer als Helfer in der Not für in griechischen Flüchtlingslagern untergebrachte Menschen und versprach Unterstützung durch Hilfsgüter. Stolz sagte er damals: »Wir haben als Republik Österreich schon oft bewiesen, dass wir bei den Ersten dabei sind, wenn es darum geht, Griechenland zu unterstützen« (BMI, 2020c) – und flog mit den Gütern höchstpersönlich nach Athen. Durch Anfragen haben wir aufgezeigt, dass diese teuren »Hilfsleistungen« Österreichs äußerst ineffizient und chaotisch durchgeführt worden sind: Hilfsgüter sind entweder verspätet oder gar nicht angekommen, das Material war generell inadäquat (3598/J und 3601/AB XXVII GP.). Auch im Rahmen des Kinderbetreuungsprojekts mit SOS-Kinderdorf, welches für 500 Kinder auf der Insel Lesbos geplant war, wurden nie so viele Kinder wie ursprünglich geplant betreut (5091/AB und 8154/AB XXVII GP.; Standard, 2021).

Weiters behauptete Nehammer im Dezember 2020, dass 5.000 unbegleitete minderjährige Flüchtlinge im Jahr 2020 in Österreich Schutz gefunden hätten. Wir stellten eine parlamentarische Anfrage, die diese Behauptung falsifizierte: In der Beantwortung wurde klar, dass Österreich in diesem Zeitraum lediglich 186 unbegleitete minderjährige Flüchtlinge aufgenommen und ihnen Schutz gewährt hatte (4970/AB XXVII GP. 3).[97]

Die Regierung wollte durch diese medialen Inszenierungen eines helfenden Innenministers die kategorische Ablehnung der Aufnahme von Menschen – selbst von hundert Kindern, zu deren Aufnahme sich schon Privatpersonen in Österreich gemeldet hatten(!) – legitimieren.

Und auch der nächste Innenminister, Gerhard Karner, behauptete schnell einmal, der Betreuungsschlüssel für UMF in Bundesbetreuung läge wie im Gesetz vorgesehen bei 1:15 – bis wir über Anfragen Zahlen einforderten, die aufzeigten, dass der Schlüssel durchschnittlich bei 1:32 liegt (8348/AB XXVII GP. 5; Hagen, 2022). Ebenfalls stellte sich heraus, dass im Jahre 2021 5.768 unbegleitete minderjährige Flüchtlinge in Österreich Asyl beantragten, aber 4.489 dieser Kinder beziehungsweise Jugendlichen in dem Zeitraum verschwanden – 77 Prozent von ihnen! Und die zuständigen Behörden wissen über ihren Verbleib nicht Bescheid (9406/AB XXVII GP. 1-3).

Anfragen helfen auch, die Kommunikation von EntscheidungsträgerInnen, mit der diese Verantwortung von sich weg- und anderen zuschieben wollen, als solche zu entlarven. Ein Beispiel: die leider schon klassische Schuldzuweisung Richtung »Brüssel«. Die Notwendigkeit eines fairen und solidarischen europäischen Asylsystems liegt spätestens seit 2015 auf der Hand. Insbesondere um zu verhindern, dass Menschen auf dem Weg nach Europa ums Leben kommen, und generell, um Menschenhandel und Schlepperei effektiv zu bekämpfen, besteht ein Bedarf, legale Fluchtwege zu schaffen. Die österreichische Regierung hat sich in den letzten Jahren mit Inbrunst gegen jegliche europäische Solidaritätsmechanismen (wie zum Beispiel Relocation) ausgesprochen und blockiert solche Vorschläge auf EU-Ebene stets. Immer wieder hat das Bundesministerium für Inneres diese Position in Anfragebeantwortungen bestätigt und begnügt sich damit, vage Konzepte wie eine »verpflichtende, aber flexible Solidarität« vorzubringen.[98] Hinter dieser Ablehnung verbirgt die Regierung sowohl ihre Unfähigkeit als auch ihren fehlenden politischen Willen, konkrete Lösungsansätze für ein funktionierendes Asylsystem auf EU-Ebene anzubieten oder ein solches als konstruktiver Akteur mitzugestalten (7629/AB XXVII GP. 3).

Nicht nur auf EU-Ebene, sondern auch innerstaatlich scheiterten die österreichischen InnenministerInnen, einer nach dem anderen, daran, eine funktionierende Asylpolitik zu gestalten. Das verdeutlichte sich insbesondere anhand der vielen ukrainischen Schutzsuchenden, die in das dysfunktionale Grundversorgungssystem aufgenommen wurden. Während die Regierung sich selbst dafür lobte, warteten Betroffene wochenlang auf die ersten Auszahlungen der Grundversorgung. In einer NEOS-Anfrage an das Land Oberösterreich räumte der zuständige Landesrat sogar ein, dass es zu Verzögerungen von bis zu zwei Monaten gekommen sei (11064/2022 XXIX GP. 10).

Damit wird klar: Die österreichische Regierung enthält Informationen vor, erschwert damit eine faktenbasierte Diskussion über das Thema Asyl, verbreitet gleichzeitig aber Fake News. Sie verbirgt dadurch das eigene Versagen in der Asylpolitik und pflegt durch dubiose Kommunikationsstrategien das eigene Image. Was ist sie noch bereit, dafür zu opfern?

Asyl und die Schwächung des Rechtsstaats sowie der Menschenrechte

Unter den Mitgliedstaaten der Europäischen Union vertritt die österreichische Regierung eine Politik, die im Wesentlichen auf die Abwehr von schutzsuchenden Menschen ausgerichtet ist. Dafür nimmt sie, wie sich durch intensive parlamentarische Oppositionsarbeit zeigt, in Kauf, Menschenrechte und rechtsstaatliche Standards zu verletzen.

Ein markantes Beispiel dazu bietet der Fall des umstrittenen Sachverständigen Karl Mahringer, dessen Gutachten über Afghanistan trotz massiver Kritik an seinen unwissenschaftlichen Methoden viel zu lange Zeit als Grundlage für negative Entscheidungen in Asylverfahren dienten. Seine Zulassung wurde ihm 2018 entzogen – jedoch benötigte es mehrere parlamentarische Anfragen und medialen Druck, um das Justizministerium in diesem Sinne zum Handeln zu bringen (57/AB und 531/AB XXVI GP sowie 2638/AB XXVII GP; Sterkl, 2019). Trotz Entzugs seiner Zulassung als Sachverständiger wurde er Ende 2020 erneut von einem Richter des Bundesverwaltungsgerichts beauftragt, einen RechercheBericht zur Situation von homosexuellen Personen im Irak zu verfassen; in diesem wird deren Gefährdung erheblich verharmlost. Da unzureichende Qualität in der Begutachtung im Asylverfahren dramatische Auswirkungen für Menschen hat und deren Schicksal davon abhängt, ist es wichtig, Missständen struktureller Natur nachzugehen (8892/J XXVII GP.; Meinhart, 2021).

Ein weiterer Anlassfall für rechtsstaatliche Sorge ist eine zwischen Österreich und Serbien geschlossene Arbeitsvereinbarung. Dabei geht es um serbische Einrichtungen für in Österreich irregulär aufhältige Menschen, deren Abschiebung in den Herkunftsstaat nicht möglich ist, die aber nach Verständnis des Bundesministeriums für Inneres einen ausreichenden Bezug zur Republik Serbien haben – etwa weil sie über die Westbalkanroute nach Österreich gekommen sind. Das Bundesministerium für Inneres würde in solchen Fällen für die Unterbringungskosten in Serbien aufkommen. Anfragen führten zu Ausflüchten: In der Beantwortung gab der ehemalige Innenminister und jetzige Bundeskanzler Karl Nehammer an, dass »über die wechselseitigen Rechte und Verpflichtungen in der Arbeitsvereinbarung [...] einvernehmlich Stillschweigen vereinbart« wurde (923/AB XXVII GP. 2) In solch einem Fall, in dem noch dazu österreichisches Steuergeld für die Umsetzung bilateraler Vereinbarungen verwendet wird, ist Intransparenz inakzeptabel. Ganz zu schweigen davon, dass jegliche menschenrechtliche Standards durch derartige Vereinbarungen missachtet werden (2912/J XXVII GP. und 5325/J XXVII GP.).

Die Erosion der Menschenrechte von Flüchtlingen zeigt sich auch an einer in Österreich sowie an EU-Außengrenzen zunehmend geduldeten, rechtswidrigen Praxis: Pushbacks von Asylsuchenden (Border Violence Monitoring Network, 2020; *Committee on Migration, Refugees and Displaced Persons*, 2022). Die EU-Kommission hat dazu zahlreiche Anfragen von Abgeordneten zum Europäischen Parlament nur vage beantwortet. So erteilte sie etwa in einer Anfrage zu Pushbacks an der kroatischen Grenze keine Auskunft darüber, ob und welche Konsequenzen (und für wen) daraus folgen würden. Auch die Frage nach der Kürzung von EU-Geldern als Sanktion für an Pushbacks beteiligte Mitgliedstaaten wurde nicht beantwortet (P-002890/2021). Es fällt auf, dass die EU-Kommission auf rechtliche Verpflichtungen der EU-Staaten, darunter Grundrechtecharta und *Non-Refoulement*-Gebot, sowie auf den geplanten Asyl- und Migrationspakt, zwar hinweist, aber nur selten konkrete Maßnahmen gegen jene Staaten vorsieht, die dagegen verstoßen (P-002890/2021; Anfragen an die EU-Kommission E-004168/2020, E-004068/2020 und E-001433/2021).

In Österreich gingen wir der Praxis von Pushbacks mittels parlamentarischer Anfragen nach. Nach zwei Beschwerden an ein Landesverwaltungsgericht wurde in einem Fall rechtskräftig[99] festgestellt, dass die Zurückweisung rechtswidrig war und der Betroffene in seinem Recht auf Achtung der Menschenwürde verletzt worden ist; dass er einen Asylantrag stellen wollte, wurde ignoriert. Die Regierung dementiert weiterhin, dass Pushbacks stattfinden und ein Fehlverhalten der ExekutivbeamtInnen vorliegt (8039/J XXVII GP.). So beteuerte auch Innenminister Gerhard Karner im Nationalrat: »Illegale Push-Backs gibt es in Österreich nicht.« Auch nach höchstgerichtlicher Bestätigung des Falles wurden diese Dementi wiederholt. Die Exekutive stellt damit die Autorität eines unabhängigen Gerichts infrage und unterminiert die von der Judikative ausgeübte rechtsstaatliche Kontrolle. Durch mehrere Anfragen konnten wir ans Licht bringen, dass gegen die beteiligten ExekutivbeamtInnen keine Disziplinarverfahren eingeleitet wurden, nicht einmal gegen jene BeamtInnen, die an den Amtshandlungen beteiligt waren (7881/AB XXVII GP. 7 und 10867/AB XXVII GP.).[100] In solchen Fällen gilt es, dranzubleiben, geht es doch um eine Missachtung des Non-Refoulement-Prinzips und damit einer Verletzung von ius cogens und des Artikel 3 der EMRK: das absolute Verbot der Folter.

Schlussfolgerung

Die obengenannten Beispiele zeigen, wie wichtig parlamentarische Kontrollrechte in einer demokratischen Gesellschaft sind. Sie helfen dabei, konkrete Informationen rund um das Thema Asyl zu erlangen, um evidenzbasiert arbeiten zu können, Falschaussagen zu widerlegen und Fehlinformationen zu bekämpfen sowie Missstände aufzudecken. All dies dient dem übergeordneten Ziel, durch die Einhaltung von rechtsstaatlichen Grundsätzen und Menschenrechten sowohl Ordnung zu schaffen als auch entbehrliches Leid zu mindern.

Dies ist umso wichtiger, je mehr die Säulen der Demokratie angegriffen werden, was leider der Fall ist: Sowohl das österreichische Beispiel als auch der Umgang mit AsylwerberInnen auf europäischer Ebene veranschaulichen die zunehmende feindliche Gesinnung gegenüber Menschen auf der Flucht und die Tendenz, rechtliche Verpflichtungen auszuhöhlen.[101] Anstatt Chaos walten zu lassen, Rechtsbrüche zu dulden und Menschen auf der Flucht inhuman zu behandeln, gilt es, konstruktive, rechtskonforme, europäische Lösungen zu finden.

FORDERUNGEN

- Mehr **Kontrollen an EU-Außengrenzen** zwecks Kenntnis der Identität der in der EU eintreffenden Drittstaatsangehörigen und **Registrierung aller AsylwerberInnen**
- **Menschenwürdige Behandlung** und faire Verfahren für AsylwerberInnen in allen EU-Staaten
- Ein **gemeinsames EU-Asylsystem** mit einheitlichen (Aufnahme-)Standards und einer Verteilung der registrierten AsylwerberInnen auf alle EU-Staaten mit Residenzpflicht in diesen Ländern
- Menschenrechtskonformer Umgang mit AsylwerberInnen in Österreich sowie **faire und raschere** Asylverfahren

WAS WIR AUS DEM GROSSEN FLÜCHTLINGSJAHR 2015 LERNEN KÖNNEN

Prof. Dominik Hangartner, Ph.D.

Dr.[in] Judith Spirig

Univ.-Prof. Andreas Steinmayr, Ph.D.

Eine wissenschaftliche Aufarbeitung der politischen und ökonomischen Effekte von Flüchtlingszuwanderung in Europa zeigt: Negative ökonomische Effekte sind relativ gering und können durch Maßnahmen, die die Arbeitsmarktintegration von geflüchteten Personen fördern, reduziert werden. Ein zentraler Faktor für eine gelungene Arbeitsmarktintegration ist ein schneller Asylprozess. Politische Effekte existieren – die Mehrheit der Bevölkerung sieht die Asylpolitik skeptisch. Breite Unterstützung für die Aufnahme von AsylwerberInnen gibt es jedoch, wenn die Verteilung als fair und die Kapazitäten als ausreichend empfunden werden. Der persönliche Kontakt zwischen autochthonen und geflüchteten Personen reduziert zudem die ablehnende Haltung und den Zulauf zu stark zuwanderungskritischen Parteien.

Dominik Hangartner ist Professor für Politikanalyse an der ETH Zürich und Co-Direktor des Stanford-Zurich Immigration Policy Lab. Judith Spirig ist Assistenzprofessorin für Politikwissenschaften am University College London und assoziierte Forscherin der Universität Zürich. Andreas Steinmayr ist Professor für empirische Wirtschaftsforschung an der Universität Innsbruck. Die drei WissenschaftlerInnen verbinden ihre Forschungsinteressen in Sachen Ursachen und Folgen der internationalen Migrationspolitik.

Die oberösterreichischen Landtagswahlen im September 2015 fanden inmitten eines gesellschaftlichen und politischen Sturms statt. Die Zahl asylsuchender Personen in Österreich und Europa insgesamt war im Laufe des Jahres stark angestiegen und das Thema Flucht und Asyl wurde auch im Wahlkampf zum dominierenden Thema. Die Freiheitliche Partei Österreichs (FPÖ) mit ihrer stark zuwanderungskritischen Haltung profitierte davon: Sie verdoppelte ihre Zustimmungswerte in Umfragen innerhalb weniger Monate und konnte auch bei den Wahlen ihre Stimmen verdoppeln. Auch in anderen Ländern Europas konnte man beobachten, dass zuwanderungsfeindliche Parteien im Nachgang der sogenannten »European Refugee Protection Crisis« in den Jahren 2015-2016 in Umfragen und bei Wahlen vermehrt Zuspruch fanden. In Deutschland, zum Beispiel, konnte sich die Alternative für Deutschland (AfD) im Angesicht der steigenden Zahl von Asylanträgen als politische Kraft etablieren.

Diese Beispiele veranschaulichen zwei Herausforderungen für politische Entscheidungsträgerinnen und Entscheidungsträger. Flüchtlingszuwanderung stellt Regierungen von der lokalen bis zur europäischen Ebene vor große praktische und logistische Herausforderungen, insbesondere, wenn die Zahl der asylsuchenden Personen wie im Jahr 2015 innerhalb kurzer Zeit stark ansteigt. Unterkünfte und Versorgung der asylsuchenden Personen müssen organisiert werden. Asylanträge sollen unter Einhaltung humanitärer Verpflichtungen zügig und qualitativ hochwertig bearbeitet werden und diejenigen, die eine Bleibeentscheidung erhalten, sollen möglichst schnell und erfolgreich ein Leben im Aufnahmeland beginnen können. Gleichzeitig sehen sich etablierte Parteien oft mit einer ablehnenden Haltung in Teilen der Bevölkerung und dem Erstarken rechtspopulistischer Parteien konfrontiert. Diese Parteien vertreten häufig nicht nur zuwande-rungskritische bis -feindliche Positionen, sondern auch anti-europäische und isolationistische Ansichten. Das Erstarken dieser politischen Kräfte ist daher nicht nur ein mögliches Hindernis für eine konstruktive und evidenz-basierte Lösung logistischer und praktischer Herausforderungen, sondern auch eine Erschwernis auf dem Weg zu einer neuen europäischen Asylpolitik, mit mitunter isolationistischer Ausstrahlung auf andere Politikbereiche, wie beispielsweise dem Brexit.

Weil also das Erstarken zuwanderungsfeindlicher Parteien die lokale, nationale, und europäische Asylpolitik — sowie andere Politikbereiche — beeinflusst, stellt sich für etablierte politische Kräfte die Frage, unter welchen Bedingungen sich Flüchtlingszu-wanderung auf den Zuspruch rechtspopulistischer Parteien aus-wirkt. In diesem Beitrag fassen wir Forschungen zu den ökono-mischen und politischen Effekten von Flüchtlingszuwanderung zusammen und entwickeln daraus Handlungsoptionen, die poli-tische Effekte reduzieren können. Eine rasch wachsende Litera-tur untersucht mit Kausalstudien, unter welchen Umständen es zu politischen Verwerfungen kommt und wann diese ausbleiben. Primär stützen wir uns dabei auf die Erfahrungen in Europa in den letzten Jahren, mitunter fließen aber auch Erkenntnisse aus anderen Ländern mit ein.

Integrationsprogramme und Reduktion negativer ökonomischer Effekte

Eine häufig genannte Sorge in Zusammenhang mit Flüchtlings-zuwanderung sind negative ökonomische Effekte. Dabei werden insbesondere Verdrängungseffekte am Arbeitsmarkt und negati-ve Auswirkungen auf die Finanzierung des Sozialsystems durch eine überdurchschnittliche Inanspruchnahme durch Geflüchtete angeführt (zum Beispiel Margalit, 2019).

Die Frage nach den Effekten von Zuwanderung auf Löhne und Beschäftigung der autochthonen Bevölkerung hat sehr viel Aufmerksamkeit in der ökonomischen Forschung erfahren. Insgesamt lässt sich sagen, dass die Auswirkungen von Zuwanderung auf den Durchschnittslohn und die Beschäftigung der einheimischen Arbeitnehmerinnen und Arbeitnehmer mittel- bis langfristig null oder sogar leicht positiv sind. Zuwanderung bedeutet nicht nur eine Erhöhung des Arbeitskräfteangebots, sondern auch zusätzliche Nachfrage nach Gütern und Dienstleistungen, die wiederum die Nachfrage nach Arbeitskräften erhöht. Kurzfristig können aber negative Effekte auftreten. Wo diese eine Rolle spielen, sind sie jedoch auf Gruppen konzentriert, die sehr ähnliche Eigenschaften wie die neu zugewanderten Personen haben (etwa frühere Migrantinnen und Migranten). Verdrängungseffekte am Arbeitsmarkt spielen daher insgesamt nur eine relativ geringe Rolle (siehe Edo et al., 2020 für eine Übersicht über die aktuelle Forschung zu diesem Thema).

Die größten direkten ökonomischen Effekte ergeben sich durch öffentliche Finanzen. Geflüchtete Personen haben in vielen Ländern eine niedrigere Arbeitsmarktintegration als die autochthone Bevölkerung und andere Zuwanderergruppen (Brell et al., 2020, Fasani et al., 2022). Kurzfristig ergibt sich daraus eine überdurchschnittliche Inanspruchnahme von sozialstaatlichen Leistungen und ein geringes Steueraufkommen. Eine langfristige Betrachtung ist schwieriger, da die fiskalischen Effekte von vielen Parametern abhängen, bei denen mitunter auch große Unsicherheit herrscht.

Unstrittig ist jedenfalls, dass mögliche negative fiskalische Effekte durch eine gelungene Arbeitsmarktintegration geflüchteter

Personen reduziert werden können. Dies, weil eine gelungene Arbeitsmarktintegration die Inanspruchnahme sozialstaatlicher Leistungen reduziert und gleichzeitig Beiträge zum Steuer- und Sozialsystem erhöht. Der Grad der Arbeitsmarktintegration hängt einerseits von den Eigenschaften der geflüchteten Personen ab (Alter, Bildungsniveau, Sprachkenntnisse), andererseits zeigen verschiedene Studien, dass die Rahmenbedingungen und aktive Integrationsmaßnahmen, die Geflüchtete in den Aufnahmeländern vorfinden, diesen signifikant beeinflussen können (siehe Hangartner et al., 2021 für eine Übersicht). Im Folgenden diskutieren wir mögliche Maßnahmen, für welche Kausalanalysen gezeigt haben, dass sie die Arbeitsmarktintegration fördern und negative fiskalische Effekte minimieren können.

Eine zentrale Rolle für eine gelungene Arbeitsmarktintegration spielt ein schneller Asylprozess und eine damit verbundene nur kurze Phase der Unsicherheit für die Geflüchteten. Lange Asylprozesse wirken sich langfristig negativ auf die Arbeitsmarktintegration und damit indirekt auf öffentliche Finanzen aus. Damit zusammenhängend hat auch ein später Zugang zum Arbeitsmarkt negative Effekte auf Arbeitsmarktintegration, die sich noch mehrere Jahre später feststellen lassen (Marbach et al., 2018, Fasani et al., 2022).

Viele Länder bieten freiwillige oder verpflichtende Integrationsmaßnahmen für Asylwerberinnen und Asylwerber und für anerkannte Flüchtlinge und subsidiär Schutzberechtigte an. Diese Integrationsprogramme werden oft im Rahmen einer aktiven Arbeitsmarktpolitik organisiert. Die Ergebnisse jener Studien, die mit plausiblen Forschungsdesigns die Wirkung dieser Maßnahmen evaluieren, deuten darauf hin, dass Integrationsprogramme bemerkenswert effektiv und effizient sein können, um die Beschäftigung und das Einkommen von Geflüchteten und Zuwanderinnen und Zuwanderern zu steigern. Mehrere Studien finden, dass aktive Arbeitsmarktmaßnahmen für diese Population einen größeren Effekt haben als für die Gesamtbevölkerung (zum Beispiel Andersson Joona/Nekby, 2012; Sarvimäki/Hämäläinen, 2016; Dahlberg et al., 2020). Diese Beobachtung lässt sich damit erklären, dass Geflüchteten gerade jene Fähigkeiten fehlen, die durch Schulungen relativ einfach verbessert werden können, und dass sie in erster Linie Unterstützung benötigen, um sich im institutionellen System des Aufnahmelandes zurechtzufinden. Somit können selbst relativ kleine Interventionen große Auswirkungen haben. Ein damit zusammenhängender Aspekt ist auch die Unterstützung zum raschen Lernen der Sprache des Aufnahmelandes, da Sprachkenntnisse zentral für die erfolgreiche Integration in den Arbeitsmarkt und die Gesellschaft sind (aktuellere Studien dazu sind zum Beispiel: Lochmann et al., 2019 und Hangartner/ Schmid, 2021).

Insgesamt bieten sich den Aufnahmeländern daher vielversprechende Wege, die Arbeitsmarktintegration zu verbessern und dadurch fiskalische Effekte zu reduzieren, was wiederum eine ablehnende politische Einstellung reduzieren kann.

»Faire« und algorithmisch unterstützte Allokation Geflüchteter

Eine groß angelegte Umfrage aus dem Jahr 2016 unter 18.000 Personen in fünfzehn europäischen Ländern zeigte, dass die Mehrheit der Bevölkerung die aktuelle Asylpolitik skeptisch sieht und es vorzieht, die Zahl zukünftiger Asylbewerberinnen und -bewerber zu reduzieren (Bansak et al., 2017). Gleichzeitig gibt es aber auch breite Unterstützung für die Aufnahme asylwürdiger Flüchtlinge, und es gibt eine Bereitschaft,

AsylbewerberInnen aufzunehmen, solange die Verteilung als fair und den Kapazitäten des jeweiligen Landes entsprechend wahrgenommen wird.

Das Dublin-System wird nur von 18 Prozent der befragten Personen unterstützt und allgemein als unfair wahrgenommen. Die Unterstützung für das Dublin-System ist selbst in Ländern gering, denen es relativ wenige Asylanträge beschert. Im Gegensatz dazu gibt es starke Unterstützung für ein Verteilungssystem, welches die Kapazitäten eines Landes in Betracht zieht. Siebzig Prozent der Befragten würden einen Verteilungsmechanismus unterstützen, der auf regionalen Kapazitäten, gemessen durch Bevölkerungsgröße, Wirtschaftsstärke, Arbeitslosenquote und Zahl der vorangegangenen Asylanträge basiert.

Der Gedanke einer fairen Allokation spielt nicht nur für die Verteilung zwischen, sondern auch innerhalb von Ländern eine Rolle. Ein Verteilungssystem von Geflüchteten auf Länder und Gemeinden, das als fair wahrgenommen wird, erfährt den geringsten Widerstand (Fabbe et al., 2021).

Ein solcherart ausgestalteter Verteilschlüssel kann auch mit einer algorithmisch unterstützten Allokation verbunden werden. Dabei wird auf Basis von Daten in der jüngeren Vergangenheit aufgenommener Schutzsuchender für alle neueingereisten Geflüchteten (beziehungsweise die ganze Familie) mittels Methoden des maschinellen Lernens eine Prognose erstellt, in welcher Gemeinde diese am schnellsten eine Erwerbstätigkeit findet — und, wenn keine anderweitigen Gründe dagegensprechen, dieser Gemeinde zugeteilt. Diese sehr kostengünstige Verbesserung der Arbeitsmarktintegration durch optimierte Allokation wird zurzeit in der Schweiz in der Praxis getestet.

Förderung sinnvoller und wiederholter Interaktion

Eine genauere Untersuchung der eingangs erwähnten oberösterreichischen Landtagswahl 2015 zeigt, wie vielschichtig der Einfluss des Asylthemas auf das Wahlverhalten ist (Steinmayr, 2021). Auch Personen, die nie mit Geflüchteten in Kontakt kamen, wurden durch die Präsenz des Asylthemas in (sozialen) Medien und politischen Debatten in ihrer Einstellung beeinflusst. Wir sprechen dabei von einer Beeinflussung auf der Makroebene. Während dieser Einfluss auf der Makro-Ebene empirisch schwierig zu fassen ist, deutet doch vieles darauf hin, dass eine zunehmende ablehnende Haltung stark durch Faktoren auf dieser Makroebene getrieben wird.

Auf der anderen Seite stehen direkte Erfahrungen mit Geflüchteten. Im Sommer und Herbst 2015 ergaben sich diese primär durch die Unterbringung von Geflüchteten in der Umgebung vom Wohn- und Arbeitsort oder durch Erfahrungen mit Personen, die bei ihrer Flucht Österreich nur durchquerten. Im Fall der Unterbringung in einer Gemeinde ergaben sich oft regelmäßige Interaktionen zwischen Geflüchteten und der autochthonen Bevölkerung, die von den Gemeinden zum Beispiel durch Willkommensfeste oder das Vorstellen der Geflüchteten in Gemeindezeitungen forciert wurden. Interessanterweise führte die Unterbringung von Geflüchteten in oberösterreichischen Gemeinden dazu, dass der Wähleranteil der FPÖ reduziert wurde, was sich durch einen Abbau von Ängsten und einer Reduktion der ablehnenden Haltung erklären lässt.

Kontakt mit Geflüchteten ohne sinnvolle und wiederholte Interaktion kann jedoch einen gegenteiligen Effekt haben. Insbesondere die Bevölkerung an der Grenze zu Bayern erlebte im September 2015 den Transit von vielen Personen auf der Durchreise nach Deutschland. In diesem Kontext wurden die Geflüchteten zwar von der Bevölkerung wahrgenommen, es kam jedoch kaum zu Interaktionen. Dies führte zu einem überdurchschnittlichen Anteil der Wählerstimmen für die FPÖ. Ein ähnliches Bild zeigt eine Studie von den griechischen Inseln, die ein erster Anlaufpunkt der Geflüchteten auf dem Weg aus der Türkei nach Mitteleuropa waren. Auch dort führte der Kontakt ohne weitere Interaktion zu einem starken Anstieg der ablehnenden Haltung und der Unterstützung für zuwanderungsfeindliche Parteien (Dinas et al., 2019, Hangartner et al., 2019).

Wie diese Analysen aus Oberösterreich zeigen, kann der Kontakt zwischen autochthonen und geflüchteten Personen je nach Kontext zu einer mehr oder weniger ablehnenden Haltung führen. Wird sinnvolle und wiederholte Interaktion zwischen Geflüchteten und der ansässigen Bevölkerung erleichtert, reduziert das die ablehnende Haltung. Auch andere Studien in ähnlichen Kontexten kommen zu ähnlichen Schlüssen (zum Beispiel Vertier et al., 2022). Für die Politik ergibt sich daraus die Möglichkeit, die Unterbringung von Geflüchteten durch interaktionsfördernde Maßnahmen zu begleiten, um negative Reaktionen zu reduzieren. Auch könnten rechtzeitige Informationskampagnen, welche solche Interaktionen befördern, helfen, politische Verwerfungen zu reduzieren.

Zusammenfassung

Wir wollen mit diesem Beitrag Möglichkeiten aufzeigen, wie potenzielle negative politische Verwerfungen, die im Zusammenhang mit Fluchtzuwanderung auftreten können, reduziert werden können. Ein beträchtlicher Anteil der Bevölkerung steht der aktuellen Flüchtlingspolitik skeptisch gegenüber und eine wachsende Literatur zeigt, dass eine höhere Zahl ankommender

Flüchtlinge den Aufstieg populistischer, einwanderungsfeindlicher Parteien vorantreiben kann. Wir raten politischen Entscheidungsträgerinnen und -trägern nicht, diese Entwicklungen zu vernachlässigen. Vielmehr ist es wichtig, die Aufnahme von geflüchteten Personen so zu gestalten, dass einerseits eine erfolgreiche Integration begünstigt wird und andererseits die Sorgen der Aufnahmegesellschaft berücksichtigt werden. Mögliche Handlungsoptionen bestehen dabei auf allen Ebenen. Auf europäischer Ebene ist es die Suche nach einer als fair wahrgenommenen Verteilung von Geflüchteten, die sich an den Kapazitäten der Aufnahmeregionen orientiert. Auf nationalstaatlicher Ebene sind es die Schaffung integrationsfördernder Rahmenbedingungen und effizienter Integrationsmaßnahmen. Die vorliegende Evidenz weist darauf hin, dass diese einen großen Einfluss auf die (Arbeitsmarkt-)Integration haben und damit auch Kosten für die Sozialsysteme reduzieren. Und auf lokaler Ebene ist es die Förderung von sinnvoller und wiederholter Interaktion zwischen Geflüchteten und der autochthonen Bevölkerung, die negative politische Reaktionen reduzieren kann.

HANDLUNGSOPTIONEN:

- Flüchtlingsaufnahme so gestalten, dass **Arbeitsmarktintegration begünstigt** wird, aber auch **Sorgen der Aufnahmegesellschaft berücksichtigt** werden.
- **Förderung sinnvoller Interaktionen zwischen autochthoner Bevölkerung und Flüchtlingen** durch interaktionsfördernde Rahmenbedingungen und Maßnahmen sowie rechtzeitige **Informationskampagnen** zum Aufräumen mit Fehlannahmen.

- Verteilungssystem mit algorithmisch unterstützter Allokation, das Kapazitäten der Aufnahmeregion berücksichtig und Arbeitsmarktintegration erleichtert (zum Beispiel an Orte, wo die Erwerbstätigkeit am meisten Sinn macht).

- Schaffung **integrationsfördernder Rahmenbedingungen**, insbesondere ein schnelles Asylverfahren für Personen mit hoher Aufnahmewahrscheinlichkeit, und **effizienter Integrationsmaßnahmen** zur Verbesserung der Arbeitsmarktintegration und zur Reduktion negativer fiskalischer Effekte.

»EIN WAHRER ANWALT DES RECHTS« – LAUDATIO FÜR WILFRIED EMBACHER

Dr.[in] Irmgard Griss

Das Recht auf eine menschenwürdige Behandlung von Flüchtlingen braucht oft einen Anwalt. Wie ein Wiener Rechtsanwalt zur ersten Adresse für Asylwerber in Österreich wurde und weshalb er dafür jüngst eine Auszeichnung für Verdienste im Kampf gegen den Rechtsextremismus erhielt. Embacher verhalf geltendem Recht zum Durchbruch und stellt damit ein überaus positives Beispiel dar, welches wir in diesem Band Erwähnung finden lassen wollten. Er steht exemplarisch für viele andere, die in Österreich und Europa mit großem zivilgesellschaftlichem Engagement für Grund- und Freiheitsrechte eintreten.

Irmgard Griss hielt die Laudatio auf Wilfried Embacher. Die Grazer Juristin ist ehemalige Präsidentin des Obersten Gerichtshof (OGH), 2016 kandidierte sie als unabhängige Kandidatin bei der Bundespräsidentenwahl, von 2017 bis 2019 war sie Abgeordnete zum österreichischen Nationalrat.

Auf den ersten Blick mag es seltsam anmuten, dass der Ferdinand-Berger-Preis an einen Rechtsanwalt verliehen wird. Es ist ein Preis, der an einen Widerstandskämpfer und KZ-Häftling erinnert. Ferdinand Berger hat in seinem Kampf gegen Diktatur und Tyrannei sein Leben aufs Spiel gesetzt, er war in den Konzentrationslagern Dachau und Flossenbürg interniert und hat sich durch Mut und Geradlinigkeit ausgezeichnet. Als einst überzeugter Kommunist ist er 1968, nach der Niederschlagung des Prager

Frühlings, aus der Kommunistischen Partei ausgetreten. Nach 1945 begann er ein Jus-Studium und trat in den Polizeidienst ein. Als Pensionist engagierte er sich als ehrenamtlicher Mitarbeiter des Dokumentationsarchivs des Österreichischen Widerstands und als Zeitzeuge in Schulen. Als Obmann der Lagergemeinschaft Dachau war er Initiator der Gedenktafel am Wiener Westbahnhof, die noch heute an den ersten Transport in das KZ Dachau erinnert.

Ein Mann mit Mut und Charakterstärke, die in dieser lebensgefährlichen Art in demokratischen Friedenszeiten – zum Glück – nicht bewiesen werden können und müssen. Doch auch heute sind große Herausforderungen zu bewältigen. Es ist nicht mehr gesichert, dass Rechtsstaat und liberale Demokratie eine Zukunft haben. Sie sind durch Extremismus, Rassismus und durch Spielarten des Neofaschismus' gefährdet. Es braucht daher auch heute mutige Menschen mit Charakter, wie sie der Ferdinand-Berger-Preis ehrt. Menschen, die durch wissenschaftliche oder publizistische Leistungen oder durch besonderes öffentliches Auftreten einen markanten Beitrag gegen Neofaschismus, Rechtsextremismus, Rassismus oder demokratiegefährdendes Verhalten leisten.

Demokratie und Rechtsstaat bedingen einander. Es gibt keine Demokratie ohne funktionierenden Rechtsstaat. Rechtsstaat heißt, dass auch die Politik an das Recht gebunden ist, dass das Recht die Politik bestimmt. Der englische Begriff »rule of law« drückt das treffend aus. Zwar wird das Recht durch die Politik geschaffen, auf die durch die Verfassung vorgegebene Weise. Doch mit dem Recht bindet sich die Politik an Regeln, die sie ohne Ansehen der Person und Partei einzuhalten hat. Nach Art 18 B-VG darf die gesamte staatliche Verwaltung nur aufgrund der Gesetze ausgeübt werden. Das gilt natürlich auch für die Gerichte. Auch sie sind an die Gesetze und vor allem auch an das übergeordnete internationale und europäische Recht sowie an das Verfassungsrecht gebunden; das ist so selbstverständlich, dass es die Verfassung nicht extra erwähnt.

Obwohl die Bindung an übergeordnetes Recht so selbstverständlich ist, führten die Kinderrechte über Jahre hinweg ein Schattendasein. Dabei sind sie international und verfassungsrechtlich abgesichert. Seit 2011 gibt es in Österreich ein Bundesverfassungsgesetz Kinderrechte. Damit wurde ein Teil der Verpflichtungen umgesetzt, die Österreich mit der Ratifizierung der UN-Kinderrechtskonvention übernommen hat. Die zentrale Bestimmung ist Art 1 BVG Kinderrechte: Bei allen Kinder betreffenden Maßnahmen öffentlicher und privater Einrichtungen muss das Wohl des Kindes eine vorrangige Erwägung sein. Das klingt einleuchtend und auch beruhigend. Denn damit scheint sichergestellt, dass Verwaltungsbehörden, Gerichte, aber auch private Einrichtungen das Kindeswohl beachten müssen und jedenfalls nicht verletzen dürfen. So weit die Theorie, die Praxis sah in vielen Fremdenrechtsfällen anders aus. Immer wieder wurden Kinder als bloße Anhängsel ihrer Eltern gesehen, ihre Rechte hatten keine eigenständige Bedeutung. Ja, dass Kinder überhaupt Rechte haben, scheinen viele – Richterinnen und Richter sowie Referentinnen und Referenten des Bundesamtes für Fremdenwesen und Asyl (BFA) – nicht realisiert zu haben.

Wilfried Embacher hat einen entscheidenden Anteil daran, dass es gelungen ist, ein Bewusstsein für die Rechte der Kinder zu schaffen. Mit seinem Einsatz für das georgische Mädchen Tina hat er erreicht, dass das Bundesverwaltungsgericht die Abschiebung des Mädchens und seiner Familie im Februar 2021 für rechtswidrig erklärt hat. Begründet wurde die Entscheidung damit, dass das Kindeswohl nicht gebührend berücksichtigt worden war. Die dagegen erhobene Amtsrevision des BFA hat der Verwaltungsgerichtshof zurückgewiesen.

Damit hat der Verwaltungsgerichtshof es jedenfalls als vertretbar angesehen, dass das Kindeswohl nicht schon deshalb irrelevant ist, weil sich die Eltern grob rechtswidrig verhalten haben. Sie hatten immer wieder aussichtslose Anträge gestellt und Rückkehrentscheidungen nicht befolgt. Die Beurteilung bloß als vertretbar und nicht als einzig richtig klingt zwar nach nicht viel, ist aber ein ganz entscheidender Erfolg. Es ist ein Indiz für eine Bewusstseinsänderung. Den Kinderrechten darf ein größeres Gewicht zugemessen werden als dem rechtswidrigen Verhalten der Eltern. Diese Bewusstseinsänderung wird durch die Richtlinien für die Kindeswohlprüfung noch verstärkt werden. Die Richtlinien wurden vom Bundesverwaltungsgericht erarbeitet und gehen auf eine Empfehlung der Kindeswohlkommission zurück. Die Kindeswohlkommission wurde eingesetzt, weil die – man kann es wohl so sagen – mit brutalen Methoden durchgeführte Abschiebung von Tina und ihrer Familie durch den Einsatz von Wilfried Embacher einer breiten Öffentlichkeit bekannt geworden ist.

Wilfried Embacher gilt als die »erste Adresse« in Fremdenrechtsfällen. Er wird immer dann eingeschaltet, wenn die Abschiebung eines gut integrierten Kindes droht, wie die Abschiebung von Tina, Hussein, Noe, um nur einige Namen zu nennen. Als ehemalige Richterin freut mich ganz besonders, dass er seine Erfolge nicht gegen das Recht erzielt, sondern mit dem Recht: indem er als Anwalt eines menschenrechtskonformen Rechts gegen Behördenwillkür auftritt. Mit seinen Erfolgen stärkt er das Ansehen des Rechtsstaats und leistet damit einen entscheidenden Beitrag für das Vertrauen in den Staat und seine Institutionen. Er ist – gleich dem Namensgeber des Preises – ein Vorbild, ein »Leuchtturm« und würdiger Träger des Preises, der Mut und Geradlinigkeit ehrt, Eigenschaften, die Wilfried Embacher mit seinem Einsatz für eine menschenrechtskonforme Anwendung des Fremdenrechts beweist. Sein Einsatz stärkt den Rechtsstaat. Ohne funktionierenden Rechtsstaat gibt es keine liberale Demokratie. Ich darf ihm zum verdienten Preis von Herzen gratulieren und ihm und allen Schutzsuchenden noch viele Jahre erfolgreicher Tätigkeit als wahrer Anwalt des Rechts wünschen.

SCHLUSSFOLGERUNGEN

Dr. Othmar Karas, M.B.L-HSG

Erster Vizepräsident des Europäischen Parlaments

Europa und die Europäische Union werden, wie bereits eingangs erwähnt, in den kommenden Jahren und Jahrzehnten zunehmend von umfangreichen Flucht- und Migrationsbewegungen betroffen sein. Klimatische Veränderungen, Umweltzerstörung sowie andauernde nationale und internationale Konfliktsituationen stehen exemplarisch für etliche neue Flucht- und Migrationsgründe, denen unser Kontinent nicht unvorbereitet und versunken in Einzelstaatlichkeit gegenüberstehen darf.

Um uns und Europa für die Zukunft zu rüsten, bedarf es daher einer Vielzahl von Reformen. Diesen voranstellend braucht es auch eine neue gemeinsame Diskursbasis. Es ist unumgänglich auf einen faktenbasierten und wahrheitsgetreuen Diskurs zum Thema Migration und Flucht zu bestehen. Die Europäische Union muss wieder den Anspruch an sich selbst stellen, Vorreiter im Bereich Grund- und Menschenrechte zu sein und zu bleiben. Die eigenen Prinzipien, wie sie in der Europäischen Grundrechtecharta und der Europäischen Menschenrechtskonvention festgeschrieben sind, müssen wieder großgeschrieben werden und in jedem einzelnen Fall voll zur Anwendung kommen. Sie sind auch der Grund, warum viele sehnsüchtig auf unseren »European Way of Life« blicken.

Illegale Pushbacks und menschenunwürdige Flüchtlingslager dürfen keinen Platz in der Europäischen Union haben. Mehr Transparenz und Kontrollmechanismen für EU-Agenturen wie Frontex, eine lückenlose, intensivierte Ahndung von Pushbacks sowie die Schaffung eines unabhängigen Grenzmonitorings an den EU-Außengrenzen sollten forciert werden.

Zugleich können wir uns angesichts der kommenden Flucht- und Migrationsherausforderungen nicht mit – durch das Einstimmigkeitsprinzip bedingte – Zufallseinigungen und Minimalkompromissen zufriedengeben. Um den Weg hin zu einem solidarischen und handlungsfähigen Europa effektiv bestreiten zu können, wäre es daher zweckdienlich, das blockierungsanfällige Einstimmigkeitsprinzip durch *demokratische Mehrheitsentscheidungen* zu ersetzen. Nur so kann durchgesetzt werden, dass alle Mitgliedstaaten sich in gleicher Weise an den EU-Asylaufgaben beteiligen. Diese Forderung ist auch eine – von vielen richtigen –, die die BürgerInnen im Rahmen der Konferenz zur Zukunft Europas verlangt haben.

Die Arbeit zur »Lösung« der daliegenden Krise beginnt aber nicht in Österreich oder an der EU-Außengrenze – sie beginnt vor Ort, in den Ländern, aus denen Menschen flüchten müssen. Dieser echten Hilfe vor Ort muss noch ein viel wesentlicher Teil unserer politischen Arbeit gewidmet werden – und das nicht nur vor dem Hintergrund, Migrationsströme zu verhindern, sondern vor allem, um Menschen vor Ort wieder eine Perspektive zu geben. Wir sehen bereits heute, welch immenses Leid Hungersnöte und klimabedingte Schäden verursachen. Eine koordinierte EU-Afrika-Politik darf deshalb kein »Nebenjob« mehr sein und bedarf eines eigenen Schwerpunkts und eines eigenen EU-Afrika-Kommissars in der Europäischen Kommission. *Die investierten Summen für humanitäre Hilfe und Entwicklungshilfe gilt es massiv zu erhöhen.* Dies dient auch einer effektiven Nutzung von Geldern, da vor Ort ein Euro mehr wert ist als in Europa. Besonders hervorzuheben ist die Notwendigkeit einer nachhaltigen Finanzierung und Betreuung von Entwicklungsprojekten. Die Forschung zeigt, dass bei einer durch Investitionen bedingten, positiven wirtschaftlichen Entwicklung die Emigrationsrate eines Landes zwar kurzfristig steigt, mittel- und langfristig aber die Lebensbedingungen – darunter Infrastruktur, Sicherheitslage, Bildungs- und Erwerbsmöglichkeiten – vor Ort so weit verbessert werden, dass weniger Menschen das Land verlassen.

Weiters dürfen leidtragende, verfolgte Menschen nicht – wie häufig der Fall aufgrund der limitierten regulären Einreisemöglichkeiten – automatisch in der Illegalität verortet werden. Im Gegenteil: *Die Schaffung echter legaler Fluchtwege nach Europa*, um eine geordnete und strukturierte Form der humanitären Aufnahme zu ermöglichen, ist eine Notwendigkeit. Damit wird auch den Schleppern das Handwerk gelegt und dem Sterben tausender Menschen im Mittelmeer entgegengewirkt. Dazu zählt allen voran die Aufstockung von Resettlement-Programmen. Daneben braucht es Migrationspartnerschaften mit primären Herkunftsländern von Flüchtlingen und MigrantInnen, wo Menschenrechte und Grundfreiheiten geachtet werden, die sowohl Rückführung als auch Visaerleichterungen, die Vernetzung von Gemeinden, Vereinen und Wissenschaft sowie Entwicklungskooperation umfassen.

Eine der schwerwiegendsten Hürden ist das aktuelle Asylsystem. Mangelnde Registrierung an den Außengrenzen, jahrelange Verfahren und die unterschiedlichen Umsetzungen von Recht in den EU-Mitgliedstaaten führen zu einem inakzeptablen Status quo – für alle Seiten. Deshalb braucht es die Möglichkeit, ein *Asylansuchen bereits außerhalb der Europäischen Union – spätestens an der EU-Außengrenze – zu stellen* und auch zu erhalten. Dafür benötigen wir allen voran ein *einheitliches europäisches Asylverfahren*, welches alle EU-Länder anerkennen. Diese Verfahren sollten in der Regel nach 2 Monaten abgeschlossen werden. Die Vertretung der

Europäischen Union außerhalb ihrer Landesgrenzen müssen daher gestärkt werden und konsularische Tätigkeiten wahrnehmen können.

Sobald ein/e AsylwerberIn einen positiven Bescheid erhält, muss dieser auch in allen Mitgliedstaaten gelten und somit auch die Verteilung innerhalb der Europäischen Union erleichtern. Hierfür braucht es eine solidarische Verteilung von Geflüchteten aus den EU-Mitgliedstaaten mit Außengrenzen. Auch, um der unkontrollierten Weiterreise dieser Menschen, etwa über die Westbalkanroute, zuvorzukommen.

Gleichzeitig braucht es auch EU-weite Regelungen bei Abschiebungen und Resettlement-Programmen. Die *Definition sicherer Drittstaaten* ist hier ein gutes Beispiel, um ein einheitliches Verfahren in allen Mitgliedstaaten zu gewährleisten. Alle Mitgliedstaaten haben einer von der Agentur der Europäischen Union für Grundrechte mit Sitz in Wien herausgegebenen, regelmäßig aktualisierten und evaluierten Liste sicherer Herkunftsstaaten zu folgen. Dieser Schritt ist eine praktikable Lösung, die die EU-Grundrechteagentur selbst bereits seit Jahren vorschlägt (Fundamental Rights Agency, 2016).

Eine im Asyl- und Migrationssektor handlungsfähige EU braucht aber auch Rechtssicherheit und entsprechende Entscheidungsfindungsmechanismen. In vielen Teilbereichen des Asylrechts bestehen zwar europäische Regelungen, diese werden jedoch vielfach nicht ausreichend und einheitlich von den Mitgliedstaaten umgesetzt, was wiederum die großen Unterschiede in den Anerkennungsraten internationalen Schutzes zwischen den EU-Ländern erklärt. Daher sollte die angemessene Umsetzung und Anwendung von europäischem Asyl- und Fremdenrecht konsequenter überprüft und verstärkt *Vertragsverletzungsverfahren* eingeleitet werden.

Legale Fluchtwege nach Europa und ein gemeinsames, einheitliches EU-Asylverfahren dürfen aber die Notwendigkeit einer weiteren Säule nicht in Vergessenheit geraten lassen: Ein funktionierender *EU-Außengrenzschutz, der Grund- und Menschenrechten verpflichtet bleibt* und geltendes EU-Recht umsetzt. Dabei ist entscheidend, dass alle Ankommenden ordnungsgemäß registriert und differenziert werden. Dieser Schritt ist für den bereits erwähnten fairen Verteilungsschlüssel inkl. finanzieller Unterstützung unumgänglich. An diesen haben sich Mitgliedstaaten dann aber auch tatsächlich zu halten und nicht aus taktischen Interessen zu blockieren.

In Anbetracht der demografischen Entwicklung und des *Fachkräftemangels in Europa* ist es generell sinnvoll, vor Abschiebung von ausgebildeten beziehungsweise ausbildungswilligen Flüchtlingen und Zugewanderten eine grenzüberschreitende Allokation durch eine europäische Vermittlungsagentur für Ausbildungs- oder Arbeitsverhältnisse für Drittstaatsangehörige zu prüfen. Um ungerechtfertigte Abschiebungen von bestens integrierten Personen zu vermeiden, sollte überdies über die Schaffung einer unionsrechtlichen Vorgabe der Zuständigkeit für die Beurteilung des *humanitären Bleiberechts* nachgedacht werden.

Die Pflege ist angesichts des eklatanten Personalmangels ein treffendes Beispiel für einen Bereich, in dem wir dringend Arbeitsmigration benötigen. Die Vergleiche mit anderen Ländern zeigen klar: Eine Strategie, um Personen aus dem Ausland, die an einem Pflegeberuf bei uns interessiert sind, den Weg nach Österreich zu ebnen, fehlt oder ist nicht zielführend. Deshalb benötigen wir generell bessere Kooperationen mit interessierten definierten Herkunftsländern, aufeinander abgestimmte Regelwerke im Bereich der Rot-Weiß-Rot-Card und des Berufsrechts, kompakte Verfahren im Bereich der Anerkennung beruflicher

Qualifikationen sowie natürlich eine Entbürokratisierung und die Reduzierung finanzieller Hürden.

Studien haben gezeigt, dass Arbeitsmarktintegrationsmaßnahmen besonders bei Flüchtlingen eine hohe Erfolgsquote haben und sich somit lohnen. Große Hürden, die es zu beseitigen gilt, stellen jedoch nach wie vor der in vielen Mitgliedstaaten verwehrte Arbeitsmarktzugang für Asylwerbende sowie der häufig schwierige Umstieg von der Asyl- in die Migrationsschiene dar. Ein *schnellerer Zugang zum Arbeitsmarkt für Asylwerbende und Geduldete* sowie ein vereinfachter Umstieg auf andere Aufenthaltstitel sollte also ehestmöglich überall in der EU Realität werden.

Die *Diversifizierung der regulären (Arbeits-)Migrationsoptionen nach Europa*, unter anderem durch Ermöglichung zirkulärer Migration und der Einführung von Visa auf Zeit, ist ein wesentlicher Schritt, um die Asylschiene zu entlasten und auf den erwähnten steigenden Arbeitskräftebedarf in Europa zu antworten. Generell braucht es im Rahmen eines gemeinsamen EU-Asylsystems und legaler Fluchtwege auch eine europäische VISA-Politik für die EU-Mitgliedstaaten und Beitrittskandidaten. Am Beispiel Serbien lässt sich diese Notwendigkeit leider sehr gut erkennen.

Auch wenn die Umsetzung mancher dieser Punkte noch in weiter Ferne scheint, ist es von grundlegender Bedeutung, möglichst rasch darauf hinzuarbeiten. Denn wenn unsere Gangart keine schnellere wird, werden uns künftige Flucht- und Migrationsbewegungen hart treffen. Die gute Nachricht lautet: Alles, was wir brauchen, ist da. Die schlechte Nachricht: Aufgrund des mangelnden politischen Willens zu Solidarität und Zusammenarbeit kommen wir nicht schnell genug weiter. »Es ist so, als hätte man einen Fallschirm und würde sich trotzdem entscheiden, ohne ihn aus dem Flugzeug zu springen« (Schinas, 2022), hat es Margaritis Schinas treffend formuliert.

Bekennen wir gemeinsam Verantwortung und wagen – spät aber doch – diesen unentbehrlichen Schritt in Richtung einer gemeinsamen solidarischen europäischen Asyl- und Migrationspolitik. Wenn die Europäische Union und ihre Mitgliedstaaten keine Lösungen für diese drängenden Fragen liefern können, wird der Vertrauensverlust in die Politik und Institutionen weiter zerstörerisch wachsen. Dieses Buch zeigt daher nicht nur die wesentlichen Säulen eines neuen Asylsystems auf – gemeinsamer EU-Außengrenzschutz, einheitliches EU-Asylverfahren, Schaffung legaler Fluchtwege und effektive Entwicklungshilfe –, es zeigt auch, dass Menschen mit unterschiedlichen Blickwinkeln und Ideologien an einer Lösung dieser drängendsten humanitären Krise unserer Zeit arbeiten können – und damit gemeinsam zeigen »So schaffen wir das«!

FUSSNOTEN

ASYL IN DER EU, EIN GLÜCKSSPIEL?

1. Bei den Zahlen und Prozentangaben dieses Artikels handelt es sich um gerundete.

2. Bei Teilen dieses Beitrags handelt es sich um eine aktualisierte und modifizierte Version des Artikels Jauk, 2022.

3. Die erwähnten Daten in diesem Artikelteil entstammen der Statistik: UNHCR, 2022a. Außer im Falle anderer bibliographischer Angaben entfallen daher die bibliographischen Kurzverweise in diesem Teil des Artikels. Wenn diese Statistik gemeinsam mit einer anderen als Quelle dient, wird sie jedoch angeführt.

4. Geht man von den UNHCR-Berichten der drei letzten Jahre aus, waren es Ende 2019 noch 79,5 Millionen, Ende 2020 82,4 Millionen und Ende 2021 89,3 Millionen forcibly displaced persons. Die COVID-19-Pandemie hat sich somit nicht reduzierend auf diese Gesamtzahl ausgewirkt. Im Gegenteil – die zur jeweiligen letztjährigen Gesamtzahl hinzugekommene Vertriebenenzahl hat sich sogar im Jahresrhythmus verdoppelt (zwischen Ende 2021 und Mitte 2022 sogar im Halbjahresrhythmus!) (UNHCR, 2020; UNHCRb, 2021a).

5. Trotz einer gewissen Schwankungsbreite und etwaiger Kritiken, die etwa die Breite der von der UNHCR-Statistik umfassten als Flüchtende betitelten Personengruppe betreffen, erscheinen die Daten des UNHCR als die verlässlichsten verfügbaren, was weltweite Fluchtbewegungen betrifft.

6. Der Terminus *Flüchtling* ist hier im weiten Sinne des Wortes zu verstehen und bezieht sich daher hier nicht ausschließlich auf Flüchtlinge gemäß der Genfer Flüchtlingskonvention.

7. Dabei handelt es sich um die Summe aus den Flüchtlingen unter dem Mandat des UNHCR und dem der United Nations Relief and Works Agency for Palestine Refugees in the Near East (UNRWA), den Vertriebenen aus Venezuela sowie den AsylwerberInnen der Kategorie »Other people in need of international protection«.

8. Doch auch dort, wo die Anzahl der Flüchtenden in etwa jener der AsylwerberInnen entspricht (wie in der EU), sollte seine Verwendung tabu sein. Wenn Menschen aus Angst um ihr Leben aus ihrem Heimatland flüchten, ist – um eine einzige persönliche Einschätzung darzulegen – nicht Geringschätzung, sondern Respekt und Wertschätzung angebracht. Man sollte also allgemein z.B. von »Geflüchteten« oder »Flüchtlingen« bzw. nach Antragstellung

und vor Ende des Verfahrens von »AsylwerberInnen« und nach erhaltenem Asylstatus von »Asylberechtigten« sprechen.

9. 2021 waren es noch unter 50 % positiver Entscheidungen (genau genommen 49 % gem. UNHCR-Global Trends Report 2021) (UNHCR, 2022a).

10. Dieser Terminus ist ebenso zu verwerfen, da sich wirtschaftliche Gründe mit keinem der fünf Fluchtgründe der GFK in dem Sinne decken, dass erstere hinreichend für die Bejahung eines der letzteren wären. Zum Thema der Terminologie sei auf den in diesem Band enthaltenen Artikel von Ruth Wodak verwiesen.

11. Im UNHCR-Bericht als »Low- and Middle-Income Countries« bezeichnet.

12. Prozentsätze aus Ende 2019 (UNHCR, 2020).

13. In dieser Zahl sind auch die in der UNHCR-Statistik als »other people in need of international protection« bezeichneten Personen, die nicht formell als Flüchtlinge anerkannt sind, enthalten.

14. Deutschland, Pakistan und Uganda beherbergen mit jeweils rund 1,45 Mio. eine zirka gleich große Population an Flüchtlingen und Asylwerbern.

15. Hierbei ist anzumerken, dass sowohl die Flüchtlingsanzahl als auch deren Prozentsatz an der Gesamtbevölkerung in Deutschland im ersten Halbjahr 2022 stark zugenommen hat.

16. Siehe hierzu etwa die spezifisch die EU betreffenden untengenannten Daten.

17. In der EU waren es laut Daten von Eurostat im ersten Halbjahr 2022 ca. 406 000 Asylanträge (Eurostat, 2022b).

18. Im ersten Halbjahr 2022 waren es lediglich 162.000 Personen, wobei mit Abstand der größte Teil dieser von einem afrikanischen Staat in einen anderen (und nicht etwa nach Europa) geflüchtet war und nun wieder zurückkehrte.

19. Die Asylantragszahlen in der EU im Jahr 2020 waren – bedingt u.a. durch die COVID-19-Pandemie und die gegen sie getroffenen Maßnahmen – deutlich niedriger als jene der Jahre zuvor (2019: 699.000, 2018: 626.000, 2017: 677.000) (Eurostat, 2022a).

20. 2021 belief sich der Anteil der AntragstellerInnen aus visumbefreiten Staaten aufgrund der geringeren Antragszahl seitens LateinamerikanerInnen nur auf 15 % (Europäische Kommission, 2022a).

21. 2020 waren es deutlich weniger, nämlich 125.000, jedoch ebenso primär über den Seeweg. Für 2022 ist angesichts deutlich angestiegener irregulärer Grenzübertritte im ersten Halbjahr

(ca. 154.000; also um 85 % mehr als im selben Vorjahreszeitraum) eine starke Zunahme im Vergleich zu den Vorjahreszahlen zu erwarten (Europäische Kommission, 2022a). Zu den irregulären Ankünften sowie den legalen Einreisen siehe auch den in diesem Band enthaltenen Beitrag von Rainer Münz.

22. In ganz Europa ist dieser Prozentsatz laut UNHCR ein etwas höherer (38 %) (UNHCR, 2022a).

23. Siehe hierzu auch den in diesem Band enthaltenen Beitrag von Ariane Olschak.

24. Wenn Asyl-, subsidiäre Schutz- und Bleiberechtstatus-Anerkennungen zusammengezählt werden.

25. Im ersten Halbjahr 2022 waren es deutlich mehr, nämlich 48 % positive erstinstanzliche Entscheidungen (Europäische Kommission, 2022a).

26. Laut Daten der Europäischen Asylagentur sind etwa 50 % der Anträge auf internationalen Schutz in erster Instanz seit über einem halben Jahr anhängig (EUAA in Europäische Kommission, 2022a). Angesichts dieses Faktums und der Tatsache, dass sich viele Asylverfahren in der EU immer noch über Jahre hinweg ziehen, ist eine Beschleunigung dieser (bei zumindest gleicher Qualität der Prüfung) unbedingt anzustreben. Zur Bedeutung einer dadurch früher möglichen Integration in den Arbeitsmarkt des Aufnahmestaats siehe auch den in diesem Band enthaltenen Beitrag von Bischof Hermann Glettler.

27. Im ersten Halbjahr 2022, zu dem bereits Daten verfügbar sind, war der Prozentsatz der positiven erstinstanzlichen Entscheidungen mit 48 % deutlich höher als jener des Jahres 2021 (Europäische Kommission, 2022a).

28. Auch im Jahr 2021 ließ sich das Phänomen höchst unterschiedlicher Anerkennungsraten in der EU beobachten: Die erstinstanzliche Anerkennungsrate von AfghanInnen lag in Spanien und Portugal bei 100 % während sie in Bulgarien bei lediglich 9 % lag. (Europäische Kommission, 2022a). Die aktuellsten Daten zum ersten Halbjahr 2022 liefern teils aufgrund des allgemein deutlich höheren Prozentsatzes positiver Entscheidungen (48 % aller erstinstanzlichen Entscheidungen) als bisher ein etwas abgemildertes Bild hinsichtlich der Unterschiedlichkeit der Anerkennungsquoten zwischen den jeweiligen Mitgliedstaaten. Dennoch besteht eine große Divergenz zwischen den beispielsweise ca. 10 % positiver erstinstanzlicher Entscheidungen in Malta und den über 62 % in Deutschland (Europäische Kommission, 2022a; Eurostat, 2022e).

29. Neben den gemeinsamen europäischen Werten gilt es auch zu erwähnen, dass alle EU-Mitgliedstaaten der Genfer Flüchtlingskonvention und der Europäischen Menschenrechtskonvention

beigetreten sind und somit rechtlich verpflichtet sind, diese – neben bereits bestehenden unions-rechtlichen Vorschriften – angemessen anzuwenden.

30. »Richtlinie 2001/55/EG des Rates vom 20. Juli 2001 über Mindestnormen für die Gewährung vorübergehenden Schutzes im Falle eines Massenzustroms von Vertriebenen und Maßnahmen zur Förderung einer ausgewogenen Verteilung der Belastungen, die mit der Aufnahme dieser Personen und den Folgen dieser Aufnahme verbunden sind, auf die Mitgliedstaaten«.

31. Auch im ersten Halbjahr 2022 blieb die genannte Reihenfolge der fünf EU-Staaten, in denen die meisten Asylerstanträge gestellt wurden, dieselbe (Eurostat, 2022b).

32. Im Jahr zuvor (2020) wurden neben Zypern (0,79 je 100 Einwohner) – anders als 2021 – in Malta (0,47) und Griechenland (0,35) die meisten Pro-Kopf-Asylerstanträge gestellt. Im Übrigen ist es auch teils bei anderen hier dargestellten Zahlen so, dass die jeweils eine Liste »anführenden« Staaten zwar meist ähnliche sind bzw. regelmäßig ein hohes Niveau aufweisen, es jedoch von Jahr zu Jahr Schwankungen gibt (sodass die »Top 5« etc. meist nicht über viele Jahre genau dieselben sind).

33. Asyl sowie subsidiärer Schutz.

34. Im Jahr 2021 war die Gesamtflüchtlingszahl in der EU mit ca. 2,9 Mio. geringfügig höher (Europäische Kommission, 2022a).

35. Siehe hierzu etwa den in diesem Band enthaltenen Beitrag von Gerald Knaus.

36. Laut den Daten des UNHCR-Resettlement Data Finders waren es EU-weit 2021 nur knapp 13 000 Personen, die neuangesiedelt wurden, während die IOM im selben Jahr knapp 22 000 in der EU neuangesiedelte Personen zählte (UNHCR, 2022d; IOM, 2022a).

37. In den letzten Jahren entfielen jeweils zwischen zwei Drittel und drei Viertel aller Resettlements in die EU auf nur drei ihrer Mitgliedstaaten (Frankreich, Schweden, Deutschland) (UNHCR, 2022d).

WER KOMMT? WER BLEIBT? ZUWANDERUNG NACH EUROPA UND IHRE FOLGEN

38. Dabei handelt es sich um Saisonarbeitskräfte, Geschäftsleute, Studierende mit Austausch-Semester in der EU und um kurzfristig aus Drittstaaten in ein EU-Land entsandte Arbeitskräfte. Diese Personen scheinen zwar in der Statistik der erteilten Erstaufenthaltstitel auf, zählen aber nicht als internationale Migrantinnen und Migranten.

39. Siehe auch den in diesem Band enthaltenen Beitrag von Judith Kohlenberger.

40. Aus den verfügbaren Daten über erteilte Aufenthaltsgenehmigungen lässt sich dies nur indirekt nachweisen. Bei Erstniederlassungen aus familiären Gründen von Staatsangehörigen von Ländern,

aus denen es kaum Arbeitskräftezuwanderung und wenige (oder mehrheitlich abgelehnte) Asylanträge gibt (z.B. Maghreb-Staaten) ist anzunehmen, dass Heiratsmigration im Vordergrund steht.

41. Siehe hierzu auch den in diesem Band enthaltenen Beitrag von Ariane Olschak zum Thema Fachkräftemangel, Migration und Bleiberecht in Österreich und Europa.

FLUCHT UND RECHT: VON AFGHANISTAN BIS UKRAINE

42. Siehe hierzu auch den in diesem Band enthaltenen Artikel von Harald Jauk.

43. Siehe hierzu auch die in diesem Band enthaltenen Beiträge von Judith Kohlenberger und Christoph Riedl.

TATENLOSES ZUSCHAUEN KOMMT TEUER

44. Zum politischen Diskurs und der Sprachverwendung siehe auch den in diesem Band enthaltenen Beitrag von Ruth Wodak.

VON DER FESTUNG EUROPA ZUM SCHWER BEWACHTEN HAUS

45. Dieses Kapitel ist eine überarbeitete, aktualisierte und erweiterte Version von Kohlenberger (2020a und 2020b).

46. Zum Thema Pushbacks siehe die Beiträge von Lukas Gahleitner und Bettina Vollath in diesem Band.

47. Zur emotionalen Komponente und der Bedeutung, darauf Rücksicht zu nehmen, siehe auch den Beitrag von Beate Winkler.

48. Siehe hierzu ebenfalls den in diesem Band enthaltenen Beitrag von Ruth Wodak.

49. Siehe hierzu auch den Beitrag von Christoph Riedl.

EU-AUSSENGRENZEN GEMEINSAM SCHÜTZEN - ABER RICHTIG

50. Siehe hierzu auch den in diesem Band beinhalteten Artikel von Lukas Gahleitner-Gertz.

ROTE KARTE FÜR PUSHBACKS

51. CIR – Consiglio Italiano per i Refugiato (Italienischer Flüchtlingsrat).

52. Siehe hierzu auch den in diesem Band enthaltenen Artikel von Bettina Vollath u.a. zur Rolle von Frontex im Zusammenhang mit Pushback-Vorwürfen.

53. Die Europäische Menschenrechtskonvention schützt wesentliche Rechte und Freiheiten. Österreich ist seit 1958 Vertragspartei und hat die Konvention auch in den Verfassungsrang gehoben. Artikel 3 der EMRK ist das Folterverbot bzw. das Verbot von Unterwerfung und unmenschlicher oder erniedrigender Strafe oder Behandlung. Es handelt sich dabei um ein absolutes und notstandsfestes Recht – das bedeutet, dass es vom Staat und seinen Behörden unter keinen wie auch immer gearteten Umständen eingeschränkt werden darf.

54. Name geändert.

55. Name geändert.

56. Siehe hierzu auch den in diesem Band enthaltenen Beitrag von Christoph Riedl.

57. Siehe hierzu auch den Beitrag von Christoph Riedl.

HALTE DICH EINFACH AN DEINE REGELN, EUROPA!

58. Siehe ebenfalls den in diesem Band enthaltenen Beitrag von Katharina Stemberger.

59. Die rechtswidrigen Pushbacks sind laut der NGO »Aegean Boat Report« bis November 2021 um 97,2 Prozent gegenüber dem Vergleichszeitraum 2020 angestiegen (Aegean Boat Report, 2021).

60. In den 7 Jahren zwischen 2014 und Juli 2021 haben nur 122 Personen Schutz erhalten, davon nur 9 (!) Asyl (Sarajevo Times, 2021).

61. Siehe hierzu auch die in diesem Band enthaltenen Beiträge von Hermann Glettler und Bettina Vollath.

62. ECRE ist eine Allianz von 105 Flüchtlingsorganisationen aus 39 europäischen Ländern.

63. Siehe hierzu den in diesem Band enthaltenen Beitrag von Judith Kohlenberger.

64. Siehe dazu auch den Beitrag von Ruth Wodak in diesem Band.

65. Als solche wird die Weiterwanderung von in einem EU-Land bereits anerkannten Flüchtlingen in ein anderes EU-Land bezeichnet. Ein von den Staaten ungeliebter Effekt, der auf die unterschiedlichen Anerkennungsquoten und Sozialstandards zurückzuführen ist. Selbst anerkannte Flüchtlinge, die gerne im Aufnahmeland bleiben würden, sind oft aus wirtschaftlicher Not gezwungen, in andere Länder weiterzuziehen und dort abermals ein Asylverfahren anzustrengen.

66. Siehe dazu den Beitrag von Gerald Knaus in diesem Band.

67. Siehe hierzu auch den in diesem Band befindlichen Beitrag von Ariane Olschak.

68. Stand November 2022 in Europa (auch außerhalb der EU).

69. Streng genommen wird durch die Massenzustromrichtlinie nicht geklärt, ob es sich in jedem Fall um einen Flüchtling im Sinne der Genfer Flüchtlingskonvention handelt, weil dieser Schutz ohne individuelle Prüfung (um eine Überlastung der Asylsysteme zu vermeiden) erteilt wird. Aus diesem Grund werden Rechte aus der Konvention vorgezogen und den Geflüchteten sehr ähnliche Rechte wie Konventionsflüchtlingen eingeräumt.

EIN PLAN ZUR GEORDNETEN RETTUNG

70. Siehe hierzu auch den in diesem Band enthaltenen Beitrag von Ralph Janik.

71. Zum Thema Integration und der christlichen Perspektive siehe auch den Beitrag von Bischof Hermann Glettler.

72. Siehe hierzu auch den in diesem Band enthaltenen Beitrag von Christoph Riedl.

73. Zu Patenschaftsmodellen siehe auch den Beitrag von Gerald Knaus und – hinsichtlich Minderjähriger – den von Erika Kudweis und Corinna Geißler.

MIT MIGRATION DEN FACHKRÄFTEMANGEL MINIMIEREN

74. Name geändert.

75. Artikel 15 der Richtlinie 2013/33/EU regelt den Zugang von AsylwerberInnen zu Beschäftigung: Danach haben die Mitgliedstaaten dafür Sorge zu tragen, dass AntragstellerInnen spätestens neun Monate nach der Stellung des Antrags auf internationalen Schutz Zugang zum Arbeitsmarkt erhalten, sofern die zuständige Behörde noch keine erstinstanzliche Entscheidung erlassen hat und diese Verzögerung nicht dem oder der AntragstellerIn zur Last gelegt werden kann. Die Voraussetzungen dafür bestimmen die Mitgliedstaaten selbst, wobei sie gleichzeitig für einen effektiven Arbeitsmarktzugang für AntragstellerInnen zu sorgen haben.

76. Die Europäische Menschenrechtskonvention (EMRK) steht in Österreich im Verfassungsrang. Gemäß § 9 BFA-VG ist daher vor jeder aufenthaltsbeendenden Maßnahme die potenzielle Verletzung von Artikel 8 EMRK zu prüfen.

77. Vgl. § 46a FPG 2005: »Der Aufenthalt von Fremden im Bundesgebiet ist zu dulden, solange 1.deren Abschiebung gemäß §§ 50, 51 oder 52 Abs. 9 Satz 1 unzulässig ist, vorausgesetzt die Abschiebung ist nicht in einen anderen Staat zulässig; 2. deren Abschiebung gemäß §§ 8 Abs. 3a und 9 Abs. 2 AsylG 2005 unzulässig ist; 3. deren Abschiebung aus tatsächlichen, vom Fremden nicht

zu vertretenen Gründen unmöglich erscheint oder 4. die Rückkehrentscheidung im Sinne des § 9 Abs. 1 bis 3 BFA-VG vorübergehend unzulässig ist; [...]«

78. Ausgenommen sind gemäß § 4 Abs 1 Z 1 AuslBG Personen, deren Aufenthalt gemäß § 46a FPG 2005 geduldet ist und denen zuletzt der Status von Asyl- oder subsidiär Schutzberechtigten zukam.

79. Gem. § 21 Abs 1 NAG sind Erstanträge auf Aufenthaltstitel vor der Einreise bei der örtlich zuständigen Berufsvertretungsbehörde im Ausland zu beantragen und die Entscheidung anschließend im Ausland abzuwarten. Abs 2 leg. cit. legt jedoch Ausnahmen von dieser Regel fest – hier wäre es ohne größeren Aufwand möglich, eine weitere Ausnahme für Menschen, die erstmals ein »Bleiberecht« beantragen, zu normieren.

INTEGRATION - DAUERAUFTRAG FÜR ZIVILGESELLSCHAFT, STAAT & KIRCHE

80. Inklusive jener eingebürgerten Personen, deren Wohnsitz sich im Ausland befindet.

81. Die angeführten Erfordernisse erheben keinen Anspruch auf Vollständigkeit und basieren auf dem Positionspapier »Integration gelingt«, 2021. Es wurde gemeinsam erstellt von Bischof H. Glettler, Superintendent O. Dantine, Soziallandesrätin a. D. G. Fischer, der Caritas der Diözese Innsbruck und Diakonie Flüchtlingsdienst. Ebenso eingeflossen sind die Expertisen von Karin Abram und Anna Magdalena Bentajou (beide Caritas Österreich), Andrea Ertl-Stigger und Jürgen Gschnell (beide Caritas der Diözese Innsbruck), Andrea Cater-Sax (Tiroler Soziale Dienste GmbH) und Doro Blancke (Flüchtlingshilfe / refugee assistance).

82. In Österreich ist der Zugang zum Arbeitsmarkt (grundsätzlich drei Monate nach Antragstellung möglich) für AsylwerberInnen bspw. erst nach einem »Ersatzkraftverfahren« erlaubt. Saisonbeschäftigung, Erntearbeit und »gemeinnützige« Beschäftigung sind möglich (Asylkoordination Österreich, 2021).

83. Mit 2022 wurde die sogenannte Mangelberuf-Liste in Österreich von 45 auf 68 Berufe bundesweit ausgeweitet. Zusätzlich kommen an die 60 Bundesländer-spezifische Mangelberufe hinzu.

84. Siehe hierzu etwa den in diesem Band beinhalteten Beitrag von Ariane Olschak, der (auch) dieses Thema umreißt.

PATINNEN FÜR KINDER AUF DER FLUCHT

85. Name geändert.

86. Anm.: Diese beinhaltet die 3 Bereiche: Pflege und Erziehung des Kindes, gesetzliche Vertretung und Verwaltung des Vermögens (BMVRDJ, 2018).

VERRÄTERISCHE SPRACHE, KOLLEKTIVE AMNESIE UND DIE MACHT VON VORURTEILEN

87. Eigene Übersetzung. Im Original: »Moralization of bordering takes place when considering the balancing act of excluding a selection of people but at the same time standing on a high moral ground for which the EU and its Member States stand for. This exclusionary practice has been morally legitimized over the years by an array of policy frames [...], but also by a narrative of deservingness, that is, by following the principle of ›some people do not deserve to be equally or treated in the way we (the ›host‹ society) use to treat human beings‹. Thus, an enhanced public profile and its moral justification have coupled even more effectively the area of bordering and ›necessitated‹ security.«

88. Eigene Übersetzung. Im Original: »Politicians invoked these negative images to shift the dominant perspective away from an empathic view on the experiences, struggles, needs and rights of refugees and re-establishing a securitising view. [...] this was accomplished by drawing on and reconfiguring elements of an already existing archive of knowledge about dangerous foreign masculinity.«

89. Siehe hierzu auch das in diesem Band beinhaltete Kapitel von Beate Winkler, das sich u.a. diesem Thema widmet.

90. Eigene Übersetzung. Im Original: »The journey narrative is therefore no longer across the Med in a sinking boat, but rather the host citizen's journey from fear to realising that immigrants and refugees do not pose a threat. The narrative must not eradicate or whitewash internal doubts and conflicts, but normalises the idea that integration is hard, but ultimately rewarding, for all concerned.«

KONTROLLE GEGEN MACHTMISSBRAUCH

91. Nach Angaben des UNHCR sind mit Stand November 2022 knapp 90.000 aus der Ukraine Geflüchtete in Österreich aufhältig.

92. Oft werden Fragen unvollständig beantwortet, z. B.: »Meinungen und Einschätzungen unterliegen nicht dem parlamentarischen Interpellationsrecht« (923/AB XXVII GP.: 4); »Diesbezügliche Aus-

künfte werden generell nur im gesetzlichen Rahmen erteilt« (7628/AB XXVII GP.: 2); »Demzufolge fällt auch die Beantwortung der [...] Fragen nicht in die Zuständigkeit des Bundesministeriums für Inneres« (7671/AB XXVII GP.: 2). Dasselbe gilt auf EU-Ebene, siehe z. B. Anfrage an die EU-Kommission P-005483/2020. Aber es gibt auch mediale Hindernisse: Medien berichten sehr oft darüber, wenn wir Falschaussagen und Missstände aufdecken, aber selten über unvollständige Beantwortungen. Berichte darüber könnten dazu beitragen, durch medialen Druck vollständige Informationen und Erklärungen von politischen VerantwortungsträgerInnen zu erhalten. Siehe dazu: Meinhart, 2022.

93. Bis 30. Juni 2022.

94. Das BFA prüft im inhaltlichen Verfahren, ob die asylsuchende Person Anspruch auf Asyl oder auf subsidiären Schutz hat. Ansonsten wird noch geprüft, ob die betroffene Person ein Bleiberecht bekommen kann.

95. Eine populistische Bezeichnung für Personen aus Ländern mit einer geringen Chance auf eine positive Entscheidung im Asylverfahren.

96. Davon umfasst sind Dublin-Überstellungen, Abschiebungen und freiwillige Ausreisen.

97. Aus der Beantwortung 4970/AB wie folgt: »186 Schutzgewährungen erfolgten für zum Zeitpunkt der Entscheidung unbegleitete Minderjährige, davon 37 unter 14 Jahren (Asylstatus 19, subsidiärer Schutz 18) und 149 unter 18 Jahren (Asylstatus 74, subsidiärer Schutz 73, Aufenthaltstitel aus berücksichtigungswürdigen Gründen 2)«. Siehe auch Brickner/Müller, 2021.

98. Aus der Anfragebeantwortung 7629/AB wie folgt: »Das Bundesministerium für Inneres hat ein Konzept einer verpflichtenden, aber flexiblen Solidarität, zum Beispiel im Bereich des Außengrenzschutzes, der Führung von Asylverfahren oder bei Rückführungen vorgeschlagen.«

99. In dem Fall Ayoub N. ergingen zwei Erkenntnisse, eines über die Maßnahmenbeschwerde (GZ LVwG 20.3-2725/2020) und eines über die Richtlinienbeschwerde (GZ LVwG 22.3-2726/2020). Gegen letzteres wurde kein Rechtsmittel erhoben. Im Juni 2022 wies der VwGH die von der LPD Steiermark eingebrachte Revision gegen das Erkenntnis zur Maßnahmenbeschwerde zurück und bestätigte somit die Rechtswidrigkeit des Pushbacks. Siehe: Pucher, 2022.

100. Aus der Beantwortung 7881/AB wie folgt: »Aufgrund der geografischen Nähe der Aufgriffe und der Abhandlung der Zurückweisungen in derselben Grenzübergangsstelle gibt es Exekutivbeamte, die an beiden Amtshandlungen beteiligt waren.«

101. Der UNHCR kritisierte bereits Anfang 2021 die systematische Anwendung von Pushbacks an EU-Außengrenzen und rief EU-Staaten dazu auf, Pushback-Fälle zu ermitteln (UNHCR, 2021).

Auch die Menschenrechtskommissarin des Europarats appellierte im Oktober 2021 an europäische Staaten, das Recht auf Asyl einzuhalten, gegen Pushbacks vorzugehen und Versuche, Pushbacks zu legalisieren, zu unterbinden, nachdem 12 EU-Mitgliedstaaten, darunter Österreich, die Kommission in einem Schreiben aufgefordert hatten, den Schengener Grenz-Kodex in diesem Sinne zu modifizieren (UNHCR, 2021b; Council of Europe, 2021b).

Quellenverzeichnis

Aydogan, M., 2022: *Afghanistan ›looking forward‹ to boosting ties with Turkiye, Anadolu Agency*, Ankara, https://www.aa.com.tr/en/antalya-diplomacy-forum-2022/afghanistan-looking-forward-to-boosting-ties-with-turkiye/2532991

Abel, G./ Brottrager, M./ Crespo Cuaresma, J./ Muttarak, R., 2019: «Climate, conflict and forced migration», in: *Global Environmental Change*, Nr. 54 (2019), pp. 239-249.

Aegean Boat Report, 2021: *Never before in history, have so many life rafts been found at sea, but European politicians seem to be unwilling to even address the issue…*,[Tweet],Twitter, https://twitter.com/ABoatReport/status/1466543565669027840/photo/1

Agence Europe, 2021: *EU and Afghanistan extend cooperation in fight against illegal migration*, Europe Daily Bulletin No. 12706, Brüssel, https://agenceurope.eu/en/bulletin/article/12706/28

Allgemeine Erklärung der Menschenrechte, 1948: *Vereinte Nationen A/RES/217 A (III), Generalversammlung*, 10. Dezember 1948, http://www.un-documents.net/a3r217.htm

Amnesty International, 2022: *Poland: Cruelty not compassion, at Europe's other borders*, https://www.amnesty.org/en/documents/eur37/5460/2022/en/

Andersson Joona, P. / Nekby, L., 2012: »Intensive coaching of new immigrants: an evaluation based on random program assignment«, in: *The Scandinavian Journal of Economics*, Nr. 114(2), pp. 575–600.

Arbeitsgruppe von Caritas Österreich, Diakonie Österreich, Internationaler Organisation für Migration, Österreichischem Roten Kreuz und UN-Flüchtlingshochkommissariat UNHCR, 2017: Vorschläge für ein *Resettlement-Programm* in Österreich, https://www.unhcr.org/dach/wp-content/uploads/sites/27/2017/09/AT_Resettlement_Konzept_update_2017.pdf, 5

asylkoordination österreich, 2016: Die *Dublin-Verordnung*, Wien, http://www.asyl.at/files/92/01-koordinaten-2016-dubliniii-op.pdf

asylkoordination Österreich, 2021: *Arbeitsmarktzugang*, Wien, https://www.asyl.at/de/themen/arbeitsmarktzugang/

asylkoordination österreich, 2022: *KIND ist KIND-Kampagne fordert kindgerechte Clearing-Häuser und Obsorge ab Tag eins*, Wien, https://www.asyl.at/de/info/presseaussendungen/ueber5000kinderinnerhalbeineshalbenjahresverschwunden/

Austria Presse Agentur, 2020: *Anerkannte Flüchtlinge: Schutzgewährungen (Asyl und subsidiärer Schutz) der vergangenen zehn Jahre,* APA-Grafik basierend auf UNHCR-Daten, Wien, https://grafik.apa.at/fast-build/2020_09_0203-0803/0328-20/index.html?id=apa-0328-20

BAG, 2018: *Europäische Asylpolitik – nur im Einklang mit menschenrechtlichen, völkerrechtlichen und europarechtlichen Standards,* https://www.freiewohlfahrt.at/positionen

Baker, P./ Gabrielatos, C./ Khosravinik, M./ Krzyżanowski, M./ McEnery, T./ Wodak, R., 2008: »A Useful Methodological Synergy? Combining Critical Discourse Analysis and Corpus Linguistics to Examine Discourses of Refugees and Asylum Seekers in the UK Press.«, *in: Discourse & Society,* Nr. 19 (3), pp. 273-306.

BAMF, 2019: *Sichere Herkunftsstaaten,* https://www.bamf.de/DE/Themen/AsylFluechtlingsschutz/ Sonderverfahren/SichereHerkunftsstaaten/sichereherkunftsstaaten-node.html

Bansak, K./Hainmueller, J./ Hangartner, D., 2017: »Europeans support a proportional allocation of asylum seekers«, in: *Nature Human Behavior,* Nr. 1, pp. 0133.

Bauböck, R./ Tripkovic, M. (Hg.) 2017: *The Integration of Migrants and Refugees. An EUI Forum on Migration, Citizenship, and Demography,* EUI (e-book, open access), Florenz.

Bauman, Z., 2000: *Liquid Modernity,* Polity Press, Cambridge und Malden.

Bendel, P., 2020: *Neustart oder Fehlstart? Zum neuen EU-Pakt für Migration und Asyl, Fluchtforschungsblog, ,* https://blog.fluchtforschung.net/ neustart-oder-fehlstart-zum-neuen-eu-pakt-fur-migration-und-asyl/

BFA, 2019: *Verordnung der Bundesregierung, mit der Staaten als sichere Herkunftsstaaten festgelegt werden (Herkunftsstaaten-Verordnung – HStV),* StF, BGBl. II Nr. 177/2009

Binder, C./ Džihić, V./ Stachowitsch, S., 2018: *EU Grenzpolitiken – der humanitäre und geopolitische Preis von Externalisierungsstrategien im Grenzschutz,* OIIP Working Paper 101,, https://www.oiip.at/cms/media/ arbeitspapier-101-eu-grenzpolitiken-1.pdf

Blancke, D., 2021, 2022: Persönliche Kommunikation, Graz-Innsbruck.

Blommaert, J., 2015: *One crisis, three photos: How Europe started caring for refugees,* Ctrl+Alt+Dem research blog, https://alternative-democracy-research.org/2015/09/04/ one-crisis-three-photos-how-europestarted-caring-for-refugees/

Bloomberg, 2022: *Ukrainians Return Home by the Millions Even as War Rages On,* Businessweek, https://www.bloomberg.com/news/articles/2022-10-19/ ukrainians-return-home-by-the-millions-even-as-war-rages-on?leadSource=uverify%20wall

BMF, 2017: *Finanzplan des Bundes 2017 bis 2021*, Bundesministerium der Finanzen, Berlin, https:// www.bundesrat.de/SharedDocs/drucksachen/2017/0501-0600/561-17.pdf

BMF, 2018: *Finanzplan des Bundes 2018 bis 2022*, Bundesministerium der Finanzen, Berlin, https:// www.bundesrat.de/SharedDocs/drucksachen/2018/0301-0400/331-18.pdf

BMF, 2019: *Finanzplan des Bundes 2019 bis 2023*, Bundesministerium der Finanzen, Berlin, https:// www.bundesrat.de/SharedDocs/drucksachen/2019/0301-0400/331-19.pdf

BMF, 2020: *Finanzplan des Bundes 2020 bis 2024*, Bundesministerium der Finanzen, Berlin, https:// www.bundesrat.de/SharedDocs/drucksachen/2020/0501-0600/517-20.pdf

BMI, 2020a: *Jahresstatistik Asyl- und Fremdenwesen*, S. 8, https://www.bmi.gv.at/301/Statistiken/ files/Jahresstatistiken/Asyl_Jahresstatistik_2020.pdf

BMI, 2020b: *Anfragebeantwortung zur schriftlichen Anfrage 3663/J: Auswertung von Datenträgern im Asylverfahren, Duldung und Aufenthaltstitel in berücksichtigungswürdigen Fällen*, Wien, https://www.parlament. gv.at/PAKT/VHG/XXVII/AB/AB_03698/index.shtml

BMI, 2020c: *Hilfsgüter für 2000 Migrantinnen und Migranten*, Wien, https://www.bmi.gv.at/news. aspx?id=41784270354A4E743734383D

BMI, 2021a: *Niederlassungs- und Aufenthaltsstatistik*, Wien, https://www.bmi.gv.at/312/statistiken/ files/nag_jahr/Niederlassungs-_und_Aufenthaltsstatistik_Jahresstatistik_2020.pdf

BMI, 2021b: *Niederlassungs- und Aufenthaltsstatistik 2021*, Wien, HYPERLINK "https://deref-gmx.net/ mail/client/4ouYzdTmTQs/dereferrer/?redirectUrl=https%3A%2F%2Fwww.bmi.gv.at%2F312%2Fstatistiken%2Ffiles%2Fnag_jahr%2FNiederlassungs-_und_Aufenthaltsstatistik_Jahresstatistik_2021. pdf"https://www.bmi.gv.at/312/statistiken/files/nag_jahr/Niederlassungs-_und_Aufenthaltsstatistik_Jahresstatistik_2021.pdf

BMI, 2021c: *Anfragebeantwortung zur schriftlichen Anfrage 7768/J: Grundversorgung und Kapazitätsauslastung von Asylunterkünften (Quartal 1-3/2021)*, Wien, https://www.parlament.gv.at/PAKT/VHG/XXVII/AB/ AB_07650/index.shtml

BMI, 2022a: *Jahresstatistik 2022*, https://www.bmi.gv.at/301/Statistiken/files/Jahresstatistiken/ Jahresstatistik_2021_v2.pdf

BMI, 2022b: *Anfragebeantwortung zur schriftlichen Anfrage 11867/J: Grundversorgung und Kapazitätsauslastung von Asylunterkünften (1. Halbjahr 2022)*, Wien, HYPERLINK "https://deref-gmx.net/mail/client/M2sbzQApv3g/ dereferrer/?redirectUrl=https%3A%2F%2Fwww.parlament.gv.at%2FPAKT%2FVHG%2FXXVII%2FAB%2FA-B_11561%2Findex.shtml"https://www.parlament.gv.at/PAKT/VHG/XXVII/AB/AB_11561/index.shtml

BMI, 2022c: *Vorläufige Asyl-Statistik*, Oktober 2022, Wien, https://www.bmi.gv.at/301/Statistiken/start.aspx

BMVRDJ (*Bundesministerium für Verfassung, Reformen, Deregulierung und Justiz*), 2018: *Obsorge und Kinderrechte*, Wien, https://www.justiz.gv.at/file/2c94848a651966db016614ba7a4b0e1a.de.0/obsorgebrosch%C3%BCre_dt.pdf?forcedownload=true

Border Violence Monitoring Network, 2020: *Black Book of Pushbacks*, Volume 2, Brüssel, https://www.borderviolence.eu/launch-event-the-black-book-of-pushbacks/

Brekke, I., 2013: "How do husbands affect the labour market participation of majority and immigrant women?", in: *Journal of Ethnic and Migration Studies*, Nr. 39 (10), pp. 1639–1657

Brell, C./ Dustmann, C./ Preston, I., 2020: »The Labor Market Integration of Refugee Migrants in High-Income Countries«, in: *Journal of Economic Perspectives*, Nr. 34(1), pp. 94-121.

Brickner, I./Müller, W., 2021: *Nehammers Asyl-›Versprecher‹: 186 statt 5.000 unbegleitete Minderjährige*, Der Standard, https://www.derstandard.at/story/2000125137534/nehammers-asyl-versprecher-186-statt-5-000-unbegleitete-minderjaehrige

Bundeskanzleramt Österreich, 2020: *Aus Verantwortung für Österreich. Regierungsprogramm 2020-2024*, Wien, https://www.bundeskanzleramt.gv.at/bundeskanzleramt/die-bundesregierung/regierungsdokumente.html

Bundesministerium für Inneres Abteilung V/8, 2022c: *Asyl-Statistik 2021*, Wien, https://www.bmi.gv.at/301/Statistiken/

Bundes-Verfassungsgesetz (B-VG), BGBl. Nr. 1/1930 (WV) idF I Nr. 194/1999, https://www.ris.bka.gv.at/GeltendeFassung.wxe?Abfrage=Bundesnormen&Gesetzesnummer=10000138

Bundeszentrale für politische Bildung, 2022: *Ausländische Bevölkerung nach Bundesländern*, Bonn, https://www.bpb.de/kurz-knapp/zahlen-und-fakten/soziale-situation-in deutschland/61625/auslaendische-bevoelkerung-nach-bundeslaendern/

Caritas der Diözese Innsbruck/ Ertl-Stigger, A./ Gschnell, J., 2021: *Persönliche Kommunikation*, Innsbruck.

Caritas Österreich/ Abram, K. / Bentajou, M., 2021: *Persönliche Kommunikation*, Wien-Innsbruck.

Carol, S./Ersanilli, E./Wagner, M., 2014: „Spousal choice among the children of Turkish and Moroccan immigrants in six European countries: Transnational spouse or co-ethnic migrant?", in: *International Migration Review*, Nr. 48 (2), pp. 387–414.

Cater-Sax, A., 2021: *Persönliche Kommunikation*, Innsbruck.

CEDEFOP, 2016: *Fachkräftemangel und -überschuss in Europa*, Thessaloniki, https://www.cedefop.
europa.eu/files/9115_de.pdf

Charsley, K., (Hg.) 2012: *Transnational Marriage: New Perspectives from Europe and Beyond*, Routledge,
London.

Charta der Grundrechte der Europäischen Union, 2012/C 326/02, C 364/8 Eur-Lex, Brüssel, https://eur-lex.europa.eu/legal-content/DE/TXT/?uri=CELEX:12012P/TXT

Charteris-Black, J., 2006: »Britain as a container: immigration metaphors in the 2005 election
campaign«, in: *Discourse & Society*, Nr. 17 (5), pp. 563–581.

Chasing Asylum, 2016: *Film-Interview mit Malcom Fraser*, Dogwoof, https://dogwoofsales.com/
chasing-asylum

Chávez, L. R., 2013: *The Latino threat: constructing immigrants, citizens, and the nation. (Second edition.)*,
Stanford University Press, Stanford, California.

Christides, G./Lüdke, S., 2022: *Frontex in illegale Pushbacks von Hunderten Flüchtlingen involviert*, Spiegel, https://www.spiegel.de/ausland/frontex-in-illegale-pus-
hbacks-von-hunderten-fluechtlingen-involviert-a-086f0e5a-0172-4007-b59c-7
bced325cc75

Clemens, F./ Schmidt-Radefeldt, R., 2022: *Zur völkerrechtlichen Anerkennung des Taliban-Regimes in
Afghanistan*, https://www.bundestag.de/resource/blob/883014/2134fb17906b58cd472adc29a38e2e54/
voelkerrechtlichen-Anerkennung-des-Taliban-Afghanistan-data.pdf

Clement, V./Rigaud, K.K./ De Sherbinin, A./ Jones, B./ Adamo, S./ Schewe, J./ et al., 2021: *Grounds-
well Part 2: Acting on internal climate migration*, World Bank, Washington DC, https://openknowledge.
worldbank.org/handle/10986/36248

Committee on Migration, Refugees and Displaced Persons, 2022: *Pushbacks on land and sea: illegal
measures of migration management*, Parliamentary Assembly of the Council of Europe, https://pace.coe.
int/en/files/30216#trace-2

Council of Europe, 2018a: *20.Jahrestag der »Kinderhäuser«: Isländisches Modell gegen sexuellen
Missbrauch von Kindern ist weiterhin Inspiration für ganz Europa*, Reykjavik, https://www.coe.int/de/web/
portal/-/20th-anniversary-of-children-s-houses-icelandic-model-to-counter-child-sexual-abuse-cont-
inues-inspiring-change-across-europe

Council of Europe, 2018b: *Children's House: 20 years of protecting children against sexual violence*, https://
rm.coe.int/children-s-house-20-years-of-protecting-children-against-sexual-violen/16808d2907

Council of Europe, 2020: *Report to the Greek Government on the visit to Greece carried out by the European Committee for the Prevention of Torture and Inhuman or Degrading Treatment or Punishment (CPT) from 13 to 17 March 2020*, Strasbourg, https://rm.coe.int/1680a06a86

Council of Europe, 2021a: *Länderbesuch. Österreich sollte seine Bemühungen zum Schutz der Frauen und der Gleichstellung der Geschlechter verstärken und die Aufnahme und die Integration von Flüchtlingen, Asylbewerbern und Migranten verbessern*, Strasbourg, https://www.coe.int/en/web/commissioner/view/-/asset_publisher/ugj3i6qSEkhZ/content/austria-should-step-up-efforts-to-protect-women-s-rights-and-gender-equality-and-improve-the-reception-and-integration-of-refugees-asylum-seekers-and-?_101_INSTANCE_ugj3i6q-SEkhZ_languageId=de_DE

Council of Europe, 2021b: *European states must stand up against pushbacks and the attempt to legalise them*, Strasbourg https://www.coe.int/en/web/commissioner/-/european-states-must-stand-up-against-pushbacks-and-the-attempt-to-legalise-them

Dahlberg, M./ Egebark, J./ Vikman, U./ Özcan, G., 2020: »Labor Market Integration of Low-Educated Refugees: RCT Evidence from an Ambitious Integration Program in Sweden«, in: *IFN Working Paper*, Nr. 1372.

de Fina, A., 2003: »Crossing Borders: Time, Space, and Disorientation in Narrative«, in: *Narrative Inquiry*, Nr. 13 (2), pp. 367–391.

Der Standard, 2017: *Flüchtlingsumverteilung: EU-Staaten nahmen viel weniger auf als vereinbart*, Wien, https://www.derstandard.at/story/2000064698351/fluechtlingsumverteilung-eu-staaten-nahmen-viel-weniger-auf-als-vereinbart

Deutscher Bundestag, 2020: *Einschränkung der Arbeitnehmerfreizügigkeit und der Dienstleistungsfreiheit für Staatsangehörige der 2004 der Europäischen Union beigetretenen Mitgliedstaaten, Wissenschaftliche Dienste*, https://www.bundestag.de/resource/blob/710928/28f56b6bb65e1542bb424bc118aca74b/WD-6-065-20-pdf-data.pdf

Devictor, X./Do, Q.T./ Levchenko, A.A., 2021: »*The globalization of refugee flows*«, in: *Journal of Development Economics*, Nr. 150, pp. 102605.

Dinas, E./ Matakos, K./ Xefteris, D./ Hangartner, D., 2019. »Waking up the golden dawn: does exposure to the refugee crisis increase support for extreme-right parties?«, in: *Political analysis*, Nr. 27(2), pp. 244–254.

Dornmayr, H./Riepl, M., 2021: *Fachkräftebedarf/-mangel in Österreich 2021*, https://www.wko.at/service/unternehmensfuehrung-finanzierung-foerderungen/ibw-summary_Fachkraeftebedarf_mangel-in-Oesterreich-2021.pdf

Durchführungsbeschluss (EU) 2022/382 des Rates vom 4. März 2022: *Beschluss zur Feststellung des Bestehens eines Massenzustroms von Vertriebenen aus der Ukraine im Sinne des Artikels 5 der Richtlinie 2001/55/EG und zur Einführung eines vorübergehenden Schutzes*, Eur-Lex, Brüssel https://eur-lex.europa.eu/legal-content/DE/TXT/?toc=OJ:L:2022:071:TOC&uri=uriserv:OJ.L_.2022.071.01.0001.01

Düvell, F., 2022: *Flucht aus der Ukraine und aus dem Globalen Süden über den Balkan*, Fluchtforschungsblog, https://fluchtforschung.net/blogbeitraege/flucht-aus-der-ukraine-und-aus-dem-globalen-sueden-ueber-den-balkan/

ECRE, 2018: *Policy Paper: Bilateral Agreements: Implementing or Bypassing the Dublin Regulation?*, Brüssel, https://ecre.org/ecre-policy-paper-bilateral-agreements-implementing-or-bypassing-the-dublin-regulation/

ECRE, 2021: *Joint Statement: Call on the EU: Restore Rights and Values at Europe's Borders*, Brüssel, https://ecre.org/joint-statement-call-on-the-eu-restore-rights-and-values-at-europes-borders/

ECRE, 2022: *#ECRE Weekly: Greece: Huge Discrepancy Between Reported Rescues and Arrivals Suggests Massive Pushbacks, Billions Spent Do Little for Violations and Mismanagement*, Brüssel, https://ecre.org/greece-huge-discrepancy-between-reported-rescues-and-arrivals-suggests-massive-pushbacks-billions-spent-do-little-for-violations-and-mismanagement/

ECRE/ELENA, 2022: *Weekly Legal Update: National Development*, Brüssel, https://mailchi.mp/ecre/elena-weekly-legal-update-14-october-2022?e=989a4aebdd#6

Edo, A./ Ragot, L./ Rapoport, H./ Sardoschau, S./ Steinmayr, A./ Sweetman, A., 2020: »An introduction to the economics of immigration in OECD countries«, in: *Canadian Journal of Economics*, Nr. 53(4), pp. 1365-1403.

EGMR (Europäischer Gerichtshof für Menschenrechte), 2012: *Entscheidung in der Beschwerdesache Hirsi Jamaa ua gegen Italien, 23.02.2012, Bsw 27765/09)*, https://hudoc.echr.coe.int/fre#{%22fulltext%22:[%22Hirsi%20Jamaa%22],%22itemid%22:[%22001-109231%22]}

EIGE, 2016: *marriage migration*, https://eige.europa.eu/thesaurus/terms/1284

EMN, o. J.: *EU Statistics*, https://emn.ie/statistics/eu-statistics/

Endel, F./ Kernbeiß, G./ Münz, R., 2022: *Erwerbsverläufe von Migrantinnen und Migranten, mit Fluchthintergrund, aus Drittstaaten, aus der Europäischen Union*, Österreichischer Integrationsfonds, Wien.

Erlanger, S./de Freytas-Tamura, K., 2015: *U.N. Funding Shortfalls and Cuts in Refugee Aid Fuel Exodus to Europe*, The New York Times, https://www.nytimes.com/2015/09/20/world/un-funding-shortfalls-and-cuts-in-refugee-aid-fuel-exodus-to-europe.html

euaa, 2021: *Latest Asylum Trends - Annual Overview 2021*, https://euaa.europa.eu/
latest-asylum-trends-annual-overview-2021

Europäische Kommission, 2021a: *Prognosen zur EU-Bevölkerung offenbaren Kluft zwischen Jung und Alt*,
https://ec.europa.eu/regional_policy/de/newsroom/panorama/2021/05/20-05-2021-eu-populati-on-projections-reveal-growing-gaps-between-young-and-old

Europäische Kommission, 2021b: *Fachkräftepartnerschaften: Kommission startet neue Initiative gegen Fachkräftemangel in der EU und zur Verbesserung der Zusammenarbeit mit Partnerländern im Bereich Migration*,
Brüssel, https://ec.europa.eu/commission/presscorner/detail/de/ip_21_2921

Europäische Kommission, 2022a: *Statistics on migration to Europe*, Brüssel, https://
ec.europa.eu/info/strategy/priorities-2019-2024/promoting-our-european-way-life/
statistics-migration-europe_de#RefugeesinEurope

Europäische Kommission, 2022b: *Flucht vor dem Krieg: Informationen für Menschen aus der Ukraine*, https://eu-solidarity-ukraine.ec.europa.eu/
information-people-fleeing-war-ukraine_de#your-rights-in-the-eu

Europäische Kommission, o. J.: *Freizügigkeit – EU Bürger, Beschäftigung, Soziales und Integration*, https://ec.europa.eu/social/main.jsp?catId=457&langId=de

Europäisches Parlament, 2021: *Blaue Karte EU: Neue Regelungen sollen hoch qualifizierte Arbeitskräfte anziehen*, https://www.europarl.europa.eu/news/de/headlines/eu-affairs/20210902STO11113/
blaue-karte-eu-neue-regelungen-sollen-hoch-qualifizierte-arbeitskrafte-anziehen

European Commission, 2016a: *Challenges in the Labour Market Integration of Asylum Seekers and Refugees, European Employment Policy Observatory (EEPO)*, Birmingham https://ec.europa.eu/
migrant-integration/library-document/ep-report-labour-market-integration-refugees_en

European Commission, 2016b: *Employment and Social Developments in Europe 2016: Annual ESDE Report*,
European Commission, DG Employment, Luxemburg.

European Commission, 2021a: *Overall figures of immigrants in European society*, Statistics on migration to Europe, https://commission.europa.eu/strategy-and-policy/priorities-2019-2024/
promoting-our-european-way-life/statistics-migration-europe_en

European Commission, 2021b: *Proposal for a Council Decision on provisional emergency measures for the benefit of Latvia, Lithuania and Poland*, Brüssel, https://eur-lex.europa.eu/legal-content/EN/
TXT/?uri=COM%3A2021%3A752%3AFIN&qid=1638547296962

European Commission, 2022a: *Poland: Parliament adopts law on assistance to Ukraini-*
an refugees, European Website on Integration, https://ec.europa.eu/migrant-integration/news/
poland-parliament-adopts-law-assistance-ukrainian-refugees_en

European Commission, 2022b: *Ukraine Factsheet, European Civil Protection and Humanitarian Aid Opera-*
tions, Brüssel, https://civil-protection-humanitarian-aid.ec.europa.eu/where/europe/ukraine_en

European Commission, 2022c: *Commission proposes stable and predictable support package for Ukraine for*
2023 of up to €18 billion, Brüssel, https://ec.europa.eu/commission/presscorner/detail/en/ip_22_6699

European Commission, o. J.: *Publications and other resources,* https://ec.europa.eu/social/main.
jsp?catId=1274&langId=en&intPageId=4316

European Parliament Briefing, 2021: *Data on returns of irregular migrants,* https://www.europarl.
europa.eu/RegData/etudes/ATAG/2021/690518/EPRS_ATA(2021)690518_EN.pdf

Eurostat, 2020: *EU population in 2020: almost 448 million, newsrelease,* HYPERLINK "about:blank"https://ec.europa.eu/eurostat/documents/2995521/11081093/3-10072020-AP-EN.pdf/
d2f799bf-4412-05cc-a357-7b49b93615f1

Eurostat, 2021: *Migrant integration: downturn in employment rates in 2020,* https://ec.europa.eu/
eurostat/web/products-eurostat-news/-/ddn-20210519-1

Eurostat, 2022a: *Asylum and first time asylum applicants - annual aggregated data,* Luxemburg, https://
ec.europa.eu/eurostat/databrowser/view/tps00191/default/table?lang=en

Eurostat, 2022b: *Asylum applicants by type of applicant, citizenship, age and sex - monthly data,* Luxemburg, https://ec.europa.eu/eurostat/databrowser/view/MIGR_ASYAPPCTZM/default/table?lang=en

Eurostat, 2022c: *Annual asylum statistics,* Luxemburg, https://ec.europa.eu/eurostat/statistics-exp-
lained/index.php?title=Asylum_statistics&oldid=558844#cite_note-1

Eurostat, 2022d: *Asylum applicants by by type of applicant, citizenship, age and sex - annual aggregated data,*
Luxemburg, https://ec.europa.eu/eurostat/databrowser/view/migr_asyappctza/default/table?lang=en

Eurostat, 2022e: First instance decisions on applications by citizenship, age and sex - quarterly data, Luxemburg, https://ec.europa.eu/eurostat/databrowser/view/migr_asydcfstq/default/
table?lang=en

Eurostat, 2022f: *Final decisions on asylum applications - annual data,*https://ec.europa.eu/eurostat/da-
tabrowser/view/TPS00193/default/table?lang=en&category=migr.migr_asy.migr_asydecp

Eurostat, 2022g: *Population and population change statistics, statistics explained,* https://ec.europa.eu/
eurostat/statistics-explained/index.php?title=Population_and_population_change_statistics

Eurostat, 2022h: *Bevölkerung am 1. Januar nach Alter, Geschlecht und Geburtslandsgruppe*, https://ec.europa.eu/eurostat/databrowser/view/MIGR_POP4CTB__custom_4193151/default/ table?lang=de

Eurostat, 2022i: *First permits by reason, length of validity and citizenship*, Data Browser, https://ec.europa.eu/eurostat/databrowser/view/migr_resfirst/default/table?lang=en

Eurostat, 2022j: *Real GDP growth rate – volume*, Data Browser, https://ec.europa.eu/eurostat/ databrowser/view/tec00115/default/table?lang=en

Eurostat, 2022k: *Asylum applicants by type of applicant, citizenship, age and sex - monthly data*, https:// ec.europa.eu/eurostat/databrowser/view/migr_asyappctzm/default/table?lang=en

Eurostat, 2022l: *Asylum quarterly report, statistics explained*, https://ec.europa.eu/eurostat/statistics-explained/index.php?title=Asylum_quarterly_report

Eurostat, 2022m: *Indikatoren zur Bevölkerungsstruktur nach NUTS 3 Regionen*, Data Browser, https:// ec.europa.eu/eurostat/databrowser/view/demo_r_pjanind3/default/table?lang=de

Eurostat, o. J.: *Database*, https://ec.europa.eu/eurostat/web/lfs/data/database

EU-Info Deutschland, o.J.: *Die Übergangsregelungen nach der Erweiterung 2004*, https://www.eu-info.de/arbeiten-europa/erweiterung/Uebergangsregelungen-EU/

EU-Vertrag: Eur-Lex, Brüssel https://eur-lex.europa.eu/legal-content/DE/ TXT/?uri=CELEX:12016ME/TXT

Fabbe, K.,/ Kyrkopoulou, E./ Matakos, K. /Unan, A., 2021: »Fairness or Control: What Determines Elected Local Leaders' Support for Hosting Refugees in Their Community?«, in: *HBS Working Paper Series*, pp. 21-088.

Falkner, P., 2021: *Persönliche Kommunikation*, Ötztal-Innsbruck.

Fasani, F./ Frattini, T./ Minale, L., 2022: »(The Struggle for) Refugee Integration into the Labour Market: Evidence from Europe«, in: *Journal of Economic Geography*, Nr. 22(2), pp. 351—393.

FAZ, 2020: *Österreichs Innenminister glaubt an Einigung auf EU-Asylreform*, Frankfurt, https://www.faz.net/aktuell/politik/ausland/oesterreichs-innenminister-glaubt-an-einigung-auf-eu-asylreform-16991591.html

Federal Bureau of Investigation: *Most Wanted: Sirajuddin Haqqani*, Seeking Information – Terrorism, https://www.fbi.gov/wanted/terrorinfo/sirajuddin-haqqani

Field, O., 2019: EPIM *Mapping of Narrative Tactics in the Migration Sector*, European Programme for Integration and Migration, Brüssel.

Forstner, K./ Kernbeiß, G./ Münz, R./ Wagner-Pinter, M., 2019: *Erwerbsverläufe von Migrant/innen aus der EU, aus Drittstaaten und von Flüchtlingen aus Syrien, Afghanistan und der Russischen Föderation im Vergleich: Eine Analyse der Zuwanderungsjahrgänge 2007, 2011 und 2016 unter besonderer Berücksichtigung von Asylwerber/ innen und Flüchtlingen*, Österreichischer Integrationsfonds, Wien.

Fotiadis, A., 2020: »Brutality against migrants has become normal on the EU's lawless borders«, in: *The Guardian*, 16. September 2020, https://www.theguardian.com/commentisfree/2020/sep/16/ brutality-migrants-eu-lawless-borders-monitoring-body-border-control-system-allegations-violence?

Frische, A./ Glawischnig, K./ Wolfsegger, L., 2019: ›*Dreimal in der Woche weinen, viermal in der Woche glücklich sein*‹: *Zur kinderrechtlichen Situation begleiteter Kinderflüchtlinge und ihrer Familien*, UNICEF Österreich/Asylkoordination, Wien.

Frontex Verordnung (EU) 2019/1896: *Europäische Grenz- und Küstenwache und Aufhebung der Verordnungen*, Eur-Lex, Brüssel, https://eur-lex.europa.eu/legal-content/DE/ TXT/?uri=CELEX%3A32019R1896&qid=1669899481931

Fundamental Rights Agency, 2016: *Opinion of the European Union Agency for Fundamental Rights concerning an EU common list of safe countries of origin*, https://fra.europa.eu/sites/default/files/fra_uploads/ fra-2016-opinion-safe-country-of-origin-01-2016_en.pdf

Geschäftsordnung des Europäischen Parlaments (GOEP), 9. Wahlperiode, https://www.europarl. europa.eu/doceo/document/RULES-9-2022-07-11-TOC_DE.html

Gibbons-Neff, T./Shah, T., 2021: *In hard times Afghan farmers turn to opium for security*, The New York Times, https://www.nytimes.com/2021/11/21/world/asia/afghanistan-crops-opium-taliban.html

Glettler, H. / Dantine, O. / Fischer, G. / Caritas der Diözese Innsbruck / Diakonie Flüchtlingsdienst, 2021: *Positionspapier »Integration gelingt«*, Innsbruck.

Glettler, H., 2018: Vortrag *»Am Leben Anteil geben«, Fachtagung zum Thema »Integration – Chancen und Herausforderungen«*, 2018, Innsbruck.

Glettler, H., 2021: Vortrag *»Ihr, das Salz. Christliche Spiritualität, um an Europa wieder Geschmack zu finden?«, Pfingstdialog Steiermark »Geist & Gegenwart« zum Thema »Reset Europe«*, 21. Mai 2021, Leibnitz.

Golla, M., 2021: *COVID-Effekt: weltweiter Personalmangel in der Pflege befürchtet*, Pflege Professionell das Magazin, https://pflege-professionell.at/ de-covid-effekt-weltweiter-personalmangel-in-der-pflege-befuerchtet

Govedarica, S./Beer, A., 2021a: *Kroatien schiebt Schutzbedürftige ab*, Tagesschau, Wien, https://www. tagesschau.de/ausland/pushbacks-grenze-101.html

Govedarica, S./Beer, A., 2021b: *Maskierte prügeln Migranten aus der EU*, Tagesschau, Wien,https://www.tagesschau.de/ausland/europa/pushbacks-gewalt-bosnien-kroatien-101.html

Grillmeier, F., 2021: *In der Falle: An den Grenzen entscheidet sich Europa zwischen Humanismus und Barbarei, Medico International*, Frankfurt, https://www.medico.de/blog/in-der-falle-18462

Haas, H. de, 2014: »What Drives Human Migration«, in: Anderson, B. / Keith, M. (Hg.), 2014: *Migration: A COMPAS Anthology*, COMPAS, Oxford, pp. 184-186.

Haer, R./Hecker, T., 2018: »Recruiting Refugees for Militarization: The Determinants of Mobilization Attempts«, in: *Journal of Refugee Studies*, Nr. 32 (1), pp. 1–22.

Hagen, L., 2022: *Unklarheiten bei Betreuung minderjähriger Flüchtlinge: Krisper sieht Falschinfos*, Der Standard, https://www.derstandard.at/story/2000132673787/unklarheiten-bei-betreuung-minderjaehriger-fluechtlinge-krisper-sieht-falschinfos

Hammar, A., 2014: *Displacement economies in Africa: Paradoxes of crisis and creativity*, Zed Books, London.

Hangartner, D./ Dinas, E./ Marbach, M./ Matakos, K.,/ Xefteris, D., 2019: »Does Exposure to the Refugee Crisis Make Natives More Hostile?«, in: *American Political Science Review*, Nr. 113(2), pp. 442-455.

Hangartner, D./ Sarvimäki, M./Spirig, J., 2021: »Managing refugee protection crises: Policy lessons from economics and political science«, in: *Journal of the Finnish Economic Association*, Nr. 2(1), pp. 1-24.

Hangartner, D./ Schmid, L., 2021: *Migration, Language and Employment, Working Paper*.

Hansen, F., 2020: *Discrepancies in European Union policies towards illegal immigration: The securitisation of the visa-overstayer and the irregular migrant*, Uppsala, https://www.diva-portal.org/smash/get/diva2:1477702/FULLTEXT01.pdf

Hatton, T.J., 2020: »Asylum migration to the developed world: Persecution, incentives, and policy«, in: *Journal of Economic Perspectives*, Nr. 34 (1), 75–93.

Heitmeyer, W.. 2018: *Autoritäre Versuchungen: Signaturen der Bedrohung*, Suhrkamp, Frankfurt/Main.

Higgins, C., 2017: *Asylum by Boat: Origins of Australia's Refugee Policy*, NewSouth Publishing, Sydney, pp. 105.

Hoang, K. S., 2015: *Regierung einig bei »technischen Sicherungen« an der Grenze*, Der Standard, https://www.derstandard.at/jetzt/livebericht/2000024637525/redcontent/1000041177

Hoffmann, R./ Muttarak, R., 2021: *Environment, Migration and Urbanisation: Challenges and Solutions for Low-and Middle-Income Countries*, Policy Brief, Think20, https://pure.iiasa.ac.at/id/eprint/17454/

Human Rights Watch, 2021: ›Die Here or Go to Poland‹: *Belarus' and Poland's Shared Responsibility for Border Abuses*, New York, https://www.hrw.org/report/2021/11/24/die-here-or-go-poland/ belarus-and-polands-shared-responsibility-border-abuses#_ftn52

InfoKolpa, 2021: *Civil Initiative*, Presseaussendung, 11.01.2021, https://www.borderviolence.eu/ wp-content/uploads/InfoKolpaPressRelease.pdf

Informationsverbund Asyl & Migration, 2019: *Neuregelungen durch das Migrationspaket: Überblick über aktuelle Gesetzesänderungen im Asyl-, Aufenthalts- und Sozialrecht, in: Informationsverbund Asyl & Migration, 2019: Das Migrationspaket: Beiträge zu den aktuellen gesetzlichen Neuerungen im Asyl- und Aufenthaltsrecht sowie in weiteren Rechtsgebieten*, Berlin, https://www.asyl.net/fileadmin/user_upload/publikationen/Arbeitshilfen/Beilage_AM19-8-9fin.pdf

Institute for Economics and Peace, 2021: *Global Peace Index 2021*, Sydney, https://www.visionofhumanity.org/maps/#/

IOM, 2017: *Four Decades of Cross-Mediterranean Undocumented Migration to Europe: A Review of the Evidence*, Genf, https://publications.iom.int/books/ four-decades-cross-mediterranean-undocumented-migration-europe-review-evidence

IOM, 2021: *World Migration 2022*, International Organisation for Migration, Genf-New York.

IOM, 2022a: *Resettlement*, IOM Brussel Regional Office, Brüssel, https://eea.iom.int/resettlement

IOM, 2022b: *Ukraine Returns Report*, https://displacement.iom.int/sites/g/files/tmzbdl1461/files/ reports/IOM_UKR%20Returns%20Report_R9%20GPS_FINAL_0.pdf

IOM, o. J.: *Global Compact for Migration*, https://www.iom.int/global-compact-migration

Jacoby, T., 2022: *Living in Limbo: Displaced Ukrainians in Poland, Migrationpolicy Institute*, Washington DC https://www.migrationpolicy.org/article/living-limbo-displaced-ukrainians-poland

Janik, R., 2018: *Der Globale Migrationspakt: Zwischen Mythen und Sorgen, Völkerrechtsblog*, https://voelkerrechtsblog.org/de/der-globale-migrationspakt-zwischen-mythen-und-sorgen/

Janik, R., 2020: *Kein Friedensnobelpreis für Österreich*, Falter, https://cms.falter.at/blogs/ thinktank/2020/10/19/kein-friedensnobelpreis-fuer-oesterreich/

Jaspars, S./ Buchanan-Smith, M., 2018: *Darfuri migration from Sudan to Europe From displacement to despair*, School of Oriental and African Studies (SOAS), London, https://cdn.odi.org/media/documents/12385.pdf

Jauk, H. J., 2022: »Flucht nach Europa: Fakten und Reformansätze«, in: *Pro Scientia Reader: Europa*, Facultas, Wien, pp. 34-44.

Khosravi, S., 2010: *The ›illegal‹ traveller: an auto-ethnography of borders*, Palgrave Macmillan, London.

Kindeswohlkommission Österreich, 2021a: *Bericht der unabhängigen Kommission für den Schutz der Kinderrechte und des Kindeswohls im Asyl- und Fremdenrecht. Langfassung*, Wien.

Kindeswohlkommission Österreich, 2021b: Bericht der unabhängigen *Kommission für den Schutz der Kinderrechte und des Kindeswohls im Asyl- und Fremdenrecht. Kurzfassung*, Wien.-

Kirişci, K., 2021: *As EU-Turkey migration agreement reaches the five-year mark, add a job creation element, Brooking*, Washington, https://www.brookings.edu/blog/order-from-chaos/2021/03/17/as-eu-turkey-migration-agreement-reaches-the-five-year-mark-add-a-job-creation-element/

Kirwin, M./ Anderson, J., 2018: *Identifying the factors driving west african migration west african papers*, OECD Publishing, Paris, https://www.oecd.org/swac/publications/2018-wap-17-identifying-the-factors-driving-west-african-migration.pdf

Kleist, O. J., 2020: *Politikwissenschaftler kritisiert Flüchtlingspolitik: Hier werden Flüchtlinge als Geiseln gehalten*, Deutschlandfunk, https://www.deutschlandfunk.de/politikwissenschaftler-kritisiert-fluechtlingspolitik-hier-100.html

Knaus, G., 2020: *Welche Grenzen brauchen wir? Zwischen Empathie und Angst – Flucht, Migration und die Zukunft von Asyl*, Piper, München.

Knaus, G., 2021: *Die teuflische Falle aus Minsk*, https://www.derstandard.at/story/2000131116207/die-teuflische-falle-aus-minsk

Kohlenberger, J., 2020a: *Was der EU-Migrationspakt enthalten sollte*, FALTER Think Tank, https://cms.falter.at/blogs/thinktank/2020/09/28/was-der-eu-migrationspakt-enthalten-sollte/

Kohlenberger, J., 2020b: »EU-Migrationspakt: Kompromisse statt Visionen«, in: *International: Die Zeitschrift für internationale Politik*, 5 (2020), pp. 7-10.

Konditionalitäten-Verordnung 2020/2092: *Allgemeine Konditionalitätsregelung zum Schutz des Haushalts der Union*, Eur-Lex, Brüssel, https://eur-lex.europa.eu/legal-content/DE/TXT/?uri=CELEX%3A32020R2092&qid=1669899960985

Krzyżanowski, M., 2018: »Discursive Shifts in Ethno-Nationalist Politics: On Politicization and Mediatization of the ›Refugee Crisis‹ in Poland.«, in: *Journal of Immigrant & Refugee Studies* Nr. 16 (1-2), pp. 76-96.

Laghai, S., 2017: *Flüchtlingslager Moria: Elend zur Abschreckung?*, Westdeutscher Rundfunk: MONITOR, Köln, https://www1.wdr.de/daserste/monitor/sendungen/fluechtlingslager-moria-100.html

Lattimer, C./ Sparks, D./Tuchel, L., 2016: *Funding overview: Humanitarian assistance to education for the Syrian emergency*, Malala Fund, http://www.globalhumanitarianassistance.org/wp-content/uploads/2016/02/Humanitarian-assistance-to-education-for-the-Syria-emergency.pdf

Lehner, S., 2022: *Grenzerfahrungen von Geflüchteten während der Flucht und in Österreich*, Unpubl. Dissertation, Universität Wien.

Lehnert, M., 2021: *Pushbacks sind illegal – und zwar immer*, Verfassungsblog, Berlin, https://verfassungsblog.de/pushbacks/

Lievens, J., 1999: "Family-forming migration from Turkey and Morocco to Belgium: The demand for marriage partners from the countries of origin.", in: *International Migration Review*, Nr. 33(3), pp. 717–744.

Lindborg, N., 2015: *Stopping Europe's Refugee Crisis at the Source*, Foreign Policy, Washington, https://foreignpolicy.com/2015/09/18/stopping-europes-refugee-crisis-source-syria-iraq-aid/

Lischer, S. K., 2017: »The global refugee crisis: Regional destabilization & humanitarian protection«, in: *Daedalus*, Nr. 146 (4), pp. 85–97.

Lochmann, A./ Rapoport, H/ Speciale, B., 2019: »The effect of language training on immigrants' economic integration: Empirical evidence from France«, in: *European Economic Review*, Nr. 113, pp. 265–296.

Loescher, G./Milner, J., 2005: *Protracted Refugee Situations: Domestic and International Security Implications*, Taylor & Francis, London.

Lüdke, S., 2020: *Aussetzung des Asylrechts durch Griechenland war illegal*, Spiegel, https://www.spiegel.de/ausland/griechenland-aussetzung-des-asylrechts-war-laut-gutachten-illegal-a-2f6cb548-8333-4283-ae54-526e0f255df0

LVwG Steiermark 01.07.2021: GZ LVwG 20.3-2725/2020

LVwG Steiermark 05.07.2021: GZ LVwG 22.3-2726/2020

LVwG Steiermark 1.7.2021: LVwG 20.3-2725/2020-86, http://www.asyl.at/de/info/presseaussendungen/push-back-routevonoesterreichbisbosnien/

LVwG Steiermark 16.2.2022: LVwG 20.3-2621/2021-49, https://www.asyl.at/aduploads/info/presseaussendungen/gerichtbestaetigtillegalenpush-back/

Mansfield, D., 2021: *On Afghanistan [Tweet]*, Twitter, https://twitter.com/mansfieldintinc/status/1466678326270038025

Marbach, M./ Hainmueller, J./ Hangartner, D., 2018: »The long-term impact of employment bans on the economic integration of refugees«, in: *Science advances*, 4.9 (2018): eaap9519.

Margalit, Y., 2019: »Economic insecurity and the causes of populism, reconsideres«, in: *Journal of Economic Perspectives*, Nr. 33(4), pp. 152-170.

Markt und Mittelstand, 2017: *Internationaler Erfolg erfordert interkulturel-le Kompetenz*, Tegernsee, https://www.marktundmittelstand.de/zukunftsmaerk-te/internationalisierung-so-werden-mittelstaendler-im-ausland-erfolgreich/internationaler-erfolg-erfordert-interkulturelle-kompetenz-1281111/

Matouschek, B./ Wodak, R./ Januschek, F., 1995: *Notwendige Maßnahmen gegen Fremde? Genese und Formen von rassistischen Diskursen der Differenz*, Passagen, Wien.

Matthes, I. / Judith, W. / du Maire, J., 2022: *Kein Vor und kein Zurück: Die praktische Auswirkung einer Fiktion der Nicht-Einreise an den den EU-Außengrenzen*, Verfassungsblog, https://verfassungsblog.de/kein-vor-und-kein-zuruck/

Maystadt, J. F./ Duranton, G., 2019: »*The development push of refugees*: Evidence from Tanzania«, in: *Journal of Economic Geography*, Nr. 19 (2), pp. 299–334.

Meinhart, E., 2019: *Hart, aber teuer: Schludrige erste Instanz in Asylverfahren*, Profil, https://www.profil.at/oesterreich/erste-instanz-asylverfahren-kosten-11241504

Meinhart, E., 2021: *NEOS-Abgeordnete Krisper: »Justizministerin muss handeln«*, Profil, https://www.profil.at/oesterreich/neos-abgeordnete-krisper-justizministerin-muss-handeln/401812993

Meinhart, E., 2022: *Innenministerium verweigert Parlament am häufigsten die Auskunft*, Profil, https://www.profil.at/oesterreich/innenministerium-verweigert-parlament-am-haeufigsten-die-auskunft/402047356

MIDEM, 2018: *Migration und Populismus. Jahresbericht 2018*, Dresden, https://www.stiftung-mercator.de/de/publikationen/midem-jahresbericht-2018/

Milner, J., 2009: »Refugees and the regional dynamics of peacebuilding, in: *Refugee Survey Quarterly*, Nr. 28 (1), pp. 13–30.

Milner, J., 2019: »Refugees, Peacebuilding, and Paternalism: Lessons from Mozambique«, in: Bradley, M./ Milner, J./ Peruniak, B. (Hg.), 2019: *Refugees' Roles in Resolving Displacement and Building Peace: Beyond Beneficiaries*, Georgetown University Press, Washington DC, pp. 115–131.

Missirian, A./ Schlenker, W., 2017: »Asylum applications respond to temperature fluctuations«, in: *Science*, Nr. 358 (6370), pp. 1610–1614.

Mittermayr, H., 2022: »21 Prozent der Reuttener Bevölkerung sind Muslime: Nach Jahrzehnten des Ausfliegens Verstorbener in die Herkunftsländer gibt es nun erstmals Gräber von Muslimen am Reuttener Friedhof«, in: *Tiroler Tageszeitung*, Nr. 38/2022, pp. 2.

Mohn, F.A., 2019: "Marriage migration and the economic trajectories of first- and second-generation immigrants in Norway.", in: *Acta Sociologica 2019*, pp. 1–18.

MPI, 2021: *Afghan Immigrants in the United States*, https://www.migrationpolicy.org/article/afghan-immigrants-united-states

Musolff, A., 2012: »The study of metaphor as part of critical discourse analysis.«, in: *Critical Discourse Studies*, Nr. 9 (3), pp. 301-310.

National Museum of Australia, 2022: *Vietnamese Refugees Boat Arrival, Defining Moments*, https://www.nma.gov.au/defining-moments/resources/vietnamese-refugees-boat-arrival

Nehammer, K., 2021a: *Beantwortung von Anfrage 7719/J in 7574/AB 1 von 22 vom 29.10.2021 zu 7719/J (XXVII. GP)*, https://www.parlament.gv.at/PAKT/VHG/XXVII/AB/AB_07574/imfname_1007476.pdf

Nehammer, K., 2021b: *Parlamentarische Anfragebeantwortung 4277/AB*, https://www.parlament.gv.at/PAKT/VHG/XXVII/AB/AB_04277/index.shtml

Ní Ghráinne, B., 2021: »The Internal Protection Alternative«, in: Costello, C./ Foster, M./ McAdam, J. (Hg.), 2021: *The Oxford Handbook of International Refugee Law*, Oxford University Press, Oxford, pp. 695-709.

NOAS, 2018: *Who`s the strictest? A mapping of the Afghanistan-policies in Western European Countries*, https://www.noas.no/wp-content/uploads/2018/05/Afghanistan-notat-på-engelsk.pdf

OCHA, 2022: *Ukraine Situation Report*, https://reports.unocha.org/en/country/ukraine/

OECD, 2021: *Query Wizard for International Development Statistics*, https://stats.oecd.org/qwids/

Omata, N., 2013: »The Complexity of Refugees' Return Decision-Making in a Protracted Exile: Beyond the Home-Coming Model and Durable Solutions«, in: *Journal of Ethnic and Migration Studies*, Nr. 13, pp. 1281–1297.

Operational Data Portal, 2022: *Ukraine Refugee Sitation*, UNHCR, https://data.unhcr.org/en/situations/ukraine

Ordinanza, Tribunale Ordinario di Roma, Sezione Diritti della Persona e Immigrazione, 18.1.2021: N. R.G. 56420/2020, https://www.asgi.it/wp-content/uploads/2021/01/Tribunale-Roma_RG-564202020.pdf

ORF, 2021: *Kommission will Asylregeln an Belarus-Grenze temporär aufheben*, https://orf.at/stories/3238627/

Outhwaite, W., 2018: »Migration Crisis and Brexit«, in: Menjívar, C./ Ruiz, M./Ness, I. (Hg.), 2018: *The Oxford Handbook of Migration Crises*, Oxford Handbooks, pp. 93–110, https://www.oxford-handbooks.com/view/10.1093/oxfordhb/9780190856908.001.0001/oxfordhb-9780190856908-e-7

ÖIF, 2022: *Alphabetisierungsbedarf bei Flüchtlingen steigt: ÖIF schnürt Maßnahmenpaket und baut ergänzende Lernangebote aus*, https://www.integrationsfonds.at/newsbeitrag/alphabetisierungsbedarf-bei-fluechtlingen-steigt-oeif-schnuert-massnahmenpaket-und-baut-ergaenzende-lernangebote-aus-15733/

Papst Franziskus, 2020a: Nachsynodales Apostolisches Schreiben »Querida Amazonia«. *An das Volk Gottes und an alle Menschen guten Willens*, 2020, Rom.

Papst Franziskus, 2020b: Enzyklika »Fratelli tutti«. *Über die Geschwisterlichkeit und die soziale Freundschaft*, 2020, Assisi.

Parlamentarische Anfrage betreffend Abschiebezentrum in Serbien (14.02.2020), 866/J XXVII GP., beantwortet durch 923/AB, https://www.parlament.gv.at/PAKT/VHG/XXVII/J/J_00866/index.shtml

Parlamentarische Anfrage betreffend Afghanische Community in Österreich (17.09.2021), 7807/J XXVII GP., beantwortet durch 7671/AB, https://www.parlament.gv.at/PAKT/VHG/XXVII/J/J_07807/index.shtml

Parlamentarische Anfrage betreffend Asyl-Solidaritätsmodell nach Vorstellungen des BMI (08.09.2021), 7761/J XXVII GP., beantwortet durch 7629/AB, https://www.parlament.gv.at/PAKT/VHG/XXVII/J/J_07761/index.shtml

Parlamentarische Anfrage betreffend Asylstatistik, Fake News und »Aktion scharf« (08.07.2022) 11823/J XXVII GP., beantwortet durch 11530/AB, https://www.parlament.gv.at/PAKT/VHG/XXVII/J/J_11823/index.shtml

Parlamentarische Anfrage betreffend Asylverfahren minderjähriger Asylsuchender in Österreich im Jahr 2021 (28.01.2022), 9609/J XXVII GP., beantwortet durch 9406/AB, https://www.parlament.gv.at/PAKT/VHG/XXVII/J/J_09609/index.shtml

Parlamentarische Anfrage betreffend Beteiligung Österreichs an Hilfeleistungen in Moria sowie der europäischen Migrations- und Asylpolitik (30.09.2020), 3598/J XXVII GP., beantwortet durch 3601/AB, https://www.parlament.gv.at/PAKT/VHG/XXVII/J/J_03598/index.shtml

Parlamentarische Anfrage betreffend Daten zu Schubhaft und Abschiebungen im Jahr 2020 (13.01.2021), 4866/J XXVII GP., beantwortet durch 4901/AB, https://www.parlament.gv.at/PAKT/VHG/XXVII/J/J_04866/index.shtml

Parlamentarische Anfrage betreffend Der Weg von unbegleiteten minderjährigen Flüchtlingen in Österreich (10.11.2021), 8506/J XXVII GP., beantwortet durch 8348/AB, https://www.parlament.gv.at/PAKT/VHG/XXVII/J/J_08506/index.shtml

Parlamentarische Anfrage betreffend Entscheidungen des Bundesamtes für Fremdenwesen und Asyl im Jahr 2020 (13.01.2021), 4865/J XXVII GP., beantwortet durch 4887/AB, https://www.parlament.gv.at/PAKT/VHG/XXVII/J/J_04865/index.shtml

Parlamentarische Anfrage betreffend Entscheidungen des BVwG über Beschwerden gegen Bescheide des BFA im Jahr 2022 (21.07.2022), 11921/J XXVII GP., beantwortet durch 11621/AB, https://www.parlament.gv.at/PAKT/VHG/XXVII/J/J_11921/index.shtml

Parlamentarische Anfrage betreffend EU-Finanzhilfe zur Unterstützung Griechenlands bei der Bewältigung der Migrationsherausforderungen (07.10.2020), P-005483/2020, https://www.europarl.europa.eu/doceo/document/P-9-2020-005483_DE.html

Parlamentarische Anfrage betreffend Fakezahlen zur Aufnahme von UMF 2020 (15.01.2021), 4990/J XXVII GP., beantwortet durch 4970/AB, https://www.parlament.gv.at/PAKT/VHG/XXVII/J/J_04990/index.shtml

Parlamentarische Anfrage betreffend Folgeanfrage Abschiebezentrum in Serbien (22.07.2020), 2912/J XXVII GP., beantwortet durch 2917/AB, https://www.parlament.gv.at/PAKT/VHG/XXVII/J/J_02912/index.shtml

Parlamentarische Anfrage betreffend Folgeanfrage II Abschiebezentrum in Serbien (12.02.2021), 5325/J XXVII GP., beantwortet durch 5312/AB, https://www.parlament.gv.at/PAKT/VHG/XXVII/J/J_05325/index.shtml

Parlamentarische Anfrage betreffend Folgeanfrage II systematische Anwendung von Push-Backs an der österreichischen Südgrenze (27.05.2022), 11103/J XXVII GP., beantwortet durch 10867/AB, https://www.parlament.gv.at/PAKT/VHG/XXVII/J/J_11103/index.shtml

Parlamentarische Anfrage betreffend Fortschritte im § 10 SDG Verfahren vor dem BVwG betreffend Karl Mahringer (21.01.2019), 2634/J XXVI GP., beantwortet durch 2638/AB, https://www.parlament.gv.at/PAKT/VHG/XXVI/J/J_02634/index.shtml

Parlamentarische Anfrage betreffend Gewaltsame Abschiebung von Asylbewerbern in Griechenland (16.03.2021), E 001433/2021 https://www.europarl.europa.eu/doceo/document/E-9-2021-001433_EN.html

Parlamentarische Anfrage betreffend Hilfe vor Ort (20.10.21), 8313/J XXVII GP., beantwortet durch 8154/AB, https://www.parlament.gv.at/PAKT/VHG/XXVII/J/J_08313/index.shtml

Parlamentarische Anfrage betreffend Illegal deportations by Greece in the Mediterranean (13.07.2020), E 004168/2020, https://www.europarl.europa.eu/doceo/document/E-9-2020-004168_EN.html

Parlamentarische Anfrage betreffend Investigation of pushbacks in the Aegean sea (08.07.2020), E-004068/2020, https://www.europarl.europa.eu/doceo/document/E-9-2020-004068_EN.html

Parlamentarische Anfrage betreffend Pushbacks on the Croatia-Bosnia border (01.06.2021), P-002890/2021, https://www.europarl.europa.eu/doceo/document/P-9-2021-002890_EN.html

Parlamentarische Anfrage betreffend Sachverständige der Fachgruppe Länderkunde (insbesondere Menschenrechte) mit Schwerpunkt Afghanistan (18.12.2017), 59/J XXVI GP., beantwortet durch 57/AB, https://www.parlament.gv.at/PAKT/VHG/XXVI/J/J_00059/index.shtml

Parlamentarische Anfrage betreffend Systematische Anwendung von illegalen Push-Backs an österreichischer Südgrenze (23.09.2021), 8039/J XXVII GP., beantwortet durch 7881/AB, https://www.parlament.gv.at/PAKT/VHG/XXVII/J/J_08039/index.shtml

Parlamentarische Anfrage betreffend Verbreitung falscher Informationen über Asylwerber_innen durch das BMI (08.09.2021), 7762/J XXVII GP., beantwortet durch 7628/AB, https://www.parlament.gv.at/PAKT/VHG/XXVII/J/J_07762/index.shtml

Parlamentarische Anfrage betreffend Verfahren gem. § 10 SDG gegen den Sachverständigen Karl Mahringer (21.03.2018), 523/J XXVII GP., beantwortet durch 531/AB, https://www.parlament.gv.at/PAKT/VHG/XXVI/J/J_00523/index.shtml

Parlamentarische Anfrage betreffend Wer achtet auf qualitätsvolle Begutachtung im Asylverfahren? (03.12.2021), 8892/J XXVII GP., https://www.parlament.gv.at/PAKT/VHG/XXVII/J/J_08892/index.shtml

Parlamentarische Anfrage betreffend Zahlen zu Asyl 2022 (21.07.2022) 11922/J XXVII GP., beantwortet durch 11630/AB, https://www.parlament.gv.at/PAKT/VHG/XXVII/J/J_11922/index.shtml

Parlamentarische Anfrage betreffend zynisches PR-Projekt »SOS-Kinderdorf auf Lesbos« (20.01.2021), 5043/J XXVII GP., beantwortet durch 5091/AB, https://www.parlament.gv.at/PAKT/VHG/XXVII/J/J_05043/index.shtml

Parlamentskorrespondenz Nr. 1183 vom 11.12.2019: *AsylwerberInnen in Lehre: Vier-Fraktionen-Einigung im Nationalrat*, Wien, https://www.parlament.gv.at/PAKT/PR/JAHR_2019/PK1183/

Phillips, J. /Spinks, H., 2013: *Immigration Detention in Australia, Department of Parliamentary Services (Parliament of Australia)*, https://www.aph.gov.au/about_parliament/parliamentary_departments/parliamentary_library/pubs/bn/2012-2013/detention

Phillips, J., 2017: *Boat arrivals and boat ›turnbacks‹ in Australia since 1976: a quick guide to the statistics, Parliamentary library*(Parliament of Australia), 2. https://www.aph.gov.au/about_parliament/parliamentary_departments/parliamentary_library/pubs/rp/rp1617/quick_guides/boatturnbacks

Pro Asyl, 2021: ›*Sonder-Asylrecht‹ für osteuropäische Grenzstaaten*, https://www.proasyl.de/news/sonder-asylrecht-fuer-osteuropaeische-grenzstaaten/

Profil, 2021: »Don't push me back!«, in: *profil*, Nr. 48/2021.

Pucher, J., 2022: *Verwaltungsgerichtshof bestätigte Urteil über illegalen Pushback nach Slowenien*, Der Standard, https://www.derstandard.at/story/2000136405274/verwaltungsgerichtshofbestaetigt-pushback-nach-slowenien-war-rechtswidrig

Purkey, A., 2019: »Transformative Justice and Legal Conscientization: Refugee Participation and Peace Processes, Repatriation, and Reconciliation«, in: Bradley, M./Milner, J./Peruniak, B. (Hg.) 2019: *Refugees' Roles in Resolving Displacement and Building Peace: Beyond Beneficiaries, Georgetown University Press*, Washington DC, pp. 75-94.

Rainer, F. (Hg.), 2015: *Fluchtwege. Der Herbst 2015 in Österreich*, Holzhausen, Wien.

Rasche, L., 2020: *EU-Asylreform bleibt eine Großbaustelle: Die Europäische Kommission verfehlt einen Neustart der Asylpolitik*, Policy Position, Jacques Delors Centre, https://www.delorscentre.eu/de/publikationen/detail/publication/eu-asylreform-bleibt-eine-grossbaustelle

Rasche, L./ Welfens, N. / Engler, M., 2022: *Zwei Jahre EU-Migrationspakt: Was bleibt vom Neustart?*, Policy Brief des Jacques Delores Centre, Hertie School, Berlin, https://www.delorscentre.eu/de/publikationen/zwei-jahre-eu-migrationspakt

Rat der EU, 2022: Ukraine: *Rat beschließt einstimmig vorübergehenden Schutz für Kriegsflüchtlinge*, https://www.consilium.europa.eu/de/press/press-releases/2022/03/04/ukraine-council-introduces-temporary-protection-for-persons-fleeing-the-war/

Rheindorf, M./ Wodak, R., 2018: »Borders, Fences and Limits – Protecting Austria from Refugees. Metadiscursive negotiations of meaning in the current refugee crisis«, in: *Journal of Immigrant & Refugee Studies*, Nr. 16 (1-2), pp. 15–38.

Rheindorf, M./ Wodak, R., 2020: »Building ›Fortress Europe‹: Legitimizing exclusion from basic human rights«, in: Rheindorf, M./ Wodak, R. (Hg.), 2018: *Sociolinguistic perspectives on migration control: language policy, identity and belonging*, Multilingual Matters, Bristol, pp. 116-147.

Richtlinie 2001/55/EG: EU-*Massenzustrom-Richtlinie*, Eur-Lex, Brüssel https://eur-lex.europa.eu/legalcontent/DE/ALL/?uri=CELEX%3A32001L0055

Richtlinie 2011/95/EU: *Statusrichtlinie*, Eur-Lex, Brüssel https://eur-lex.europa.eu/legal-content/DE/TXT/?uri=CELEX%3A02011L0095-20111220

Richtlinie 2013/32/EU: *EU-Verfahrensrichtlinie*, Eur-Lex, Brüssel, https://eur-lex.europa.eu/legal-content/DE/TXT/?uri=CELEX:32013L0032

Richtlinie 2013/33/EU: *EU-Aufnahmerichtlinie*, Eur-Lex, Brüssel, https://eur-lex.europa.eu/legal-content/DE/TXT/?uri=celex%3A32013L0033

Robinson, W. C., 1998: *Terms of Refuge: The Indochinese Exodus & the International Response*, Zed Books, London & New York, pp. 295.

Salehyan, I./Gleditsch, K.S., 2006: »Refugees and the Spread of Civil War«, in: *International Organization*, Nr. 60 (2), pp. 335-366.

Salehyan, I., 2018: *The Strategic Case for Refugee Resettlement*, Niskanen Center, Washington DC, https://www.niskanencenter.org/wp-content/uploads/old_uploads/2018/09/NC-Refugee-Paper-SalehyanElec_FINAL.pdf

Sarajevo Times, 2021: *Bosnia and Herzegovina grants Asylum to 122 People*, Sarajevo, https://sarajevotimes.com/bosnia-and-herzegovina-grants-asylum-to-122-people/

Sarvimäki, M./Hämäläinen, K., 2016: »Integrating Immigrants: The Impact of Restructuring Active Labor Market Policies«, in: *Journal of Labor Economics*, Nr. 34(2), pp. 479–508.

Scheibelhofer, P., 2017: »›It won't work without ugly pictures‹: images of othered masculinities and the legitimisation of restrictive refugee-politics in Austria.«, in: *NORMA*, Nr. 12 (2), pp. 96–111.

Schengenvisa, o. J.: *Who Needs and Who Doesn't Need a Schengen Visa to Travel to the EU?*, https://www.schengenvisainfo.com/who-needs-schengen-visa/

Schinas, M., 2022: *Rede im Europäischen Parlament am 23. November 2022*, https://www.europarl.europa.eu/doceo/document/CRE-9-2022-11-23-ITM-002_EN.html

Schiestl, G., 2016: »Flüchtlingshilfe der Kirche in Tirol (1945-2016)«, in: Diözesanarchiv Innsbruck/ Kapferer, M. (Hg.), 2016: *notae. Historische Notizen zur Diözese Innsbruck*, Verlag Kirche, Innsbruck, pp. 59-112.

Schmalz, D., 2019: *Menschenrechte im Mittelmeer: Der Fall S.S. und andere gg. Italien*, Verfassungsblog, https://verfassungsblog.de/menschenrechte-im-mittelmeer/

Schmalz, D., 2020: *Am Ende der Kraft*, Verfassungsblog, 2020/9/14, https://verfassungsblog.de/am-ende-der-kraft/

Schriftliche Anfrage betreffend Versorgung von Schutzsuchenden aus der Ukraine (13.06.2022), 11064/ 2022 XXIX GP., https://www2.land-oberoesterreich.gv.at/internetltgbeilagen/InternetLtgBeilagenAnzeige.jsp?jahr=2022&nummer=11064&gp=XXIX

Schutte, S./Vestby, J./ Carling, J./Buhaug, H., 2021: »Climatic conditions are weak predictors of asylum migration«, in: *Nature Communications* 12, Nr. 2067 (2021), pp. 1–10.

Schwan, G., 2021: *Europa versagt. Eine menschliche Flüchtlingspolitik ist möglich*, S. Fischer, Frankfurt.

Seeaußengrenzen-Verordnung (EU) 2014/656: *Festlegung von Regelungen für die Überwachung der Seeaußengrenzen*, Eur-Lex, Brüssel, https://eur-lex.europa.eu/legal-content/DE/TXT/?uri=CELEX%3A32014R0656&qid=1669900164220

Seralidou, R., 2020: *Griechische Inseln, Warum die Zustände trotz EU-Hilfen katastrophal sind*, Deutschlandfunk, Köln; https://www.deutschlandfunk.de/griechische-inseln-warum-die-zustaende-trotz-eu-hilfen-100.html

Shawn, A., 2006: "The arranged transnational cousin marriages of British Pakistanis: Critique, dissent and cultural continuity.", in: Contemporary South Asia, Nr.15 (2), pp. 209–220.

Sperl, G., 2015: *Der Zaun als Beispiel für das Unvermögen der Politik*, Der Standard, Wien, https://www.derstandard.at/story/2000024888375/der-zaun-als-beispiel-fuerdas-unvermoegen-der-politik

Spiegel, 2021: *AfD für Anerkennung der Taliban-Regierung – um Abschiebungen nach Afghanistan zu erleichtern*, https://www.spiegel.de/politik/deutschland/afghanistan-afd-fuer-anerkennung-der-taliban-um-abschiebungen-zu-erleichtern-a-a02b30c0-2566-4b08-b067-24a6d4a987 9b

Staatssekretariat für Migration (SEM), 2022: Fragen und Antworten zur Ukraine-Krise, Schweizerische Eidgenossenschaft, https://www.sem.admin.ch/sem/de/home/sem/aktuell/ukraine-krieg.html

Standard, 2021: *Was aus dem Weihnachtsversprechen von Kinderbetreuung auf Lesbos wurde*, https://www.derstandard.at/story/2000132062673/was-aus-dem-weihnachtsversprechen-von-kinderbetreuung-auf-lesbos-wurde

Statista, 2022: European Union: total population from 2010 to 2021, https://www.statista.com/statistics/253372/total-population-of-the-european-union-eu/

Statistik Austria, 2021a: *Asyl*, Wien, www.statistik.at/web_de/statistiken/menschen_und_gesellschaft/bevoelkerung/wanderungen/asyl/index.html

Statistik Austria, 2021b: *Statistisches Jahrbuch. Migration & Integration. Zahlen. Daten. Indikatoren*, Wien.

Statistik Austria, 2022: *Einbürgerungen nach Bundesland bzw. Ausland seit 1946*, Wien, https://view.offi-ceapps.live.com/op/view.aspx?src=https%3A%2F%2Fwww.statistik.at%2Ffileadmin%2Fpages%2F436%-2FEinbuergerungen.ods&wdOrigin=BROWSELINK

Statistik Austria, o. J.: *Bevölkerungsprognosen für Österreich und die Bundesländer*, Wien, https://www.statistik.at/statistiken/bevoelkerung-und-soziales/bevoelkerung/demographische-prognosen/bevoelkerungsprognosen-fuer-oesterreich-und-die-bundeslaender

Steinmayr, A., 2021: »Contact versus exposure: Refugee presence and voting for the Far Right.«, in: *Review of Economics and Statistics*, Nr. 103(2), pp. 310–327.

Sterkl, M., 2019: *Umstrittener Asylgutachter darf nicht mehr tätig sein*, Der Standard, https://www.derstandard.at/story/2000110653303/umstrittener-asylgutachter-darf-nicht-mehr-taetig-sein

Stutz, P./ Trauner, F. 2021: *The EU's ›return rate‹ with third countries: Why EU readmission agreements do not make much difference*, Institute for European Studies, Vrije Universiteit Brussel, Brüssel, https://onlinelibrary.wiley.com/doi/epdf/10.1111/imig.12901

Taylor, J. E./ Filipski, M.J./Alloush, M./Gupta, A./Rojas Valdes, R.I. /Gonzalez-Estrada, E., 2016: »Economic impact of refugees«, in: *Proceedings of the National Academy of Sciences*, Nr. 27 (113), pp. 7449–7453.

The Conversation, 2022: *Tens of thousands of Afghan evacuees made it to the US – here's how the resettlement process works*, https://theconversation.com/tens-of-thousands-of-afghan-evacuees-made-it-to-the-us-heres-how-the-resettlement-process-works-172207

The Fund for Peace, 2015-2020: *Fragile States Index Annual Reports 2015-2020*, https://fragilestatesindex.org/category/publications-and-downloads/

The Fund for Peace, 2021: *Fragile States Index 2021*, https://fragilestatesindex.org/global-data/

Tondo, Lorenzo, 2021: *Revealed: 2,000 refugee deaths linked to illegal EU pushbacks*, The Guardian, London, https://www.theguardian.com/global-development/2021/may/05/revealed-2000-refugee-deaths-linked-to-eu-pushbacks

Tölölyan, Kh., 2012: *Diaspora studies: Past, present and promise*, International Migration Institute, Oxford, https://www.migrationinstitute.org/publications/wp-55-12

UNCTAD: *UN list of least developed countries*, https://unctad.org/topic/least-developed-countries/list

UNFPA, 2022a: *World Population Dashboard Lebanon*, https://www.unfpa.org/data/world-population/LB

UNFPA, 2022b: *World Population Dashboard Germany*, https://www.unfpa.org/data/world-population/DE

UNHCR, 2020: *Global Trends: Forced Displacement in 2019*, UNHCR Statistics and Demographics Section, Kopenhagen, https://www.unhcr.org/5ee200e37/

UNHCR, 2021a: *Global Trends: Forced Displacement in 2020*, Statistic and Demographics Section UNHCR Global Data Service, Kopenhagen,https://www.unhcr.org/60b638e37/unhcr-global-trends-2020

UNHCR, 2021b: *UNHCR warns asylum under attack at Europe's borders, urges end to pushbacks and violence against refugees*, https://www.unhcr.org/news/press/2021/1/601121344/unhcr-warns-asylum-under-attack-europes-borders-urges-end-pushbacks-violence.html

UNHCR, 2022a: *Global Trends: Forced Displacement in 2021*, UNHCR Statistics and Demographics Section, 18.06.2022, Kopenhagen, https://www.unhcr.org/62a9d1494/global-trends-report-2021.

UNHCR, 2022b: *Global Trends 2021: Excel Annex Tables*, UNHCR Statistics and Demographics Section, Kopenhagen, https://www.unhcr.org/2021-global-trends-annex.xlsx.

UNHCR, 2022c: *Mid-Year Trends 2022*, UNHCR Statistics and Demographics Section, Kopenhagen, https://www.unhcr.org/statistics/unhcrstats/635a578f4/mid-year-trends-2022

UNHCR, 2022d: *Resettlement Data Finder (Auswahl: EU-Mitgliedstaaten, Jahr 2021)*, UNHCR, https://rsq.unhcr.org/en/#aZ9T.hg

UNHCR, 2022e: *Ukraine emergency*, https://www.unhcr.org/ukraine-emergency.html

UNHCR, 2022f: *Refugee Data Finder*, Genf, https://www.unhcr.org/refugee-statistics/

UNHCR, 2022g: *Operational Data Portal, Refugee Situations: Mediterranean Situations*, https://data.unhcr.org/en/situations/mediterranean

UNHCR, 2022h: *Ukraine Refugee Situation*, Operational Data Portal, Genf, https://data.unhcr.org/en/situations/ukraine

UNHCR, 2022i: *UNHCR-Empfehlungen zur Unterstützung von Flüchtlingen aus der Ukraine in Österreich*, https://www.unhcr.org/dach/wp-content/uploads/sites/27/2022/11/Empfehlungen-zu-UKR-Flu-in-O_Nov22.pdf

UNHCR Österreich/ IOM Landesbüro Österreich/ UNICEF Österreich, o.J.: *Empfehlungen zur Obsorgesituation von unbegleiteten Kindern und Jugendlichen in Österreich*, https://unicef.at/fileadmin/media/Infos_und_Medien/Info-Material/Kinder_auf_der_Flucht/UNICEF-UNHCR-IOM-Infofolder-Obsorge-fuer-unbegleitete-minderjaehrige-fluechtlinge.pdf

UNHCR Resettlement Data Finder, o. J.: *Resettlement to EU countries 2017-2021*, https://rsq.unhcr.org/en/#j3QW

UNHCR/ UNICEF, 2016: *Safe & Sound. Welche Maßnahmen Staaten ergreifen können, um das Kindeswohl von unbegleiteten Kindern in Europa zu gewährleisten*, https://www.unicef.de/informieren/materialien/leitfaden-safe-and-sound/113624

UNICEF Österreich, 2018: *Mindeststandards zum Schutz von Kindern in Flüchtlingsunterkünften in Österreich*, Wien, https://unicef.at/fileadmin/media/Infos_und_Medien/Info-Material/Kinder_auf_der_Flucht/UNICEF_OEsterreich_Mindeststandards_Sept2018-final.pdf

UNICEF Österreich, 2022: *Blue Dot Familienzentren für Kinder und Familien auf der Flucht*, https://unicef.at/news/einzelansicht/blue-dot-zentren-fuer-kinder-und-familien-auf-der-flucht/

UNICEF, 2017a: *A child is a child. Protecting children on the move from violence, abuse and exploitation*, New York, https://data.unicef.org/wp-content/uploads/2017/05/UNICEF_A_child_is_a_child_May_2017_EN.pdf

UNICEF, 2017b: *Harrowing Journeys: Children and youth on the move across the Mediterranean Sea, at risk of trafficking and exploitation*, UNICEF Data, https://data.unicef.org/resources/harrowing-journeys/

UNICEF, 2020: *Statement by UNICEF Executive Director Henrietta Fore on the European Commission's proposed Pact on Migration and Asylum*, https://www.unicef.org/press-releases/statement-unicef-executive-director-henrietta-fore-european-commissions-proposed

UNICEF, 2022: *Refugee and Migrant Crisis in Europe*, ECARO Humanitarian Situation Report No.42, https://www.unicef.org/media/115341/file/ECARO%20Humanitarian%20Situation%20Report%20No.%2042%20(Refugee%20and%20Migrant%20Crisis):%20January%20-December%202021.pdf

United Nations, UN DESA, 2020: *International Migration Report 2020*, United Nations, New York https://www.un.org/development/desa/pd/sites/www.un.org.development.desa.pd/files/undesa_pd_2020_international_migration_highlights.pdf

United Nations, 2018: *Global Compact on Migration*, UN, New York, https://refugeesmigrants.un.org/sites/default/files/180711_final_draft_0.pdf

United Nations, 2022: *Population Division: World Population Prospects 2022*, https://population.un.org/wpp/

UNODC, 2021: *World Drug Report 2021*, UNODC Division for Policy Analysis and Public Affairs, Wien, https://www.unodc.org/unodc/en/data-and-analysis/wdr2021.html

UNODC, 2022: *Opium Cultivation in Afghanistan - Latest findings and emerging threats*, UNODC Research Brief November 2022, Wien, https://www.unodc.org/documents/crop-monitoring/Afghanistan/Opium_cultivation_Afghanistan_2022.pdf

Vereinte Nationen, 2016: *New Yorker Erklärung für Flüchtlinge und Migranten*, https://www.un.org/depts/german/gv-71/band1/ar71001.pdf, 15

Vereinte Nationen, 2018: *Globaler Pakt für Flüchtlinge*, https://www.unhcr.org/dach/wp-content/uploads/sites/27/2018/11/GCR_final_GER.pdf

Verordnung (EU) Nr. 604/2013: *Dublin III-Verordnung*, Eur-Lex, Brüssel, https://eurlex.europa.eu/legalcontent/DE/TXT/?uri=CELEX%3A02013R0604-20130629

Vertier, P./ Viskanic, M./ Gamalerio, M., 2022: »Dismantling the ›Jungle‹: Migrant relocation and extreme voting in France.«, *in: Political Science Research and Methods*, In print.

Verwaltungsgericht Ljubljana 7.12.2020, U 1686/2020-126

Vezovnik, A., 2018: »Securitizing Migration in Slovenia: A Discourse Analysis of the Slovenian Refugee Situation«, in: *Journal of Immigrant & Refugee Studies*, Nr. 16 (1-2), pp. 39–56.

Vinke, K./ Bergmann, J./ Blocher, J./ Upadhyay, H./ Hoffmann, R. , (2020): »Migration as Adaptation?«, in: *Migration Studies*, 8/4/2020, pp. 626–634. https://doi.org/10.1093/migration/mnaa02

Vollmer, B. A., 2017: »A Hermeneutical Approach to European Bordering«, in: *Journal of Contemporary European Studies*, Nr. 25 (1), pp. 1–15.

VwGH 5. Mai 2022, Ra 2021/21/0274-6

Wengeler, M., 2003: *Topos und Diskurs. Begründung einer argumentationsanalytischen Methode und ihre Anwendung auf den Migrationsdiskurs (1960-1985)*, Max Niemeyer Verlag, Tübingen.

Will, A.-K., 2018: »On ›Genuine‹ and ›Illegitimate‹ Refugees: New Boundaries Drawn by Discriminatory Legislation and Practice in the Field of Humanitarian Reception in Germany«, in: *Social Inclusion*, Nr. 6(3), pp. 172–189.

Wodak, R., 2017: »Integration and culture: From ›communicative competence‹ to ›competence in plurality‹«, in: Bauböck, R./ Tripkovic, M. (Hg.), 2017: *The Integration of Migrants and Refugees. An EUI Forum on Migration, Citizenship, and Demography*, EUI (e-book, open access), Florenz, pp. 116-137.

Wodak, R., 2021a: The Politics of Fear. *The shameless Normalization of Far-right Discourse* (second extended and revised edition) SAGE, London.

Wodak, R., 2021b: Collective Amnesia: *The de-historization and normalization of closed borders*, Refugee Outreach& Research Network, Wien, http://www.ror-n.org/-blog/
collective-amnesia-the-de-historization-and-normalization-of-closed-borders

World Bank, 2022: *World Development Indicators*, DataBank, Washington D.C., https://databank.
worldbank.org/source/world-development-indicators

WTO, DOHA WTO MINISTERIAL 2001: *BRIEFING NOTES. LEAST DEVELOPED COUNTRIES*, https://
www.wto.org/english/thewto_e/minist_e/min01_e/brief_e/brief03_e.htm

Zeit Online, 2020: *Visegrád-Länder lehnen EU-Migrationspakt ab*, Hamburg, https://www.zeit.de/
politik/ausland/2020-09/asylreform-visegrad-staaten-eu-fluechtlingspolitik-polen-ungarn-tschechien

Zeit online, 2022: *Libysche Küstenwache greift dreimal so viele Migranten auf wie 2020*, https://www.zeit.de/politik/ausland/2022-01/
mittelmeer-libyen-kuestenwache-migranten-eu-gefangenenlager-un-antonio-guterres.

Zeller, Ö., 2018: *Illegalisiertes Wien – Annäherung an den Alltag illegalisierter Nicht-Österreicher*innen und die Frage der Autonomie*, Universität Wien.

Zobu Consulting, 2019: *Mapping of Syrian owned Enterprisesw - Turkey Resilience Project in Response to the Syria Crisis (TRP) - Job Creation Component*, UNDP, Ankara, https://www.tr.undp.org/content/turkey/en/
home/library/syria_programme/mapping-of-syrian-owned-enterprises.html